Das Leben
geniessen,
trotz allem

Ken Keyes jr.

Das Leben geniessen, trotz allem

Felicitas Hübner Verlag

CIP-Kurztitelaufnahme der Deutschen Bibliothek

Keyes, Ken:
Das Leben genießen, trotz allem /
Ken Keyes. Übers.: Peter Hübner — Dt. Erstausg. —
Waldeck: Hübner, 1986
Einheitssacht.: How to enjoy your life in spite of it all (dt.)
ISBN 3-88792-010-4

Speziellen Dank an
Kurt A. Richter
für die engagierte Unterstützung
bei der Texterstellung!

Die amerikanische Originalausgabe,
How To Enjoy Your Life In Spite Of It All
von Ken Keyes jr.,
erscheint bei Living Love Publications
St. Mary, Kentucky 40063

Gestaltung: Peter Hübner
Redaktion: Felicitas Hübner
Satz: ZERO Typografischer Betrieb, Rheinberg
Gesamtherstellung: Fuldaer Verlagsanstalt, Fulda

ISBN 3-88792-010-4
Printed 1986 in the Federal Republic of Germany

Inhalt

Einleitung

Ich hatte zwei außergewöhnliche Lehrer in meinem Leben: Der eine war Dr. William McCall von der Pädagogischen Hochschule in Columbia und der andere Alfred Korzybski vom Institut für Allgemeine Semantik. Beide regten mich auf ihre Weise zum Nachdenken darüber an, ob nicht eine Wissenschaft des Glücks geschaffen, d. h. klare Grundsätze erstellt werden könnten, anhand derer der Mensch bei ständiger Anwendung dieser Prinzipien ein glückliches Leben sowohl aktiv auf gesellschaftlicher Ebene als auch als Individuum zu führen in der Lage wäre. Keiner der beiden konnte mir eine Antwort auf dieses größte Geheimnis des menschlichen Lebens geben. Aber beide forderten mich dazu heraus, mich immer wieder mit diesem geheimnisvollen Puzzlespiel zu beschäftigen. Ich habe an der Universität nie Kurse wie beispielsweise „Happiness 101" gefunden, und die paar Bücher, die sich mit diesem Thema befaßten, stellten Glück als eine weitgehend auf Volksweisheiten beruhende Kunst dar. Menschliches Glück schien mehr oder weniger ein Zufallsprodukt zu sein und keineswegs eine brauchbare Wissenschaft, die auf klaren Grundsätzen mit hohem Prognosecharakter beruht.

Und dann geschah es. Im Jahre 1970, als ich 49 Jahre alt war, fand ich nach und nach die fehlenden Teile des Puzzlespiels, die ich für den Aufbau einer Wissenschaft des Glücks benötigte. 1972 war ich dann in der Lage, eine exakte Methodik aufzustellen und in meinem eigenen Leben auszuprobieren, anhand derer sich ein höherer und konstanterer Grad an Glück erreichen läßt — je nachdem, wie gekonnt unser Bewußtsein sie tagtäglich anzuwenden vermag. Seitdem sind sich Hunderttausende in unterschiedlichem Maße dieser Methodik bewußt geworden.

Ich bezeichne sie als Wissenschaft des Glücks und als den Weg der Gelebten Liebe, da die Erfahrung von Liebe **wesentliche Bedeutung bei der Verwirklichung eines glücklichen Lebens haben sollte.** (Ich meine Liebe, nicht Sex!) Der Weg der Gelebten Liebe enthält genaue Anweisungen darüber, wie du mit Augenblicken der Angst, Frustration, Wut, des Gereiztseins, Grolls, der Langeweile, Sorge, Eifersucht bzw. Erregung verstandesmäßig umgehen kannst. Diese Methode zeigt uns nicht nur, wie wir wirksamer mit den gefühlsmäßigen Symptomen unseres Unglücks umgehen können, sondern sie beseitigt auch die Hauptursachen unseres Unglücks, nämlich unsere unkontrollierten Bedürfnisse, die uns die Erfahrung unserer selbst bzw. unseres Lebens unmöglich machen. Glück ist für die meisten Menschen abhängig von anderen Menschen und von ihrer Umwelt, die ihnen diese Denkschablonen aufzwingt. Durch die Gelebte Liebe hängt unser Glück nicht mehr vom Verhalten anderer, sondern in erster Linie von unserer Fähigkeit ab, die Methode der Gelebten Liebe gekonnt in unserem Bewußtsein anwenden zu können. Damit hast du alle Trümpfe in der Hand!

DIE ANTWORT HEISST LIEBE

Während meiner weiteren Arbeiten auf diesem Gebiet stieß ich auf den unterdessen verstorbenen Pitirim A. Sorokin (Professor für Soziologie an der Harvard-Universität von 1930 bis 1964 und Vorsitzender des amerikanischen Soziologenverbandes von 1965 bis 1968), der nach jahrelangen Untersuchungen der gesellschaftlichen Verhältnisse zu folgenden, durch Versuche belegten Ergebnissen gekommen war:

— Haß verursacht Haß, Gewalt ruft Gewalt hervor, Heuchelei wird mit Heuchelei beantwortet, Krieg schafft Krieg, und Liebe erzeugt Liebe.

— Selbstlose Liebe hat ein enormes kreatives und therapeutisches Potential, das sehr viel größer ist, als manche glauben. Liebe ist eine lebensspendende Kraft, die wir für unser körperliches und geistig-moralisches Wohlergehen brauchen.

— Uneigennützige Menschen haben eine längere Lebensdauer als Egoisten.
— Kinder, die ohne Liebe aufwachsen, neigen zu lebensbedrohlichen Funktionsstörungen, zu verzerrten Moralvorstellungen und gestörtem Sozialverhalten.
— Liebe ist das wirksamste Mittel gegen kriminelle, pathologische und selbstmörderische Neigungen, gegen Haß, Angst und Psychoneurosen.
— Sie ist die Grundvoraussetzung für vollkommenes und dauerhaftes Glück.
— Sie ist Güte und Freiheit in höchstem Maße.
— Sie ist die hervorragendste und wirksamste erzieherische Kraft im Hinblick auf die Vervollkommnung der Menschheit.
— Und schließlich kann einzig und allein die Kraft grenzenloser Liebe zu **allen Menschen** dazu beitragen, zwischenmenschliche Streitigkeiten beizulegen und die drohende gegenseitige Ausrottung der Menschheit auf diesem Planeten zu verhindern. Ohne Liebe können weder Rüstungswettlauf noch Krieg, weder diplomatische Intrigen noch Gewaltanwendung von seiten der Polizei, weder Schulbildung noch politische oder wirtschaftliche

Maßnahmen und auch nicht die Wasserstoffbombe die unmittelbar bevorstehende Katastrophe verhindern. Nur die Liebe kann dieses Wunder vollbringen, allerdings nur unter der Voraussetzung, daß wir das Wesen der Liebe sehr gut kennen und wissen, wie wir sie auf sinnvolle Art und Weise entstehen lassen, bewahren und einsetzen können.*

Wir wissen weniger über die „Energie der Liebe" als über Wärme, Licht, Elektrizität und sonstige Energieformen. Der Psychologe A. H. Maslow stellte ganz richtig fest: „Es ist erstaunlich, wie wenig die empirischen Wissenschaften zum Thema Liebe anzubieten haben. Das Schweigen von seiten der Psychologen ist besonders auffällig. Zuweilen ist dies einfach bedauerlich oder ärgerlich, zum Beispiel wird in psychologischen und soziologischen Fachbüchern dieses Thema praktisch nicht behandelt. In der Mehrzahl der Fälle wird die Situation jedoch vollkommen absurd. (In der Regel) wird der Begriff ‚Liebe' (in psychologischen und soziologischen Werken) noch nicht einmal im Sachregister aufgeführt". Der Psychoanalytiker Erich Fromm sagte dazu bereits: „Liebe ist die einzige gesunde und befriedigende Antwort auf das Problem der menschlichen Existenz". Und Liebe

* Auszug aus „The Ways and Power of Love" von Pitirim A. Sorokin, The Beacon Press, Boston, Massachusetts, 1954, VII-VIII.

war lange Zeit ein wesentlicher Bestandteil aller geistigen Wege, so zum Beispiel Christi Gebot, einander zu lieben, und die Aussage „Gott ist die Liebe".

MEINE WEITERE ARBEIT

Ich begann mit dem Weg der Gelebten Liebe, um mich von den im getrennten Selbst verhafteten Denkschablonen zu befreien, die immer wieder Ursache von Unzufriedenheit und Unglück in mir waren. Nach zehn Jahren Arbeit an mir selbst scheine ich im wesentlichen in einem bestimmten Bereich weiterhin rückfallgefährdet zu sein. (Dies steht in Zusammenhang mit meinen Schulungszentren, in denen ich meinen Fähigkeiten entsprechend die qualitativ bestmögliche Ausbildung anbiete.) Durch die Anwendung der Gelebten Liebe als Methode zum Glücklichsein kann ich jeden Augenblick meines Lebens viel stärker genießen. **Die auf phantastische Weise gesteigerte Wirkungsweise dieser Methodik bei sinnvoller und konstanter Anwendung über mehrere Jahre hinweg stellt eine immer köstlichere und befriedigendere Erfahrung dar.**

DIE ZWÖLF PFADE

Die **Zwölf Pfade** sind Werkzeuge, anhand derer du die Anwendung der Wissenschaft des Glücks in deinem Leben einfacher gestalten kannst. Dieses

Buch zeigt dir, wie du die **Zwölf Pfade** in jedem Augenblick deines Lebens anwenden kannst. Ich habe es so geschrieben, daß es jeder auch ohne Vorkenntnisse lesen kann. Ich empfehle dir, es wenigstens dreimal zu lesen, wenn du wirklich mit Hilfe dieses Buches dein Leben sinnvoller gestalten willst. Beim ersten Mal solltest du es mit Verstand durchlesen. Im Anschluß daran solltest du es nochmals lesen, um dir stärker bewußt zu werden, inwieweit es dein Leben betrifft. Dann solltest du es ein drittes Mal lesen, um dein Bewußtsein wertvolle Erkenntnisse gewinnen zu lassen, die sowohl den Grad deines Verständnisses für als auch dein Wissen um die Anwendung der **Pfade** in deinem Leben vertiefen helfen.

Wenn du die **Zwölf Pfade** zum Glück sinnvoll anwendest, wirst du in der Lage sein, dein Leben so zu gestalten, wie es bisher für dich undenkbar war. Denn in diesem Buch geht es letztendlich nicht nur um die Wissenschaft des Glücks oder um Gelebte Liebe, sondern vielmehr darum, wie unser Verstand funktioniert und wie unsere Lebensläufe sich gestalten. Es geht hier also eigentlich um dich.

Ken Keyes jr.

TEIL I

Die Wissenschaft des Glücks

Unser Verstand produziert unablässig gedankliche Vorstellungen davon, wie die Dinge „sein sollten" — jedoch haben diese Gedanken meist nichts damit zu tun, „was" in unserem Leben tatsächlich „ist". Trotz lebenslanger Bemühungen gelingt es uns nur in den seltensten Fällen, unsere Bedürfnisse einer sich verändernden Welt auf sanfte und leichte Art anzupassen. Ein glückliches Leben einzig und allein auf der Übereinstimmung dessen, was wir haben mit dem, was wir anstreben, führen zu wollen, ist ein zum Scheitern verurteiltes Ansinnen.

1
Das Leben ist miserabel

Beginnen wir, indem wir zugeben, daß das Leben miserabel ist. Und ich meine, es ist wirklich mies. Meistens bekommen wir nicht das, was wir wollen, ob wir nun Kleinkinder, Teenager, Twens, Vierzigjährige, Sechzigjährige oder in irgendeinem anderen Alter sind. Unser Körper ist oft anfällig für

Schmerzen und Krankheiten. Preissteigerungen und Steuern sind eine drückende Belastung, Geldverdienen eine mühselige Tretmühle. Wir ersticken an der Umweltverschmutzung. Ob wir zu Fuß gehen, fahren oder fliegen, wir sind ständig in Gefahr, zum Krüppel gemacht, getötet oder verarmt zu werden. Krieg und Atomkatastrophen hängen wie ein Damoklesschwert über uns. Ganz gleich, wie erfolgreich wir auch sind, irgend jemand wird uns eines Tages — vielleicht sogar schon bald — in den Schatten stellen. Und unser Liebesleben — davon wollen wir lieber gar nicht erst reden! Fast die Hälfte aller Ehen enden durch Scheidung. Sollten unsere Kinder uns wirklich wehtun wollen, dann könnten sie es gar nicht geschickter anstellen. Und unsere Eltern verstehen uns nicht wirklich. Geld ist ein Dauerproblem. Alles, was wir besitzen, verliert konstant an Wert und landet irgendwann auf dem Schrotthaufen. Das gilt auch für unsere Körper, die von Tag zu Tag älter werden und unausweichlich sterben werden.

UNGLÜCKLICHSEIN ALS EPIDEMIE

Das Leben ist nicht nur miserabel, es ist vor allem auch ungerecht. Es ist einfach ungerecht, daß manche Leute gesünder, wohlhabender, schöner, erfolgreicher, talentierter, intelligenter und beliebter sind als andere.

Oftmals bekommen wir nicht, was wir uns sehnlichst im Leben wünschen. Hin und wieder sind wir in der Lage, hart genug dafür zu kämpfen. Aber dann stellen wir fest, daß wir durch solchen Druck weitere Probleme geschaffen und uns einige Menschen entfremdet haben. Und selbst dann, wenn wir erreicht haben, was wir wollen, müssen wir Angst darum haben, es wieder zu verlieren, ob es nun um den Partner, um Geld oder Erfolg geht. Wir arbeiten hart für Dinge, von denen wir annehmen, daß sie uns ein friedliches und glückliches Leben ermöglichen, und meistens sind wir auch dann nicht ganz zufrieden, wenn uns dies gelingt. Dauerhaftes Glück entgeht uns immer.

Auch wenn es uns gelingen würde, glücklicher zu werden, würde uns doch all das Elend, Unglück und Sterben um uns herum immer wieder mitfühlen und -leiden lassen. Wir achten darauf, ob die Menschen um uns herum vielleicht ein glückliches Leben führen, und stellen fest, daß viele Leute nach außen hin eine beeindruckende Show inszenieren, bei näherem Hinsehen aber in ihrem Leben doch nicht alles Gold ist, was glänzt.

Das Leben ist also miserabel, das müssen wir einfach eingestehen. Kann man wirklich glücklich sein? Ich meine hier nicht gelegentliche Freuden. Wir alle wissen, wie wir uns vergnügliche Augenblicke oder Stunden verschaffen können. **Aber können wir unser Leben so gestalten, daß es eine ständige freudvolle Erfahrung für uns ist?** Oder wenigstens meistens? Wenn wir uns einmal das Leben vieler unserer Mitmenschen ansehen, scheint dies nicht der Fall zu sein. Wir leben in einer Epidemie von Elend, Sorgen, unlösbaren Problemen und Enttäuschungen. Das Höchste, das wir vielleicht von unserem mühseligen, problembeladenen Leben erhoffen können, sind gelegentliche kleine Freuden . . .

UNSERE ANTIQUIERTE PROGRAMMIERUNG

Moment mal! All das vorher Gesagte wird ganz allein von überholten, uns isolierenden „Dschungel"-Programmen bzw. festgefahrenen Denkgewohnheiten verursacht, anhand derer wir unser Denken und Leben ausrichten. **Dieses Buch sagt ganz klar, daß dies nicht so sein muß.** Wenn dich seine Botschaft erreicht, wirst du entdecken, daß du dein Denken umtrainieren und dein Leben durchgehend genießen kannst. Wenn du bereit bist, deine eigenen Bewußtseinsabläufe begreifen zu lernen, wirst du die Mechanismen erkennen, die in dir die Erfahrung des Unglücklichseins auslösen. Dann kannst du beginnen, an einigen deiner Denkgewohnheiten zu arbeiten, **um deinen Lebensablauf umzuwandeln!**

All die oben geschilderten Situationen (die Beispiele der hoffnungslosen Suche nach dem Glück darstellen) können in deinem Leben stattfinden —

und trotzdem kannst du dein Leben genießen. Dieses Buch sagt dir klar und deutlich, was du tun solltest, um nicht ein handlungsunfähiges „Opfer" der oben geschilderten Situationen in deinem Leben zu werden. **Du kannst deine eigenen Erfahrungen selbst kreativ verursachen. Das Leben kann ein ständiges Auf und Ab sein, ohne daß es dir und deiner Erfahrung mit dem Glück ebenso ergehen muß! Du kannst ungeachtet allem, was geschieht, glücklich sein.** Das erfordert Verständnis, Entschlossenheit und viel Übung. Aber ist das nicht bei allen lohnenden Dingen Voraussetzung?

Es ist schwer, dein Denken dahingehend umzustellen, aber auf keinen Fall so schwer, wie ein unglückliches Leben voller Wut, Angst, Eifersucht, Groll, Ärger, Entfremdung, Unsicherheit, Einsamkeit und Langeweile führen zu müssen. Und das Schöne an den Methoden, die in diesem Buch beschrieben werden, ist, daß sie dir helfen, dein Leben glücklich zu gestalten, auch wenn du glaubst, daß sie nicht funktionieren werden. Sie haben ebensowenig etwas mit Glauben zu tun wie das Hämmern eines Nagels in ein Stück Holz. Tu es einfach. Es funktioniert.

Deine Kontrolle über die Grundvoraussetzungen deines Lebens ist meistens minimal, aber deine Fähigkeit und dein Geschick, deine eigene Lebenserfahrung kreativ zu gestalten, sind unbegrenzt. Darin liegt das Geheimnis des Glücks.

2
Das Unannehmbare annehmen

Das Wunder, sein Leben trotz aller Widrigkeiten genießen zu lernen, ganz gleich, was passiert, geschieht nicht automatisch. Es erfordert von dir ein großes Maß an ständiger Aufmerksamkeit und Entschlossenheit. Fangen wir also an. Wir werden gleich zu Beginn zwei Begriffe neu definieren, die wir als Hilfsmittel für diese innere Arbeit benutzen wollen, und zwar „Sucht“ und „Vorliebe“ (Präferenz).

Eine Sucht ist ein emotional begründetes Verlangen oder Bedürfnis nach etwas, das du meinst haben zu müssen, um glücklich zu sein. Sucht oder suchtartiges Verlangen kann auf dich selbst, auf andere Menschen, Dinge oder Situationen gerichtet sein. Du kannst feststellen, daß du von einer Sucht behaftet bist, wenn:

1. sie bei dir körperliche Spannungen einsetzen läßt;
2. du trennende Gefühle wie Groll, Wut, Angst, Eifersucht, Sorge, Unsicherheit und Langeweile verspürst. Betrachte dich selbst und du wirst feststellen, wie diese Gefühle dich abgetrennt von dir selbst und anderen werden lassen. Trennende Gefühle stehen in Gegensatz zu vereinigenden Gefühlen, die dich Akzeptanz, Liebe, Freude, Glück, Frieden und einen Lebenssinn erfahren lassen;
3. dein Verstand dir dringend mitteilt, daß die Dinge anders sein müssen, wenn du dein Leben hier und jetzt genießen sollst;
4. dein Verstand dich glauben läßt, daß du in der gegebenen Situation etwas zu gewinnen oder zu verlieren hast, daß dein Glück von alltäglichen Melodramen abhängig ist;
5. du überzeugt bist, daß du ein „Problem" in deinem Leben hast, anstatt das Leben als ein freudvolles „Spiel" zu erfahren.

Suchtverhalten ist immer die Ursache für trennende Gefühle. Wenn irgendetwas eine deiner Süchte anregt, wird dein Verstand eine unangenehme Erfahrung bei dir auslösen. So wie durch das

Anschlagen einer Klaviertaste ein Klang erzeugt wird, läßt dich das Auslösen suchthafter Programme in dir automatisch trennende Gefühle schaffen wie Angst, Frustration, Ärger oder Zorn.

Dein suchthaftes, emotionsbedingtes Verlangen ist die Ursache, deine emotionalen Reaktionen sind die Folge. Du hast sehr viele Suchtverlangen, auf die du psychisch und physisch emotional reagierst. Aber du besitzt auch die Fähigkeit, daran etwas zu ändern, um glücklicher werden zu können.

„VORLIEBEN" LÖSEN NIE UNGLÜCKLICHSEIN AUS

Eine Vorliebe oder Präferenz ist ein Wunsch, der dich nicht bestürzt oder unglücklich macht, wenn er nicht erfüllt wird. Glücklicherweise sind deine gedanklichen Programme größtenteils von Vorlieben bestimmt — sonst hättest du längst einen Nervenzusammenbruch erlitten. Das Mitschleppen von Suchtzwängen ist sehr anstrengend für deinen Körper und deine Psyche; Präferenzen hingegen öffnen dein Leben und lassen dich alles, was geschieht, genießen. Im Gegenteil zu Süchten wirst Du nicht gezwungen, gefühlsmäßig ständig in Alarmbereitschaft zu sein. Vorlieben geben dem Leben erst die richtige Würze!

Nehmen wir einmal an, du wolltest heute nach dem Abendessen einen langen Spaziergang machen. Wenn du nun diesen Spaziergang aus einem suchtartigen Zwang heraus machen willst, wirst du dich automatisch dahin bringen, dich benachteiligt und verärgert zu fühlen, falls es regnet. Wenn du vorzugsweise nach dem Essen einen Spaziergang machen möchtest, kannst du ihn genießen, wenn es nicht regnet, wirst aber auch nicht verärgert sein müssen, wenn es doch so ist.

Vorlieben machen es dir möglich, jeweils mit dem zufrieden zu sein, was das Leben dir hier und jetzt bietet. Suchthafte Forderungen in Vorlieben umwandeln zu können ist das wesentliche Merkmal der Wissenschaft des Glücks. Du könntest sogar am Spazierengehen im Regen Freude finden — aber laß es nicht zum Zwang werden!

VORLIEBEN MACHEN DAS LEBEN LEICHT

Die Leute vom Cornucopia-Zentrum in St. Mary, Kentucky, haben das Buch geschrieben „The Methods work . . . if you do!“ (Die Methoden funktionieren . . . wenn du dich engagierst) In dieser ausgezeichneten praktischen Anleitung wird darauf hingewiesen, daß der Unterschied zwischen einer Sucht und einer Vorliebe auf deiner inneren, emotionalen Erfahrung beruht und nicht unbedingt mit deinen Handlungen, Wünschen, Ansichten, Idealen oder Gedanken zu tun haben muß. Bei Vorlieben **akzeptierst** du **gefühlsmäßig** das, was in deinem Leben geschieht. Zwar kannst du wohl immer noch viel Energie dafür verwenden, es zu ändern, aber du bist nicht von den Folgen deines Handels abhängig. **Du kommst auf emotionaler Ebene zu der Erkenntnis, daß dein Glück nicht davon abhängt, daß deine Wünsche erfüllt werden.**

Wenn du deine Süchte in Vorlieben oder Präferenzen umwandelst bzw. sie umprogrammierst, gilt folgendes:

1. Du kannst das, „was ist", vielleicht nicht mögen.
2. Du kannst das, „was ist", zu ändern versuchen.
3. Du kannst an deiner Meinung über Recht und Gerechtigkeit festhalten.
4. ABER DU MUSST DICH NICHT LÄNGER SELBST UNGLÜCKLICH MACHEN.

Es gibt nichts, was dich unglücklich machen kann, wenn du deine suchthaften Forderungen gelöscht hast. Du kannst auch weiterhin Energie darauf verwenden, deine Situation zu verändern. **Du kannst sie oft sehr viel wirksamer verändern, weil du aus einer Präferenz-Haltung heraus handelst.** Du wirst auch mehr Energie für die Veränderungen von Lebenssituationen haben. Deine Ansichten können noch immer die gleichen sein. Deine Ideale und Meinungen ändern sich nicht unbedingt, wenn du deine Süchte umwandelst. **Sie werden lediglich das, was du lieber hättest statt suchthafte Zwänge.** Du **akzeptierst gefühlsmäßig** das,

„was ist", was aber noch nicht heißt, daß du es auch mögen mußt. Du kannst es auch immer noch anders haben wollen.

Diese Aussagen können anhand eines Beispiels, nämlich der suchthaften Forderung, daß die Kupplung meines Wagens endlich aufhört zu schleifen, verdeutlicht werden. Wandle ich diese Forderung in etwas um, was ich lieber hätte, eine Präferenz,

1. kann ich es trotzdem nicht mögen, wenn meine Kupplung ständig schleift;
2. kann ich meine Energien darauf verwenden, sie zu reparieren;
3. kann ich immer noch der Ansicht sein, daß die Kupplung nicht schleifen dürfte;
4. kann ich auch auf der Gefühlsebene die Tatsache akzeptieren, daß die Kupplung schleift, und muß mich daher nicht unglücklich fühlen.

Hier ist nun Vorsicht geboten. In den vorhergegangenen Abschnitten haben wir sehr genau definiert, wie wir die Begriffe Vorliebe / Präferenz anwenden wollen, um sie wirksam bei unserer Arbeit an uns selbst verwenden zu können. Trotzdem wird unser Verstand versuchen, unser Suchtverhalten zu verteidigen, indem er bei dem Begriff „Vorlieben" Mißverständnisse aufbaut. Er versucht oft, uns zu verstehen zu geben, daß Menschen uns übergehen und ignorieren würden, wenn wir einfach eine Vorliebe für etwas zum Ausdruck bringen, und daß wir den durch unsere Süchte ausgelösten Zorn brauchen, um mit vielen Lebenssituationen fertig zu werden. Unser Verstand überzeugt sich selbst davon, daß wir in der jeweiligen Sache vollkommen recht haben — und deshalb suchtartig fordern oder uns zu Recht darüber aufregen müssen.

Wenn du diesen Abschnitt („Vorlieben machen das Leben leicht") nochmals liest, kannst du vielleicht verstehen, warum die obengenannten Mißverständnisse auf einem falschen Verständnis dessen beruhen, wie wir den Begriff „Vorliebe" verwenden. Während du das Buch weiter liest, wirst du nach und nach deine Erkenntnisse dahingehend vertiefen, daß du durch Präferenzen tatsächlich mehr von dem erreichen kannst, was du wünschst, als durch Süchte. Diese Erkenntnis ist von höchstem Wert, denn dadurch kannst du tiefer an dir selbst zu arbeiten beginnen, so daß du dein Leben genießen kannst, trotz allem.

SÜCHTE VERURSACHEN LEIDEN

Betrachten wir die Grafik betitelt „Suchtverhalten ist die eigentliche, unmittelbare Ursache von Unglücklichsein". Das breitere umrandete Feld unten bezeichnet das, „was ist", nämlich die Realität hier und jetzt in deinem Leben. **„Was ist" steht für alles, was sich außerhalb deines Bewußtseins abspielt.** Dazu gehören deine gesamte Umwelt, alles, was

Suchtverhalten ist die eigentliche, unmittelbare Ursache von Unglücklichsein

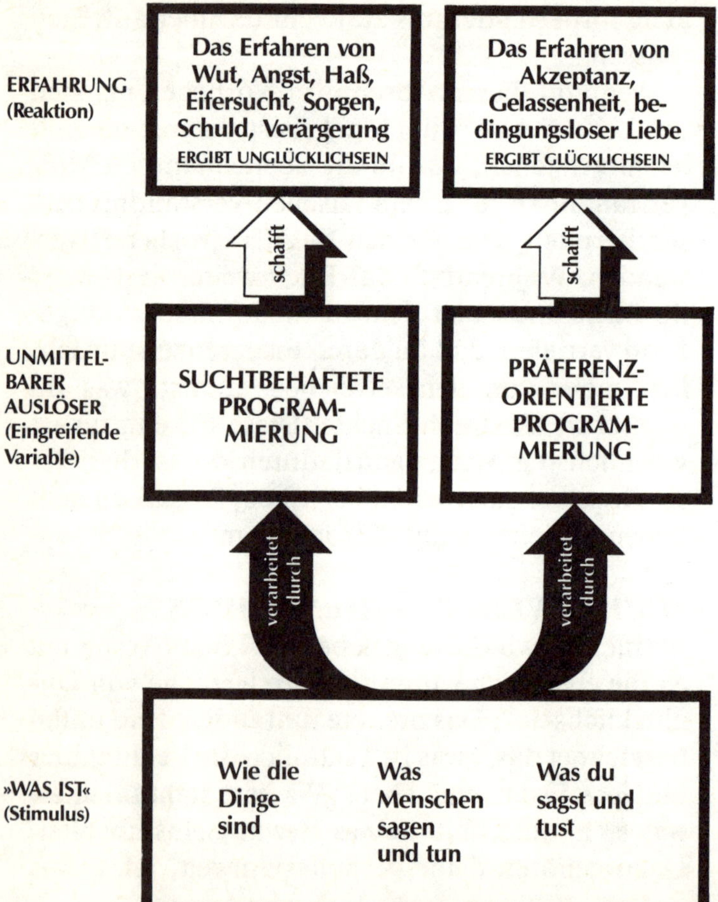

Leute sagen oder tun, sowie die Art und Weise, wie dein Verstand, deine Gefühle und Körper funktionieren.

Nehmen wir nun einmal an, daß das, „was ist“, eine deiner Forderungshaltungen durchlaufen muß. Wenn es nicht den strengen Anforderungen deiner suchthaften Programmierung entsprechen sollte, werden automatisch abtrennende Gefühle wie Zorn, Angst, Eifersucht und Groll von dir ausgelöst. Wird es jedoch auf der Grundlage einer präferenzorientierten Einstellung verarbeitet („Vorliebe“), **wirst du dich deines Lebens erfreuen können, ganz gleich, ob sich deine Wunschvorstellungen hier und jetzt erfüllen oder nicht.**

Wenn du diese Grafik in Bezug zur Arbeitsweise deines Verstandes setzt, wirst du verstehen, wie dich dein Suchtverhalten anfällig für das Schaffen von Gefühlen des Getrenntseins, der Entfremdung, der Entbehrung und des Unglücklichseins machen, wenn das, „was ist“, nicht in die Denkschablonen in deinem Kopf paßt. **Suchtverhalten verursacht Getrenntsein und Leiden; Vorlieben oder Präferenzhaltungen nie.**

Werden deine suchthaften, emotional begründeten Bedürfnisse von deiner Umgebung befriedigt, gibt es für deinen Verstand keinen Anlaß zu Beunruhigung. Im Gegenteil: du kannst sogar ähnlich wie in durch Vorlieben geschaffenen Augenblicken empfinden und selbst an- und aufregende Erlebnisse haben, wenn das Leben deinen Suchtzwängen nachkommt. Aber du bleibst dadurch weiterhin anfällig, so als ob dein Weg mit Minen durchsetzt wäre, die nur darauf warten, beim Darauftreten sofort zu explodieren. Das Leben bringt uns dummerweise immer wieder in Situationen, die uns in geradezu perfekter Weise in unsere verschiedenen Süchte zurückwerfen.

Wenn du dein Leben im wesentlichen auf Vorlieben programmiert gestaltest, kannst du es mit Heiterkeit betrachten. Du kannst es als Spiel erleben und akzeptieren, bei dem du zuläßt, daß du manchmal gewinnst und manchmal verlierst. Deine Energie kann fließen, um vieles zu bewirken, da sie nicht durch suchthaftes Durcheinander vergeudet wird. Du kannst dich deiner selbst und deines Lebens zutiefst erfreuen.

DIE EIGENTLICHE UND UNMITTELBARE URSACHE

Deine Fähigkeit, von dem in diesem Buch beschriebenen Wachstum zu profitieren, stellt anheim, daß du ein eingehendes Verständnis für die Aussage „Suchtverhalten ist die eigentliche, unmittelbare Ursache von Unglücklichsein“ entwickelst. Betrachten wir die Grafik nochmals. Es besteht keine direkte Verbindung zwischen „was ist“ und deiner Erfahrung des Lebens. Nur deine suchthafte Programmierung verbindet deinen Ärger, deine Angst, deine Eifersucht und deine Sorgen mit dem, „was ist".

Wir nehmen einfach an, daß das, „was ist", unser Erfahren des Lebens bestimmt. Wenn wir jedoch unser Leben genauer betrachten und die Mechanismen des Verstandes und der Emotionen untersuchen, entdecken wir, daß es da noch einen einwirkenden, variablen Faktor gibt — unsere sucht- oder präferenzorientierte Programmierung. Somit ist Suchtverhalten die **unmittelbare** Ursache unsere Unglücklichseins.

Es ist aber auch die **eigentliche** Ursache. Und was wollen wir damit ausdrücken? Einfach nur, daß wir wirksam etwas gegen unser Suchtverhalten unternehmen können. In vielen Situationen unseres Lebens ist der Versuch, die Realitäten so zu verändern, daß sie unseren suchthaften Forderungen entsprechen, wie das Bestreben, eine Steinmauer mit dem Kopf zu durchstoßen. Wie oft sagen Menschen: „Danke, daß du mir gezeigt hast, wie dumm, ineffizient oder verschwenderisch ich bin — ich werde versuchen, es besser zu machen"? Wie oft hast du es als aussichtslos angesehen, die Eltern, Partner, Kinder, Freunde, Vorgesetzte oder Mitarbeiter dahingehend zu verändern, daß sie deine gefühlsbegründeten Verlangen nicht mehr auslösen? Obwohl es nicht leicht ist, ist es **der einfachste, sicherste und praktischste Weg,** das eigene Erfahren des Lebens zu verbessern, an der eigenen suchthaften Programmierung zu arbeiten und sich nicht **völlig abhängig davon zu machen, daß man, um glücklich zu sein, den Ist-Zustand der Welt erfolgreich verändern wird.**

Kapitel 6 dieses Buches wird dir zeigen, wie du mehrere geistige Übungen anwenden kannst, um es dir zunehmend zu ermöglichen, deine suchthaften, emotional begründeten Forderungen in Präferenzen umzuwandeln. Mit anderen Worten, du kannst deinen Verstand einsetzen um die Art und Weise zu verändern, in der er vorgeht, so daß er dir mehr Energie, Wahrnehmung und Einsicht ermöglicht, mehr Liebe für dich selbst und andere, mehr Freude und Glück, und das Gefühl, den Sinn deines Lebens zu erkennen.

Du kannst diese geistigen Übungen benutzen, um ein herausforderndes Spiel mit dir selbst zu spielen, bei dem du deine Lebenserfahrungen als Stufen zum persönlichen Wachstum einsetzt. Da einige suchtartige Programmierungen nur oberflächlich im Ego verwurzelt sind, kannst du die aufbauende Erfahrung machen, daß sie sich relativ schnell auf die Ebene von Vorlieben bringen lassen. So wird es möglich sein, bei Anwendung der hier beschriebenen Methoden bereits nach wenigen Wochen der Arbeit mit dir selbst einiges an suchthaften Forderungen umzuwandeln. Andere werden Monate in Anspruch nehmen, und es wird einige „verzwickte" Suchtbereiche geben, die Jahre benötigen, bevor sie sich zu Präferenzen umgestalten lassen — wenn überhaupt.

Oder du ziehst es vor, einige der tiefer verwurzelten Suchtforderungen, die du in dir herumträgst, nicht zu bearbeiten. Du kannst es vorziehen, einfach daran zu arbeiten, die Verantwortung für deine Erfahrung selbst zu übernehmen und nicht andere für die Angst, den Zorn oder den Groll schuldig zu finden, die dein Verstand hervorruft. Auch wenn du dadurch kein Suchtverhalten zu einer Vorliebe oder Präferenz umwandelst, werden sich deine Beziehungen zu deinen Mitmenschen verbessern. Du wirst dir der Vorgehensweise deines Verstandes bewußt sein, statt roboterhaft und unbewußt suchtbehaftete Programme ablaufen zu lassen. Du wirst dein geistiges Gleichgewicht nach Auslösen einer Suchtforderung viel schneller zurückgewinnen, wenn du dir bewußt bist, daß ein suchthaftes „Band“ in dir ablief — und du akzeptierst einfach die Tatsache, daß das in dir vorgeht. Anders ausgedrückt: **Du mußt nicht suchthaft daran hängen, deine Suchtforderungen abzuschaffen.**

NIMM DIES ERNST

An dieser Stelle hast du nun bereits gelesen, wie Sucht- und Präferenzverhalten funktionieren. Du hast die Grafik betrachtet, in der die Beziehung zwischen „was ist“, deiner Programmierung und deiner inneren emotionalen Erfahrung dargestellt ist. Und das Ganze erscheint dir wahrscheinlich recht einfach.

ABER . . . wenn du wirklich damit beginnen willst, all das in deinem Leben anzuwenden, bedeutet das praktisch eine Revolution für die Art und Weise, in der du dein Denkvermögen einsetzt! Die weiterreichenden Auswirkungen auf deine Gefühle, deine Gedanken, deine Äußerungen und deine Handlungen werden so tiefgreifend sein, als hätte man eine Fahrzeugfabrik auf die Herstellung von Bekleidung umgestellt.

Um in dieses wirksamere Bewußtsein einzusteigen **betrachte vorerst, wie dein Verstand trainiert worden ist, das, „was ist", automatisch mit deiner emotionalen Erfahrung zu verbinden.** Bemerke, daß die Grafik keine solche unmittelbare Verbindung aufweist. (Führe dir die Grafik nochmals vor Augen, um festzustellen, daß es diese direkte Verbindung tatsächlich nicht gibt.) Dein gesamtes Leben lang hast du deinen Verstand trainiert, das, „was ist", in unmittelbare Verbindung mit deiner Erfahrung zu bringen. Du warst dir bislang nicht bewußt, daß deine Programmierung einen **absoluten Kontrollfaktor** darstellt, der zwischen erstens „was ist" und zweitens der Erfahrung, die du in deinem Leben schaffst, wirkt.

Beachte wie die folgenden falschen Aussagen andeuten, daß das, „was ist", in unseren Leben unsere innere Erfahrung des Lebens verursacht:

Falsche Aussage	**Richtige Aussage**
„Du machst mich so wütend."	„Deine Handlungen schaffen eine Verbindung zu Süchten in mir, die Wut auslösen."
„Ich kann den Lärm nicht ertragen."	„Meine suchthaften Denkschemata bringen mich dazu, diese Geräusche abzulehnen."
„Der Tod meiner Mutter macht mich traurig."	„Ich fühle mich traurig, weil ich suchthaft verlange, daß meine Mutter nicht stirbt."
„Ich fühle mich schlecht, weil ich einen Fehler gemacht habe."	„Wenn ich einen Fehler mache, erzeugt meine suchthafte selbstablehnende Haltung das Erfahren des Sich-schlecht-fühlens in mir."

„Meine Verletzung durch einen Autounfall macht mich depressiv."

„Meine suchtartige Forderung, nicht bei dem Autounfall verletzt worden zu sein, verursacht depressive Gefühle in mir."

„Heute Nacht ohne Sex zu sein, macht mich wütend."

„Wenn mein suchtartiges Verlangen nach Sex nicht erfüllt wird, lasse ich mich wütend werden."

„Geld zu verlieren, macht mich böse."

„Mein suchtartiges Verlangen, kein Geld zu verlieren, schafft ein böses Gefühl in mir."

Dieses Verschieben der Betonung von dem **reinen Befassen mit der tatsächlichen Ebene („was ist"), hin zu unseren suchthaften Denkgewohnheiten, ist ein absolut unabdingbarer Schritt dahin, das Leben mehr zu genießen** — und oftmals wirksamer bei der Veränderung dessen zu werden, „was ist". Wie im nächsten Kapitel näher behandelt, **funktioniert unser Leben nicht besonders gut, wenn wir suchtbetonte Programmierung ablaufen lassen.**

Leider versteckt unser Verstand diesen schlechtfunktionierenden Ablauf vor uns und vermittelt stattdessen oftmals das Gefühl, daß wir effektiver handeln, wenn wir von der Basis unserer suchtartigen Forderungen ausgehen.

Ein Buch kann dir nur bis zu einem gewissen Grad helfen, diese Verschiebung der Betonung von außen nach innen zu verstehen. Diese Einsicht wirst du für dich selbst entwickeln müssen, indem du gewissenhaft arbeitest und das, was wir über die Momentaufnahmen deiner Denkvorgänge besprechen, zur Anwendung bringst. Unsere Gesellschaft, unsere Denkgewohnheiten, unsere Sprache — sie alle verschwören sich gegen uns, um die Illusion zu verstärken, daß, wie wir das Leben erfahren, alleine darauf basiert, was in unserem Leben geschieht.

Es wird nicht nur Einsicht benötigen, sondern auch ausdrückliche Entschlossenheit, um diese Illusion zu durchbrechen und die anwendbare Bewußtheit zu entwickeln, daß es immer die eigene Programmierung ist (ob suchthaft oder präferierend), die als unmittelbare, eigentliche Ursache deine Erfahrungen gestaltet. Mit anderen Worten: **Die Welt hat es dir nicht angetan; du hast es dir selbst angetan!**

Aufgrund unseres mächtigen rationalen Verstandes können wir uns gegenseitig in Stücke reißen, einzeln sowie kollektiv, wenn wir in unserem alltäglichen Leben nicht von dem Herzen geleitet werden. Liebe ist nicht nur für das menschliche Glück essentiell, sondern auch für das menschliche Überleben. Außerdem macht sie auch viel mehr Spaß.

3

Widerstehen, anklammern, und ignorieren

Wir wollen nun näher betrachten, wie Süchte und Vorlieben funktionieren, um dein emotionales Erleben zu gestalten, und auch wie sie deinen Grad der Einsicht in das bestimmen, was in deinem Leben tatsächlich um dich herum stattfindet. Die „Schlüssel zum Glücklichsein"-Grafik zeigt, daß Suchtforderungen auf drei Weisen im Verstand wirken:

1. Suchthafte Verlangen lassen dich **Widerstand** oder Ablehnung dem gegenüber entwickeln, was hier und jetzt in deinem Leben ist.

Der Schlüssel zum Glücklichsein

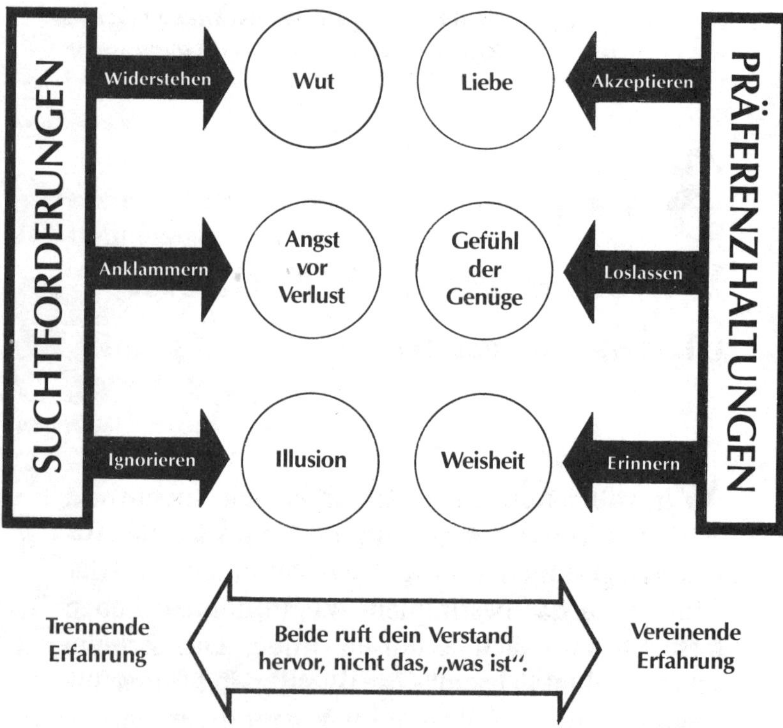

Der Trick des Egos ist dir zu vermitteln, daß deine Erfahrung auf dem, „was ist", beruht, statt auf den suchtbehafteten oder präferenzorientierten Programmierungen deines Verstandes.

2. Suchthafte Verlangen bringen dich dazu, dich an jemanden oder etwas **anzuklammern**. Du kannst Angst entstehen lassen, indem du dich an etwas klammerst, das jetzt Teil deines Lebens bildet. Oder, wie im Fall von jemandem, dessen Leben „ruiniert ist“, weil der oder die Geliebte starb, kannst du Kummer entstehen lassen, indem du dich emotional an das klammerst, was du vorher hattest.
3. Suchthafte Verlangen lassen dich die wirklichen Tatsachen des Lebens **ignorieren,** indem sie Abschnitte in dem Speicher deiner Erinnerung löschen, oder dich Teile der eingehenden Berichte deiner Augen und Ohren nicht wahrnehmen lassen.

In der Grafik kannst du ersehen, daß, wenn deine suchthaften Verlangen emotionalen **Widerstand** in dir gegen das hervorrufen, was hier und jetzt existiert, du dafür anfällig sein wirst, dich Wut erleben zu lassen, oder auch andere „geladene“ Gefühle, wie Verärgerung oder Groll. Behalte vor Augen, daß der intelligente Versuch, das, „was ist“, in deinem Leben aus einer Präferenzhaltung heraus zu verändern, das Vorgehen deines Verstandes nicht verwirrt. Es ist das suchthafte, emotional begründete Verlangen, das das ganze Chaos auslöst!

Die Grafik zeigt auch, daß, wenn deine suchtartigen Verlangen **Anklammerung** bei dir hervorrufen, du das Erleben von Angst und Unsicherheit schaffen wirst. Wenn deine suchthaften Verlangen deinen Verstand in einer Weise funktionieren lassen, die bedeutende Aspekte einer Situation **ignoriert,** bist du in einem Labyrinth der Illusionen und Unwissenheit gefangen.

Nun betrachten wir, wie der Verstand funktioniert, wenn er von einer Basis der Vorliebe oder Präferenz aus vorgeht. Statt Widerstand zu fördern ermöglicht es uns die Präferenzhaltung, emotional zu **akzeptieren**, was hier und jetzt in unserem Leben stattfindet. Das emotionale Annehmen dessen, „was ist", öffnet unseren Intellekt, um die Erfahrungen von Liebe, innerem Frieden und Freude hervorzurufen. Gleichzeitig können wir das Spiel weiterbetreiben, die Welt in den Zustand zu bringen, der unseren auf Vorliebe aufgebauten geistigen Modellen entspricht.

Während uns Suchtverhalten anklammern läßt, ermöglicht es uns die Präferenzhaltung, **emotional loszulassen.** Durch suchthafte Programmierung empfinden wir Mängel, wir glauben, daß wir zu wenig bieten und unser Leben zu wenig enthält. Wir klammern uns an Dinge und halten sie fest, unüberlegt und krampfhaft. Im Gegensatz dazu läßt uns die Präferenzhaltung das Gefühl erleben, daß alles ausreichend vorhanden ist. Da wir reich an Erfahrung sind, **können wir es uns leisten, uns und anderen gegenüber großzügig zu sein.** Wir können das, was wir haben, genießen ohne uns neurotisch daran festzuklammern und Angst zu empfinden, es zu verlieren.

Statt uns Dinge **ignorieren** zu lassen, ermöglicht es die Präferenzhaltung dem Verstand, so zu funktionieren, daß wichtige Aspekte einer Situation wahrgenommen werden und ins **Gedächtnis** übergehen. Unsere Präferenzhaltung ermöglicht es uns also, mit Einsicht, geschärfter Wahrnehmung und Perspektive zu agieren. Statt der Beschränkung eines „Tunnel-Blicks" ermöglichen sie uns einen „Panorama-Ausblick" über die Geschehnisse. Sie helfen uns, sanft mit uns selber umzugehen. **Vorlieben oder Präferenzen befähigen uns, die feinstmögliche Übereinstimmung dessen wahrzunehmen, was wir uns wünschen und was in unserer jeweiligen Lebenssituation tatsächlich erreichbar ist.** Das nennt man Weisheit.

Manchmal kann der Verstand gleichzeitig Widerstand leisten, etwas umklammern und nicht wahrnehmen oder ignorieren. Wenn, zum Beispiel, bei einem Einbruch dein Fernsehgerät gestohlen wurde, kann dein Widerstand der Situation gegenüber, deine suchthafte Ablehnung, deinen Wut-Mechanismus aktivieren. Dich suchthaft an die 1400 Mark zu klammern, die dich das Gerät kostete, kann dich Angst und Kummer auslösen lassen. Gleichzeitig kann dein suchthaftes Verhalten dich ignorieren lassen, wie du oft in deinem Leben eine solche Situation begünstigt hast, weil du es versäumtest, die Haustür abzuschließen.

Wenn dein Verstand jedoch von einer Präferenzhaltung ausgehen kann, kannst du gleichzeitig **akzeptieren**, „was ist“, das, was sich verändert, **loslassen** und dich an alle bedeutenden Aspekte jeder Situation **erinnern**. Dies stellt die optimale Funktionsebene des Nervensystems dar.

„Akzeptieren“, „loslassen“ und „erinnern“, wie in der Grafik dargestellt, beziehen sich auf die Funktionen deines Verstandes und darauf, wie du dein inneres emotionales Erfahren des Lebens gestaltest. Diese Begriffe schränken deinen Handlungsspielraum keineswegs automatisch ein. Dein Verstand kann durchaus so funktionieren, daß du akzeptierst, losläßt und dich erinnerst und auf der Ebene des Melodramas das Spiel weiter betreibst, indem du die Polizei alarmierst und versuchst, dein Fernsehgerät zurück zu bekommen. Was du jedoch akzeptierst, ist die Tatsache des Lebens, daß sich dein Fernsehgerät in diesem Augenblick nicht in deinem Wohnzimmer befindet. Du kannst dagegen in freier Entscheidung unternehmen, was du möchtest. Wenn du das suchthafte Verlangen aus deinem Denken losläßt, rufst du ein Gefühl des Genügens in deinem Leben hervor, auch bei diesem Verlust. Du mußt nicht unbedingt deine Bemühungen einstellen, den Verlust wieder wettzumachen. Du kannst auch wählen, das Spiel des Lebens so zu betreiben, daß du Dinge fest im Griff behältst — aber sei immer dazu bereit, sie leicht loszulassen.

DIE DREI GIFTE

Betrachten wir nocheinmal, was uns die „Schlüssel zum Glücklichsein"-Grafik sagt. Ein Bewußtsein, das von einem schlammigen Strom von suchthaften emotional fundierten Verlangen durchzogen ist, wird von dem gekennzeichnet, was Chögyam Trungpa „die drei Gifte" nannte — Widerstand, Anklammern und Ignorieren. Das Problem bei deinen suchtartigen Denkprogrammen ist, daß sie dich wütend machen, wenn du dich widersetzt, ängstlich werden lassen, wenn du dich anklammerst, und dir Illusionen bereiten, wenn du Dinge ignorierst oder „vergißt".

Aber deine Süchte sind nicht „schlecht" in sich. Es ist sehr wichtig, dies zu begreifen. Wenn du Süchte als „schlecht" betrachtest, verurteilst du dich und andere, weil sie damit behaftet sind. Eine solche Kritikbereitschaft stellt eine erhebliche Beeinträchtigung deiner Fähigkeit dar, deine Suchtzwänge zu Präferenzhaltungen umzuwandeln.

Dein suchthaftes Verlangen nach Sicherheit, Sinnesreizen und Macht (wozu auch Stolz und Prestigedenken gehören) läßt dich in einer Weise emotionalen Widerstand leisten, die dich körperlich sowie geistig gänzlich einspannt, um etwas von dir wegzuschieben. Wenn du das Leben mit mehr Perspektive betrachtest, wirst du bemerken, **daß dir die meisten Dinge, denen du dich zwanghaft widersetzt, jahrein jahraus erhalten bleiben.** Deine verkrampften, emotional fundierten Verlangen engen deinen Entscheidungsspielraum so sehr ein, daß du einfache und wirksame Gelegenheiten oft nicht wahrnimmst. Anders ausgedrückt: emotionales Widersetzen besiegt sich selbst. Aber in den Momenten des emotionalen Widerstandes ist das nicht deine Erfahrung dessen, was gerade geschieht. Vielmehr bist du überzeugt, daß du tapfer eine echte Bedrohung abwehrst, die dich ruinieren könnte.

Dein Ego-Bewußtsein ist andauernd bemüht, seine Domäne auszubauen. Ist das Territorium erst einmal vergrößert worden, ist der Verstand nicht gewillt etwas loszulassen, das dir das Leben nehmen will. Du bist daher dauernd in Gefahr, dich „anzuklammern“, also emotional zu verlangen und darauf zu bestehen, daß sich nichts verändert, das jetzt Teil deines Lebens ist. Du erkennst nicht, daß das gleiche Universum, das dir einen Besitz oder eine Beziehung schenkte, nur darauf warten könnte, dein Leben um etwas noch schöneres zu bereichern, wenn du das dir vorher gegebene nur loslassen würdest. Aber Suchtdenken macht dich blind und läßt dich emotional anklammern, und so bereitest du eine weitere Runde der Angst und des Leidens vor.

Deine suchthaften Forderungen vernichten dein tieferreichendes Potential zur Lebensfreude. Sie behindern dein Zusammenfügen von inneren und äußeren Energien, indem sie dich auf neurologischem Wege Dinge „abblocken" oder ignorieren lassen. Ich bin sicher, daß dir aufgefallen ist, wie leicht es ist, Dinge zu vergessen, wenn man suchthaft denkt. Das Ego-Bewußtsein hat völlige Kontrolle über die Funktionen der Erinnerungs-Speicher des Gehirns. Es kann dich Fakten und Informationen „vergessen" lassen, wenn diese die suchthaften Verlangen, die dein Gehirn gerade ablaufen läßt, mildern würden.

Suchthaftes Verlangen kann tatsächlich verhindern, daß du Dinge siehst oder hörst, die unmittelbar vor dir stattfinden. Es kann dich vollkommen mißverstehen lassen, was dir jemand gerade klar und deutlich mitteilt. Wenn suchthafte Spannung in dir stark ist, ist die funktionale Intelligenz deines Verstandes stark herabgesetzt, obwohl du durchaus überzeugt sein kannst, daß du dich gerade ernsthaft mit dem auseinandersetzt, was in deinem Leben aktuell ist.

WAS KÖNNEN WIR DAGEGEN TUN?

Fassen wir zusammen: Das Leben ist miserabel. Manchmal gewinnen wir und manchmal verlieren wir, und wenn wir verlieren, lassen wir uns selbst Unglücklichsein erleben. Wenn wir unsere suchthaften Verlangen in Präferenzhaltungen umwandeln, mag das Leben immer noch miserabel sein — **aber wir verursachen deshalb keine schlechten Gefühle in uns selbst.** Der menschliche Verstand ist so ein unglaublich leistungsstarkes Instrument, ein Wunder der Schöpfung, daß er zum Urheber seiner eigenen Erfahrung werden kann.

Dieses Buch zeigt dir, wie du die wunderbare Wachstumsfähigkeit deines Verstandes anwenden kannst. Diese Fähigkeit ermöglicht es deinem Verstand, seine Programmierung zu verändern, statt die gegenwärtigen suchtartigen Forderungen ein Leben lang roboterähnlich beizubehalten. Du kannst lernen, dein Leben zu genießen, was immer auch geschieht. Es ist ganz einfach: wandle deine suchthaften Forderungen in Präferenzhaltungen um.

Das in die Tat umzusetzen, ist jedoch nicht so einfach. Es benötigt grundlegendes Wissen darüber, wie der Verstand funktioniert, es benötigt die Entschlossenheit, es zu tun, und es benötigt ständiges Üben, bis die neuen Denkgewohnheiten die alten ersetzt haben, die im Verlauf von Jahrmillionen der Evolution aus dem Urwald heraus entwickelt wurden.

Also, wie machst du es? Es ist nur ein erster Schritt, dir zu sagen, daß dein Leben wunderbar sein wird, wenn du suchthafte Programmierung in Präferenzhaltungen umwandelst. Um es wirklich zu tun, brauchst du gezielte Methoden und Hilfsmittel, die du anwenden kannst, um diese innere Arbeit zu verrichten.

Während du an dir arbeitest, wirst du zu erfahren beginnen, daß du dich selbst, die Menschen, mit denen du zu tun hast, und die gesamte Welt als ein riesiges Trainingslager betrachten kannst, das dein Streben nach höherem Bewußtsein fördern kann. Jeder und alles kann dein Lehrer werden — ob gewollt oder nicht. Alles, was du brauchst, ist dein Leben! Du wirst entdecken, daß dein jetziges Leben insofern ideal ist, als es dir die Lehren bietet, die du als Wegzehrung auf dem langen Weg zur Umwandlung der Süchte zu Präferenzhaltungen benötigen wirst.

Es gibt mehrere Methoden, um diese innere Arbeit durchzuführen. In diesem Buch werden wir uns darauf konzentrieren, die Anwendungen der **Zwölf Pfade** zu erklären. Wie ich bereits in meinem „Handbook to Higher Consciousness" schrieb: „Die **Zwölf Pfade** sind eine moderne, praktische Zusammenfassung der gesammelten Weisheit von tausenden von Jahren. Sie zeigen dir die Handhabung deines Bewußtseins in jedem Moment, während du im Zusammenspiel mit deinem Umfeld stehst."

Die **Zwölf Pfade** sind systematisch miteinander

verflochten. Jeder **Pfad** deutet auf die anderen hin. Sie helfen dir somit effektiver, das Beste aus deinem Leben zu machen. Wenn du im vollkommenen Bewußtsein einer der **Pfade** leben kannst, wirst du automatisch die meisten weiteren in deinem Leben verwirklichen.

Also wollen wir die **Zwölf Pfade** gemeinsam erkunden, so daß wir sie im täglichen Leben anwenden können, um ein scheinbares Wunder zu vollbringen — uns zunehmend zu erfreuen, egal, was in unserem Leben geschieht. Wenn du die nächste Seite liest, kann es sein, daß du den ersten Schritt in die größte Herausforderung und das aufregendste Abenteuer deines Lebens unternimmst!

DIE ZWÖLF PFADE

Frei werden

1. Ich befreie mich von meinem suchthaften Verlangen nach Sichheit, Sinnesreiz und Macht, das mich dazu treibt, Situationen in meinem Leben mit Gewalt kontrollieren zu wollen und dadurch meine innere Gelassenheit zerstört und mich davon abhält, mich selbst und andere zu lieben.
2. Ich erkenne, wie meine bewußtseinsbeherrschenden Süchte meine trügerische Version der sich ständig wandelnden Welt mich umgebender Menschen und Situationen hervorrufen.
3. Ich begrüße die Gelegenheit, die mir die Erfahrung jedes einzelnen Moments bietet (auch wenn dies schmerzlich ist), mir der Süchte bewußt zu werden, die ich umwandeln muß, um von meinen roboterhaften, emotionalen Verhaltensmustern befreit zu sein.

Leben im Hier und Jetzt

4. Ich halte mir ständig vor Augen, daß ich alles habe, was ich brauche, um das Hier und Jetzt zu genießen — solange ich nicht zulasse, daß mein Bewußtsein von Forderungen und Erwartungen beherrscht wird, die auf der erledigten Vergangenheit oder der erwarteten Zukunft beruhen.
5. Ich trage hier und jetzt die volle Verantwortung für alles, was ich erlebe, denn es ist meine eigene Programmierung, die meine Handlungen hervorruft und auch die Reaktionen der Menschen um mich beeinflußt.
6. Ich akzeptiere mich selbst vollkommen hier und jetzt und erfahre bewußt alles, was ich fühle, denke, sage und tue (meine emotional begründeten Suchthaltungen eingeschlossen) als notwendige Bestandteile meines Wachstums auf dem Weg zu höherem Bewußtsein.

Interaktion mit anderen

7. Ich öffne mich wahrhaftig allen Menschen gegenüber, indem ich gewillt bin, ihnen meine innersten Gefühle vollständig mitzuteilen, denn wenn ich mich irgendwie verberge, bleibe ich meiner Illusion des Getrenntseins anderen gegenüber verhaftet.
8. Mit liebender Anteilnahme empfinde ich die Probleme von anderen, ohne jedoch emotional in ihr Mißgeschick verwickelt zu werden, das ihnen Botschaften bietet, die sie für ihre Weiterentwicklung brauchen.
9. Ich handle frei, wenn ich im Einklang mit meiner Umgebung und mir stehe, ausgeglichen und liebevoll bin, doch ich vermeide es nach Möglichkeit, zu handeln, wenn ich emotional aufgebracht bin und mir selbst die Weisheit vorenthalte, die von Liebe und erweitertem Bewußtsein ausgeht.

Die Entdeckung des bewußten Gewahrseins

10. Ich beruhige unablässig meinen rastlos suchenden, rationalen Verstand, damit ich die subtileren Energien wahrnehmen kann, die mich befähigen, mit allem, was mich umgibt, eins zu werden.
11. Ich bin mir ständig bewußt, aus welchem der Sieben Bewußtseinszentren ich schöpfe, und ich fühle, wie meine Energie, Wahrnehmungsfähigkeit, Liebe und mein innerer Frieden wachsen, indem ich alle Bewußtseinszentren weit öffne.
12. Ich nehme alle Menschen einschließlich meiner selbst als erwachende Geschöpfe wahr, die hier ihr angestammtes Recht auf die höheren Bewußtseinsebenen der grenzenlosen Liebe und des Eins-Seins verwirklichen wollen.

TEIL II

Frei werden

ERSTER PFAD

Ich befreie mich von meinem sucht-haften Verlangen nach Sicherheit, Sinnesreiz und Macht, das mich dazu treibt, Situationen in meinem Leben mit Gewalt kontrollieren zu wollen und dadurch meine innere Gelassenheit zerstört und mich davon abhält, mich selbst und andere zu lieben.

4

Du bist dein eigener Gefängniswärter

Die **Zwölf Pfade** sind nicht nur einfache Aussagen. Sie sind Anleitungen zur Handhabung unseres komplexen menschlichen Verstandes. Als Richtlinien zeigen sie uns, wie wir unsere Energie, unser Wahrnehmungsvermögen, unsere Weisheit, unseren inneren Frieden, unsere Liebe und unser Glück, kurz gesagt das, was den meisten Menschen bedauerlicherweise fehlt, steigern können.

Die Gedanken, die in den **Zwölf Pfaden** beschrieben werden, sind nicht neu. Sie haben ihre Wurzeln im Leben der Menschheit und können tausende von Jahren in der Geschichte zurückverfolgt werden. Sie sprechen den rationalen Verstand in einer bestimmten Art und Weise an. Wenn sie uns jedoch helfen sollen, das Beste aus unserem Leben zu machen, müssen wir lernen, sie in einer Weise anzuwenden, in der sie auch das intuitive Funktionieren unseres Verstandes ansprechen.

Die **Zwölf Pfade** sind ein handliches Bündel von Hinweisen auf Dinge, **die du tief in deinem Innern unbewußt und intuitiv schon weißt.** Sobald du von einem Suchtprogramm beherrscht wirst, setzt sich dein Verstand über deine eigene intuitive Weisheit hinweg, die dich auf den richtigen Weg hin zu Liebe und Lebensfreude führt. Aber wieviel Widerstand, Anklammerung oder Mißachtung du auch an den Tag legen magst, es gibt immer eine leise innere Stimme, die du hören kannst, wenn du sie hören willst. Und die **Zwölf Pfade** werden unaufhörlich diese innere Stimme ansprechen, sie verstärken und deinen Verstand daran erinnern, daß seine suchthafte Programmierung dir niemals tiefe und dauerhafte Zufriedenheit verschaffen kann.

INNERE FREIHEIT

Schauen wir uns einmal die ersten vier Worte des **Ersten Pfades** an: „Ich befreie mich“. Sie kennzeichnen eine ungeheure Umstrukturierung in deinem Inneren. **Sie zeigen die Entschlossenheit an, deinen Geist umzutrainieren und nicht länger Illusionen deines getrennten Selbst in dir aufkommen zu lassen.** Diese drei Worte kündigen deine Absicht an, **zu der höheren Bewußtseinsstufe deines vereinten Selbst** zu gelangen. Die Worte „Ich befreie mich" führen dir vor Augen, daß du in einem selbstgeschaffenen Gefängnis gelebt hast, und daß dein Verstand von suchthaftem Verlangen nach Sicherheit, Sinnesreiz und Macht in Ketten gelegt wurde, die deine Fähigkeit, das Beste aus deinem Leben zu machen, weitgehend eingeschränkt haben.

Der Beginn des **Ersten Pfades** enthält auch eine gute Nachricht, nämlich, daß **wir uns befreien können**. Viele von uns haben gehofft, daß unsere Eltern, unsere Lehrer, unsere Partner, unsere Freunde oder die Politiker uns retten und dabei helfen würden, ein angenehmes Leben zu führen. Der **Erste Pfad** beginnt mit der vielversprechenden Ankündigung, daß jeder Mensch sich selbst helfen kann.

Viele von uns reagieren empfindlich auf Beschränkungen von außen. Wir möchten uns von niemandem sagen lassen, was wir zu tun haben. Der **Erste Pfad** gibt uns zu verstehen, daß **die wichtigsten Freiheiten die inneren und nicht die äußeren Freiheiten sind.** Im Melodrama des Lebens mag es beispielsweise großartig sein, mit einem

Menschen verheiratet zu sein, der uns nie ermahnt, das Auto besser zu pflegen. Doch wird es in unserem Leben immer wieder Zeiten geben, in denen uns gesagt wird, was wir zu tun oder zu lassen haben. Aus diesem Grund ist es unerläßlich für unser Lebensglück, unser suchthaftes Streben nach Sicherheit, Sinnesreiz und Macht zu einer reinen Vorliebe oder Präferenzhaltung zu erheben, **so daß wir uns nicht isoliert oder verstört fühlen, wenn jemand uns sagt, wir sollten das Auto besser pflegen.**

Wenn unser Verstand mit suchthaften Forderungen programmiert ist, die unser isoliertes Selbst aktivieren, geben wir uns der Illusion hin, daß äußere Freiheit unser Glücklichsein bestimmt. Die weitaus entscheidendere Rolle der inneren Freiheit wird kaum als wichtig erkannt. Auch wenn wir in dem Melodrama unseres Lebens das Spiel des Widerstandes gegen willkürliche und unnötige Beschränkungen spielen möchten, beginnen wir zu erkennen, daß **innere Freiheit von entscheidender Bedeutung in unserem Streben nach Zufriedenheit im Leben ist.**

Es ist ganz einfach. Wenn du zwar äußerlich frei bist, jedoch keine innerliche Freiheit erlebst, wirst du unglücklich in deinem Leben sein. Wenn du aber innere auch ohne äußere Freiheit erlebst, kannst du trotzdem voller Energie, weise, einfühlsam, glücklich und liebevoll sein und in deinem Leben einen Sinn sehen.

DIE MISERE, DIE WIR SELBST SCHAFFEN

Der **Erste Pfad** erinnert uns also daran, daß wir uns von unserem suchthaften Verlangen nach Sicherheit, Sinnesreiz und Macht loslösen. Wie wir schon im vorhergehenden Kapitel gesehen haben, lösen diese Süchte automatisch und zwangsläufig Widerstand, Anklammerung und Ignorierung in uns aus. Sie zerstören die eigentliche Fähigkeit unseres Verstandes, unsere Lebensenergie wirksam und befriedigend zusammenfließen zu lassen. Schauen wir einmal die vielen Verluste an, die die „drei Gifte" in unserem Leben verursachen, sobald unser isoliertes Selbst suchthafte Programmierung abspult:

1. **Körperliche Auswirkungen.** Wir sind angespannt, verspannt, ungelenk, schwach, unfallträchtig, manchmal auch von Schmerzen heimgesucht und krank. Eine Präferenzhaltung hingegen läßt uns das Leben als ein Ganzes sehen, und wir bleiben körperlich entspannt.

2. **Isoliertheit.** Unser suchtartiges Verlangen nach Sicherheit, Sinnesreiz und Macht löst in uns isolierende Gefühle wie Angst, Frustration, Wut, Ärger, Groll, Eifersucht, Langeweile, etc aus. Wenn wir unsere suchthaften Forderungen in Präferenzhaltungen umwandeln, produziert unser Nervensystem diese Gefühle der Getrenntheit nicht mehr. Wir erhalten einen Überblick aus einer Perspekti-

ve, die es uns ermöglicht, stattdessen Gefühle wie Liebe, Freude, Harmonie und Gemeinsamkeit zu erfahren. Dadurch können wir besser darauf achten, was wir, ohne uns noch mehr Probleme zu schaffen, verändern können.

3. **Weniger Liebe.** Die durch unsere emotionsbeladenen Forderungen verursachten Haltungen des Widerstandleistens, Anklammerns und Ignorierens nehmen uns die Fähigkeit, Liebe für uns selbst und für andere zu empfinden, können uns blind machen für Liebe, die uns entgegengebracht wird oder uns davon abhalten, sie zu akzeptieren.

4. **Bereitschaft, zu urteilen.** Süchte bringen uns dazu, kritisch und aburteilend zu sein. Wir haben dann zwar den dürftigen Gewinn „recht gehabt zu haben", doch gleichzeitig haben wir unsere Fähigkeit zerstört, kooperativ, harmonisch und glücklich zu sein.

5. **Verzerrte Wahrnehmung.** Wenn wir in Süchten verstrickt sind, sind unsere Wahrnehmungen stark verzerrt. Wir konzentrieren unsere Aufmerksamkeit auf mögliche Mängel und nicht auf das Positive. Wir sehen nicht das Schöne um uns herum und schaffen uns eine Welt der Verzerrungen und der Illusionen mit „unlösbaren" Problemen. Wenn wir unsere suchthaften Forderungen in Präferenzhaltungen umwandeln, kann unser Verstand klar den-

ken und wir können das Hier und Jetzt genießen. Wir können das, was veränderbar ist, effektiver verändern und den Rest außer acht lassen. Wir können die Schönheit und die Reichhaltigkeit des Lebens genießen, die uns jederzeit umgeben.

6. **Gedämpfte Kreativität.** Suchthaftes Streben nach Sicherheit, Sinnesreiz und Macht zerstört unsere Spontanität, Kreativität und Aufgeschlossenheit. Geistig werden wir eher steif als flexibel. Wir werden in unserer Entscheidungsfreiheit eingeschränkt, anstatt einen breiten, kreativen Spielraum bei der Suche nach geeigneten Lösungsmöglichkeiten zu haben.

7. **Unglücklichsein.** Wenn wir Widerstand, Anklammerung und Mißachtung suchtartig verhaftet sind, machen wir uns selbst unglücklich. Wenn wir unsere Energie auf diese Art und Weise verschwenden, fehlt es uns meistens an Begeisterung, Einsicht und Weisheit, um unsere Gedanken und Handlungen optimal in ein freudiges „Lebensspiel“ einfließen zu lassen. Stattdessen erfahren wir das Leben als ein drückendes „Problem“ und nicht als ein interessantes „Spiel“, bei dem wir mitspielen.

Diese sieben Verluste ergeben zusammen eine private Hölle, die wir uns selbst schaffen und bewohnen. Wenn wir in unser suchthaftes Verlangen nach Sicherheit, Genuß und Macht verstrickt sind, werden wir weder Gelassenheit noch Glück erleben, auch wenn wir das bekommen, was wir meinen haben zu müssen. Wir empfinden nur ein vorübergehendes, egoistisches Vergnügen. Aber das getrennte Selbst ist unersättlich. Das, was im Leben da ist, ist nie genug. Es muß immer mehr geben. Wir vergleichen unsere Situation mit denen anderer Menschen, und wenn unsere Bedürfnisse befriedigt werden, schrauben wir unsere Ansprüche meistens höher. Wir sind oft nicht in der Lage, das zu genießen, was wir haben, weil **wir so sehr damit beschäftigt sind, es zu schützen und mehr davon zu bekommen.** Es fällt uns schwer, uns selbst oder der Energie, die uns umgibt, zu vertrauen. **Wir lassen unsere suchthafte Programmierung andauernd ablaufen und erzeugen somit eine fundierte Erfahrung des Getrenntseins. Die Auswirkung dieser Süchte schafft die zwiespältige Illusion „ich gegen die Welt" statt des vereinigten Gefühls von „ich und die Welt" und „ich in der Welt".**

SÜCHTE SIND NICHTS SCHLIMMES

Auch wenn in diesem Buch größtenteils böse Dinge über Suchtzwänge gesagt werden, ist es gut, sich daran zu erinnern, daß sie wirklich kein ernsthaftes Problem darstellen! Sie wirken sich durchaus konkret auf dein Leben aus, aber du mußt nun nicht suchthaft versuchen, all deine Suchtzwänge aufzuspüren und auszurotten. Natürlich sind sie die Ursache für Gefühle der Isoliertheit, aber es ist nicht so schlimm, frustriert, wütend, ängstlich oder unglücklich zu sein. Deine Denkgewohnheiten und deine Programmierung lösen diese Gefühle aus, nicht dein eigentliches Ich. Es ist alles nur ein Teil der Rolle, die du zu dieser Zeit in deinem Leben spielst. Und es ist genau der Punkt, an dem du dich nun auf der Reise deines Erwachens befindest.

Um es realistisch zu sehen, erkennen wir besser, daß du wahrscheinlich nicht alle deine suchthaften Forderungen im Laufe deines Lebens in Präferenzhaltungen wirst umwandeln können. Aber du kannst lernen, mit ihnen zunehmend effektiver umzugehen, damit sie dein Leben nicht mehr so aufwühlen. Du kannst mehr und mehr lernen, dich daran zu erinnern (du vergißt ständig!), daß es deine eigene suchthafte Programmierung ist, die die Erfahrungen in deinem Leben bestimmt, nicht das, „was ist". Du kannst Verantwortung übernehmen, ohne jemanden schuldig zu sprechen — auch nicht dich selbst. Und du kannst lernen zu beobachten, wie dein Verstand Widerstand leistet, sich anklammert und Dinge ignoriert. Durch Anwendung der **Zwölf Pfade** kannst du dich damit vertraut machen, zunehmend zu akzeptieren, loszulassen und dich zu erinnern. Du kannst nun aus deinem Leben eine Liebesgeschichte anstatt einer Trennungstragödie machen.

Obwohl Suchtzwänge nichts Schlimmes sind, so sind doch mehrere, ineinander verstrickte suchthafte Forderungen etwas ganz anderes. Einzelne Forderungen können auftreten und dann wieder verschwinden. Wenn du zum Beispiel suchthaft verlangst, daß niemand dir deinen Parkplatz wegschnappt, werden diese Gefühle der Isoliertheit im Laufe des Tages höchstwahrscheinlich verschwinden. Mehrere suchthafte Forderungen geben sich jedoch gegenseitig Nahrung und bilden ein wildes Durcheinander ineinander verstrickter Suchtzwänge, die dich alle zusammen in deiner trennenden Haltung bestärken.

Miteinander verstrickte Suchtzwänge können in dir Gefühle der Isoliertheit aufbauen und den Verlauf deines Lebens tiefgreifend verändern. Sie können allmählich stärker werden und immer mehr Raum in deinem Leben einnehmen. Sie sind Bestandteil deiner inneren Vorgänge und du brauchst ein hohes Maß an Geschicklichkeit, um dich ihrer erfolgreich zu entledigen. Statt einen leichten Sprühregen bescheren sie dir plötzlich ein Unwetter. Aber trotzdem, denke daran, daß auch miteinander verstrickte Zwänge kein unlösbares Problem sind, sondern nur ein Teil deines täglichen Melodramas. In Kapitel 16 wirst du erfahren, wie du an verstrickten Suchtzwängen arbeiten kannst.

DREI FOLGEN

Am Anfang des **Ersten Pfades** werden wir daran erinnert, daß wir uns unser eigenes Gefängnis geschaffen haben und entschlossen sind, an unserer Befreiung zu arbeiten („Ich befreie mich"). Der zweite Teil des **Pfades** besagt, daß wir von unserem suchthaften Verlangen nach Sicherheit, Sinnesreizen und Macht loskommen möchten. Und schließlich werden uns die drei trifftigsten Gründe genannt, aus denen wir es uns nicht länger leisten können, uns unser Leben durch Suchtzwänge ruinieren zu lassen.

1. „. . . mich dazu treiben, Situationen in meinem Leben mit Gewalt kontrollieren zu wollen . . ."

2. „. . . und so meine innere Gelassenheit zerstören . . ."

3. „. . . und mich davon abhalten, mich selbst und andere zu lieben."

Schauen wir uns den ersten Punkt an: Situationen mit Gewalt kontrollieren zu wollen. Wenn unser Verstand von Suchtzwängen beherrscht wird, wird unsere Entscheidungsfreiheit vernichtet und all unsere Fähigkeiten werden zwangsläufig einem „Überlebenskampf" zugeleitet, damit wir unserer suchthaften Programmierung entsprechen. Diese Verhaltensweise führt automatisch zu einem „Ich gegen die Welt"-Melodrama und schafft uns kriegsähnliche Maßstäbe. Unsere Vorstellung, daß das Leben ein ewiger Kampf ist, um ja genug zu bekommen, wird zu einer selbsterfüllenden Prophezeiung des getrennten Selbst.

Statt ständig zu kämpfen solltest du versuchen, deine suchthaften Forderungen weitblickend zu erkennen und beobachten, wie sie sich auf deine Fähigkeit, dich selbst und andere zu lieben, auswirken. Je mehr Suchtzwängen du unterliegst, desto weniger kannst du andere Menschen emotional akzeptieren und lieben. Wenn du dir eine Präferenzhaltung aneignest und dich selbst und andere liebst, wirst du feststellen, daß sich durch die Energie dieser Liebe dein Leben entscheidend verändert. Anstatt das Gefühl von „ich gegen die Welt" und „ich muß um alles kämpfen" zu kreieren, ermöglicht es dir die Energie der Liebe, andere Mensche als „wir" und nicht als „die da" zu erleben. Dadurch wird es auch umgekehrt für die anderen einfacher, dich in ihrem Wahrnehmungsfeld als „wir" zu erfahren. Dieses „Wir"-Bewußtsein hilft dir, zu erkennen, daß du mehr bekommst, als du überhaupt brauchst, um dein Leben genießen zu können, ohne dafür kämpfen zu müssen. Und den Rest läßt du los, denn es ist nur natürlich, daß du in deinem Leben mal gewinnst und auch mal verlierst.

Das heißt also, daß du genug bekommst, nicht indem du mit Gewalt Situationen kontrollierst, sondern indem du dich selbst und andere so bedingungslos liebst, daß dein Leben reichhaltig wird, ohne daß gekämpft werden muß. Wenn du mit Gewalt versuchst, Kontrolle zu erlangen, bremst du meistens die Energien der Menschen, die dich umgeben. Wenn du die Welt liebst und ihr dienst, fließt dir automatisch eine Fülle von Energie zu.

DAS ZERSTÖREN DER GELASSENHEIT

Der **Erste Pfad** führt dir vor Augen, daß du deine innere Gelassenheit zerstörst, wenn du mit Gewalt versuchst, Situationen in deinem Leben zu kontrollieren. Betrachten wir, warum das so ist. Erinnere dich an Situationen, in denen dein eigener Zorn Gefühle von Angst oder Wut oder beidem in anderen Menschen hervorrief. Auf die eine oder andere Weise brachten sie dir das Maß an Widerstand entgegen, das der von dir angewandten Gewalt entsprach. Und so kam es zu einem erwarteten Kampf von „du“ gegen „ihn“ oder „sie“ oder „die da“.

Da du glaubtest, im Recht zu sein, warst du berechtigterweise empört und hast noch mehr Druck angewendet. Da das isolierte Selbst der anderen Beteiligten ihnen wiederum den Eindruck vermittelte, daß **sie** recht hätten, verstärkten sie ihren Widerstand (psychologisch und auch sonstwie), und die Gelassenheit, die du schaffen wolltest, indem du gewaltsam versuchtest, eine Situation zu verändern, war dahin. Stattdessen führte der Mangel an Einfühlungsvermögen, Einsicht und Weisheit, der sich aus eurer suchthaften Programmierung in Verbindung mit der Lebenssituation ergab, zu einem Aufruhr in deinem Verstand und dem anderer Menschen. Wenn du deine Suchtzwänge in Präferenzhaltungen umwandelst, wird es möglich, eine tiefe innere Gelassenheit und Ausgeglichenheit zu erleben, und dennoch nach außen hin durchaus aktiv zu sein. Wenn du zum Beispiel nicht suchtartig forderst, daß das Leben anders sein sollte, als es ist, kannst du eilig wohin wollen und doch einen entspannten inneren Frieden empfinden. Andererseits kannst du auch in einem bequemen Lehnstuhl sitzen und dich trotzdem verstört, besorgt und angespannt fühlen. Gelassenheit hat also nichts mit dem Melodrama deines Lebens zu tun. Es geht nur darum, deine Suchtforderungen so klein und deine Liebe so groß wie möglich zu halten.

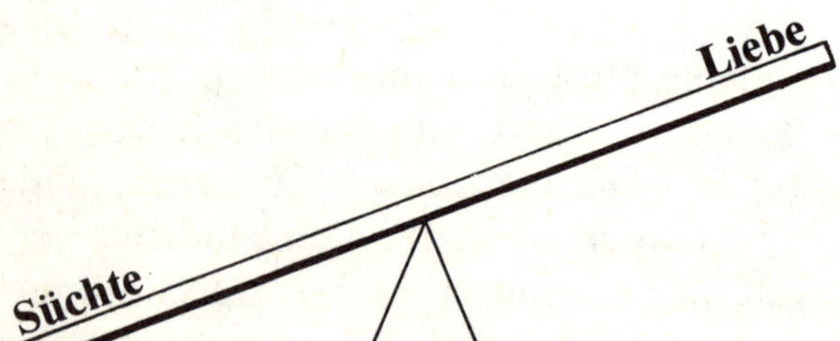

Wenn das eine zunimmt, nimmt das andere ab.

DICH SELBST UND ANDERE LIEBEN

Der letzte Teil des **Ersten Pfades** erinnert dich daran, daß suchthaftes Verlangen nach Sicherheit, Sinnesreizen und Macht „dich davon abhält, dich selbst und andere zu lieben". Du erinnerst dich, daß Suchtzwänge als emotionsbeladene Forderungen definiert wurden. Die meisten Menschen haben Hunderte von Süchten nach Sicherheit, Sinnesreiz und Macht, die sie roboterhaft ausleben. In jedem beliebigen Moment ist es üblich, daß unsere Lebenssituationen eine oder mehrere dieser Suchtforderungen auslösen. Da wir kontinuierlich suchthaft fordern, schaffen und verstärken wir die Illustion des abgetrennten Selbst, und es kommt zu der Haltung „ich gegen die Welt".

Diese intensive und andauernde Vorherrschaft suchthafter Forderungen über dein Bewußtsein hält dich oft davon ab, **dich selbst zu lieben.** Diese Selbstentfremdung und Selbstablehnung stellen mit die schlimmsten Aktivitäten deines Verstandes dar, denn sie bewirken, **daß die enorme Kraft des Verstandes gegen sich selbst gerichtet wird.** Die Denkprogramme, die uns veranlassen können, uns selbst abzulehnen, können ein so schönes Leitmotiv wie „liebe jeden bedingungslos" dazu mißbrauchen, unsere Selbstachtung zu schmälern, indem sie uns denken lassen: „Ich bin schrecklich, ich bin schlimm, ich bin ein hoffnungsloser Fall, weil ich die Menschen dauernd aus meinem Herzen verstoße." Jemand, der sich nicht suchthaft selbst ablehnt, kann das gleiche Leitmotiv hören und sich sagen: „Ja, genauso will ich in meinem Leben verfahren. Im Moment bin ich wütend auf Mary, und ich werde diese Erfahrung benutzen, um an mir selbst zu arbeiten. Indem ich meine Suchtforderungen bewußt erfahre, kann ich persönlich wachsen."

Solange dein Verstand diese selbstablehnenden Programmierung anwendet, kann er alles, was du tust, so umkehren, daß es wieder zu Selbstablehnung führt. Somit schützt er sich davor, an seinen Suchtforderungen arbeiten zu müssen. Wachsende Erkenntnis wird zum weiteren Mittel der Selbstablehnung. Da du durch Selbstablehnung daran gehindert wirst, deine Süchte in anderen Bereichen abzubauen (und auch unter ihr leidest), sollte ihr große Aufmerksamkeit bei deiner inneren Arbeit zukommen. Von Suchtzwängen, die du dir selbst auferlegst, kannst du dich genauso erfolgreich befreien wie von allen anderen Suchtforderungen. Fast jeder von uns hat es zu einem gewissen Grad nötig, in dieser Hinsicht „innere Arbeit" zu leisten. Du kannst dein Leben enorm bereichern, wenn du es als einen weiteren Schritt zur Bewußtseinserweiterung ansiehst, dich selbst zu akzeptieren. **Bringe deinem Verstand bei, liebevoll mit dir selbst umzugehen und dich zu akzeptieren und zu lieben, so wie du bist, oder auch nicht bist.**

ZUSAMMENFASSUNG

Der **Erste Pfad** bereitet dich in dynamischer Weise auf deine Bewußtseinserweiterung vor. Er fordert dich dazu heraus, dein Freiwerden zu erarbeiten und die **innere Freiheit** als die wichtigste anzusehen. Er stellt die drei Hauptkategorien von Suchtzwängen fest, die uns davon abhalten, so zufrieden wie möglich zu leben: Sucht nach Sicherheit, Sucht nach Sinnesreizen und Sucht nach Macht. Und er hält uns die drei Wege vor Augen, auf denen uns suchthaftes Verlangen Probleme beschert: Kontrolle mit Gewalt anstreben, die Zerstörung der inneren Gelassenheit und das Vermindern unserer Liebe uns selbst und anderen gegenüber. Es ist nun die Aufgabe der restlichen **Elf Pfade** die methodischen Einzelheiten darzulegen, die uns befähigen können, unseren Verstand geschickt einzusetzen, um das Bestmögliche aus unserem Leben zu erhalten.

ZWEITER PFAD

Ich erkenne, wie meine bewußtseinsbeherrschenden Süchte meine trügerische Version der sich ständig wandelnden Welt mich umgebender Menschen und Situationen hervorrufen.

5
Illusionen durchbrechen

Der **Zweite Pfad** beginnt mit der vielversprechenden Aussage „ich erkenne". Das Wort „erkennen" bedeutet, daß dir etwas bewußt wird, was schon da ist. Es ist, als würdest du einen Schatz entdecken, der dein Leben bereichern wird.

Der **Zweite Pfad** fordert uns dazu auf, in unserem eigenen Leben den Zusammenhang von Ursache und Wirkung zwischen den Suchtforderungen, die unser Bewußtsein beherrschen, und den illusorischen Vorstellungen, die wir über uns und unsere Umgebung bilden, zu erkennen. Wir wissen, daß wir Süchten unterliegen und wir wissen auch, daß wir illusorische oder mißverstandene Vorstellungen hegen. **Aber wir haben keinen Kausalzusammenhang zwischen unsere Suchtzwängen und unseren „Fehlern" festgestellt.** Diese fehlende Erkenntnis macht es unserem Ego leicht: Es braucht uns lediglich davon zu überzeugen, daß unsere Illusionen auf unser mangelndes „Nachdenken" zurückzuführen sind und daß wir nur mehr nachzudenken brauchen, um unsere Trugvorstellungen abbauen zu können. Der wahre Schuldige bei diesem Vergehen (unser Suchtverhalten) bleibt unentdeckt.

VERZERRTE WAHRNEHMUNG

Wie können wir nun besser verstehen lernen, auf welche Art und Weise unsere Wahrnehmung entstellt wird, wenn in uns suchthaft Programme ablaufen? Wir brauchen uns nur den drastischen Unterschied vor Augen zu führen, der entsteht, wenn wir die Welt um uns herum erstens auf der Grundlage von suchtbetonter Programmierung, zweitens aus einer Präferenzhaltung heraus wahrnehmen. Betrachten wir einmal die Grafik mit der Überschrift „Wie Wahrnehmung durch suchtgeprägte Programmierung verzerrt wird" an.

Wahrnehmung ist wie ein Zirkus mit fünf Manegen, in denen viele Dinge auf einmal geschehen. In einem gegebenen Moment kannst du nur einen winzigen Bruchteil dessen, was in dir und um dich herum geschieht, erfassen. Du mußt eine Auswahl treffen. **Was und wieviel** auf die Leinwand deines Bewußtseins projiziert wird und **somit in dein Bewußtsein eindringt,** hängt davon ab, ob du von Suchtzwängen beherrscht wirst oder dich von einer Präferenzhaltung leiten läßt.

Du kannst nicht alles gleichzeitig bewußt wahrnehmen. Du kannst dir nur dessen gewahr werden, was von deinem Verstand hier und jetzt ausgewählt wird, um auf die Bildfläche deines Bewußtseins projiziert zu werden, auf diesen kleinen Bildschirm irgendwo in deinem Kopf, auf dem du Bilder siehst, Geräusche hörst, Gerüche riechst, Geschmäcke schmeckst, Gefühle fühlst und Gedanken und Emotionen registrierst. Untersuchen wir nun die fünf Komponenten unserer Wahrnehmungspalette:

1. **„Was ist“.** Von den fünf Arten eingehender Impulse betrifft eine, „was ist“, diejenigen, die hier und jetzt in uns und außerhalb von uns existieren. Die anderen vier Komponenten (Emotionen, Erinnerungen, Überleben und Rechtfertigungen) beziehen sich alle auf das, was du im Moment in dir hervorrufst. „Was ist“ stellt all das dar, was hier und jetzt vorhanden ist; die anderen Faktoren in der Graphik sind Gedanken und Gefühle, die dein

Wie Wahrnehmung durch suchtgeprägte Programmierung verzerrt wird

Wahrnehmung bei suchtgeprägter Programmierung

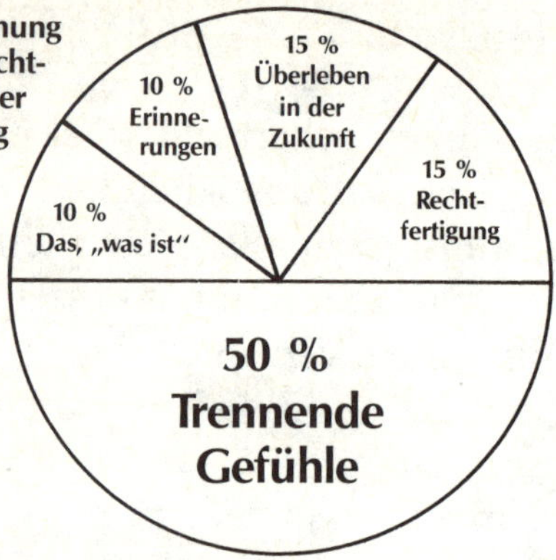

Wahrnehmung bei präferenzorientierter Programmierung

Diese Darstellungen zeigen verallgemeinert, wie die Intensität der Motivation deine Wahrnehmung beeinflußt. Die prozentualen Anteile werden je nach Stärke der suchtgeprägten oder präferenzorientierten Programmierung sowie der jeweiligen Lebenssituation unterschiedlich groß sein.

Verstand erzeugt.

2. **Emotionen.** Wenn dein Verstand von suchthafter Programmierung bestimmt wird, werden 50 % deines Bewußtseins von isolierenden Gefühlen wie Angst, Wut, Frustration, etc. in Beschlag genommen, wie die Graphik zeigt. Wenn du jedoch einer Präferenzhaltung folgst und keine Gefühle der Isoliertheit in dir selbst schaffst, kann der Raum, der dadurch auf der Bildfläche deines Bewußtseins frei wird, nun durch vereinigende Gefühle wie Liebe, Gelassenheit, Freude und Glück gefüllt werden und deine Wahrnehmung von „was ist" kann somit von 10 % auf 50 % gesteigert werden!

3. **Erinnerungen.** Eine weitere Quelle von Impulsen, mit der sich dein Verstand in jedem Moment auseinandersetzen muß, sind die in der Graphik gezeigten „Erinnerungen". Jeder von uns verfügt über umfassende Datenbanken, in denen wir eine Unmenge von Material aus der Vergangenheit mit den damit verbundenen Gedanken und Gefühlen gespeichert haben. Diese treten selbstverständlich in Interaktion mit den rechtfertigenden Elementen unseres Verstandes und fügen der Mixtur, die aus all diesen Zutaten ständig in unserem Gehirn gebraut wird, noch eine individuelle Note und einen Schuß Emotion hinzu.

4. **Überleben.** Obwohl rechtfertigende Elemente

unseres Verstandes mit im Spiel sind, so nimmt doch der Bereich „Überleben“ eine ihm eigene Stellung im Zirkus unserer Wahrnehmung ein. Das Ego räumt unserem Überleben verständlicherweise große Bedeutung ein. Ganz gleich, welches Programm in dir abläuft, dein Verstand übernimmt sofort die Kontrolle, damit du wahrnimmst, daß etwas für dein Überleben von Wichtigkeit sein könnte. Wenn du einer suchtartigen Programmierung unterliegst, hält dein Verstand irrtümlich viele Dinge für überlebenswichtig, die mit deinem Überleben überhaupt nichts zu tun haben. Dies hält dich oft in Sorge um Dinge, die nicht wirklich wichtig sind, betrachtest du sie mit Einsicht und aus der richtigen Perspektive.

5. **Rechtfertigungen.** Ein weiterer Teil des Zirkusgeschehens (aus dem unser Verstand das auswählen muß, was in unser Bewußtsein vordringen soll) wird in der Graphik „Rechtfertigungen“ genannt. Dies bezieht sich auf die Fähigkeit unseres Intellekts oder rationalen Verstandes, eine endlose Anzahl von Gedanken zu produzieren, die unsere Süchte oder Vorlieben untermauern. Bei diesem Spiel bedient sich der rationale Verstand einer Vielfalt von Kategorien wie gut und schlecht, wahr und unwahr, schön und häßlich, wirksam und unwirksam, schnell und langsam und natürlich seiner Lieblingspolarität: **richtig und falsch.**

Ein Teil der Aktivität deines Verstandes ist, aktuelle Geschehen in bestimmte Kategorien einzuordnen: „Dieser Film ist langweilig“, „der Sonnenuntergang ist schön“, und ähnliches. Der Verstand kann ewig so fortfahren und abtrennende Unterschiede, sarkastische Vergleiche, „richtig-falsch“-Urteile und verletzende Kritik oder aber auch Zustimmung und „Schulterklopfen“ aneinanderreihen. Und manchmal brauchst du es, daß dein Intellekt seine Auswahlkriterien ablaufen läßt. Er muß dir vielleicht sagen können, ob zum Beispiel jemand für eine bestimmte Aufgabe geeignet ist oder nicht. Du solltest imstande sein, deinen rationalen Verstand zu benutzen, ohne dabei deine Fähigkeit zur Liebe zu vernachlässigen.

Genauso wie Hunde lernen müssen, stubenrein zu werden, mußt du deinen Verstand darauf trainieren, zu arbeiten, ohne daß er dein Leben dabei „versaut“. Und dein Intellekt kann darin geschult werden, so zu funktionieren, daß der Raum für Liebe, den du für dich und andere in dir schaffen willst, nicht angetastet wird. Ungeachtet dessen, ob er dich in Haltungen versetzt, die richtig oder falsch sind, kann dein Verstand seine Arbeit tun und dennoch vermeiden, dich in die Falle von emotionaler Isoliertheit gehen zu lassen, wenn du ihn geschickt trainiert hast.

Wie schulst du deinen Verstand? Indem du die **Pfade** anwendest um deine Suchtforderungen in

Präferenzhaltungen umzuwandeln. Eine tägliche Übung, die dir dabei hilft, mit deinem Verstand geschickter umgehen zu lernen, wird in Kapitel 16 erklärt.

SÜCHTE VERNICHTEN DAS GLEICHGEWICHT

Wenn unser Verstand ein suchtartiges Programm einlegt, wird die Ausgewogenheit bestimmter Aufnahmefaktoren der Wahrnehmung erheblich beeinträchtigt. In der Graphik ist ersichtlich, daß isolierende Gefühle die Hälfte des Wahrnehmungspotentials beherrschen. Wenn wir von Suchtzwängen geleitet werden, kann unser Körper Kopfschmerzen auftreten lassen, Verspannungen im Nacken, Beklemmungen im Brustkorb, Schmerzen im unteren Rückenbereich, Magenbeschwerden, Bluthochdruck, Magengeschwüre u. a. Angenehme oder neutrale Gefühle werden ersetzt durch Wut, Angst, Eifersucht, Groll, Verärgerung, Besorgnis, Kummer, Frustration, Verachtung, Langeweile und viele, viele andere Gefühle der Getrenntheit. Wenn diese Gefühle andauern, führen sie zu dem Zustand, den wir als Unglücklichsein kennen.

Diese isolierenden Gefühle regen den Verstand dazu an, Rechtfertigungen zu finden und rationale Erklärungen zu suchen, und uns in unseren Suchtzwängen gefangen zu halten. Wenn unser Verstand darauf ausgerichtet ist, unser eigenes Handeln als richtig und das der anderen als falsch einzustufen, verlieren wir unser Gleichgewicht, unsere Sachlichkeit und unsere Weisheit. Wir verfallen in einen verbalen Durchfall, wenn unser Ego eingebildete oder tatsächliche Bedrohungen unserer suchthaft abgesteckten Gebiete abwehrt. Daher ist in der Grafik eine stärkere Aktivität des rationalen Verstandes festzustellen, sobald er auf der Grundlage von suchthafter Programmierung arbeitet.

Dein rationaler Verstand ist nicht auf der Suche nach der Wahrheit, denn Wahrheit ist eine Funktion deiner intuitiven Weisheit und bereits in dir vorhanden. Wenn du Suchtzwängen unterliegst, bleiben die Türen deiner Wahrnehmung für subtilere Hinweise dafür verschlossen, daß deine Kommunikation nicht wirklich „was ist", betrifft. Wenn du suchthaften Programmen gehorchst, ist dein Verstand meistens darauf konzentriert, sich selbst im Recht und andere im Unrecht erscheinen zu lassen.

Am meisten wird unsere Wahrnehmung wohl dadurch verzerrt, daß der „Was ist"-Bereich stark verringert wird, und wir nehmen deshalb Dinge besonders verzerrt wahr, weil wir der Meinung sind, daß wir genau das sehen, „was ist". Wenn du suchthaft denkst oder handelst, nimmt dein Verstand überwiegend das wahr, was deine momentan aktuelle Forderung berührt. Dein Blickwinkel, der eigentlich wie auf dem Gipfel eines Berges alles, was um dich herum geschieht, erfassen sollte, wird durch die Wahrnehmungsmechanismen deines Verstandes so sehr eingeengt, daß dir nur noch ein „Tunnelblick“ bleibt.

Schauen wir uns noch einmal an, wie unsere suchtorientierte Wahrnehmungsweise uns fortwährend schadet. Sobald eine Suchtprogrammierung aktiviert wird, hört unser Verstand zunehmend auf, aufmerksam „was ist“ zu registrieren. Statt dessen werden emotionale „Peitschen“ eingesetzt, die uns in eine „Kampf oder Flucht“-Haltung treiben. Die Gefühle der Isoliertheit werden in unserem Wahrnehmungsfeld verstärkt, die Gesamterfassung unserer Welt wird geringer. Unser Verstand verarbeitet nicht mehr weise und intuitiv das, was gerade geschieht, sondern wird voll beansprucht von den starken Energieströmen, die von Gefühlen wie Wut, Angst und Eifersucht ausgehen.

Wenn die Welt nicht den in unseren Verstand einprogrammierten Suchtforderungen entspricht, reagiert dieser wie ein 110-Volt Staubsauger, der versehentlich an eine 220-Volt-Steckdose angeschlossen wurde. Das Ergebnis ist eine Neurose — der übliche Zustand in unserer Gesellschaft.

Präferenzhaltungen als Funktionsprogramme ermöglichen es unserem Verstand, in einer einsichtigen Weise zu funktionieren, die uns hilft, wichtige Faktoren in Harmonie zu bringen und das Beste aus unserem Leben zu machen. **Wenn wir von Suchtzwängen beherrscht werden, werden Maulwurfhügel zu Bergen, und Berge werden oft ignoriert.** Die Selbsttäuschungen, die durch Suchtverhalten hervorgerufen werden können, sind unzählig. Und aus diesen Illusionen oder Selbsttäuschungen lassen sich unbegrenzt selbsterfüllende Prophezeiungen machen. Wenn wir zum Beispiel die Illusion hegen, daß ein anderer Mensch uns haßt, werden wir eher das fühlen, denken, sagen und tun, was darauf hinweist, wie abgetrennt wir uns von dieser Person fühlen. Es dürfte uns dann auch nicht sonderlich überraschen, wenn dieser Mensch die Prophezeiung erfüllt und uns wirklich zu hassen beginnt. Und so behält der Verstand „recht", auch wenn wer im „Unrecht" ist.

DIE SICH WANDELNDE WELT

Der **Zweite Pfad** erinnert uns auch daran, daß es eine grundlegende Eigenschaft unserer Welt und auch unseres Körpers und Verstandes ist, sich stetig zu verändern. Das Tempo der Veränderungen mag schnell oder langsam sein. Alles um uns herum setzt sich aus Atomen zusammen — oder aus Energie, wie Licht oder Wärme. Auf der Ebene von Atomen ist Sein der dynamische Tanz von Atomen und Elektronen bei einer Geschwindigkeit, die eine Darstellung des Ist-Zustandes im Bruchteil einer Sekunde überholt sein läßt. Auch wenn sich unser Körper jede Sekunde verändert, indem neue Zellen entstehen und andere absterben, stellen wir in der Regel keinen großen Unterschied fest, wenn wir das Ausmaß und die Leistungsfähigkeit unseres Körpers von einem auf den anderen Tag vergleichen. Ziehen wir jedoch Vergleiche über Jahre oder Jahrzehnte hinweg, können wir erkennen, daß auch unser Körper Veränderungen erfährt. Die Freiheitsstatue im Hafen von New York verändert sich langsamer als zum Beispiel unser menschlicher Körper. Doch sogar diese Metallfigur korrodiert allmählich und ihre Lebensdauer ist begrenzt, auch wenn sie länger lebt als wir.

SCHNELL ALTERNDE TATSACHEN

Am Ende des **Zweiten Pfades** werden wir daran erinnert, daß Menschen sich verändern, Situationen sich verändern, und daß überhaupt alles einem ständigen Veränderungsprozeß unterliegt. Unser Verstand klammert sich häufig an „schnell alternde" Tatsachen so suchthaft fest, daß wir den Wandlungsprozeß der Welt ignorieren.

Wenn du suchthaft denkst oder handelst, deutet der Ton deiner Stimme oder deine Ausstrahlung oft an, daß du alles über ein bestimmtes Thema weißt. Aber auch wenn du umfassend informiert bist, wie kannst du sicher sein, daß sich nichts derartig verändert hat (oder in Zukunft verändern könnte), daß deine dogmatischen Äußerungen ziemlich unangebracht sein könnten? Emerson sagte: „In der Natur ist jeder Moment neu, die Vergangenheit wird immer verschluckt und vergessen, nur das Zukünftige ist heilig . . . Die Menschen wünschen sich Sicherheit, aber nur insoweit sie keine Sicherheit haben, gibt es wirklich Hoffnung für sie." Der Wissenschaftler und Philosoph Alfred North Whitehead faßt das Problem kurz und bündig zusammen: „Wissen hält sich nicht besser als Fisch."

Unser Verstand kann eine Mauer aus Stolz und Prestige um uns herum aufbauen, die unsere Aufnahmebereitschaft und unsere Fähigkeit zerstört, unser Wissen auf den neuesten Stand zu bringen. Wir sind unfähig, die Botschaften zu hören, die das Leben uns mitteilt. Dieses starre Festhalten an vermeintlichen Gegebenheiten findet aber nicht statt, wenn wir uns nicht suchthaft mit den Informationen identifizieren, die in den Datenbänken unseres Gedächtnisses gespeichert sind. Stattdessen können wir aufgeschlossen und ganz im Einklang mit unserer sich ständig wandelnden Umgebung mit ihren Menschen und Situationen bleiben. Auf diese Weise kann unser Verstand uns dabei helfen, all unsere Möglichkeiten voll auszuschöpfen.

Also hilft uns der **Zweite Pfad**, zu erkennen, daß unsere Einsicht, unser Verständnis und sogar unsere Fachkompetenz abnehmen, wenn unsere Süchte an Einfluß gewinnen. Verzerrte Realitäten und isolierende Urteilsbereitschaft toben in unserem Kopf und geben sich gegenseitig Nahrung. Unser Verstand sucht begeistert nach Gründen und Argumenten, die unser distanziertes Selbst bestätigen. Und der Preis, den wir an entgangenem Glück bezahlen müssen, ist zu hoch. Der **Zweite Pfad** kann uns dabei helfen, uns geduldig der Selbsttäuschung bewußt zu bleiben, die unsere suchthafte Programmierung entstehen läßt. Und diese Einsicht befähigt uns wieder etwas mehr, das Leben zu genießen — **trotz allem.**

DRITTER PFAD

Ich begrüße die Gelegenheit, die mir die Erfahrung jedes einzelnen Moments bietet (auch wenn dies schmerzlich ist), mir der Süchte bewußt zu werden, die ich umwandeln muß, um von meinen roboterhaften, emotionalen Verhaltensmustern befreit zu sein.

6

Dein Leben — dein Lehrmeister

Wir haben eine lange Reise der Evolution von niederen zu höheren Lebewesen hinter uns. Die Mutationen, die unsere Art (homo sapiens) hervorbrachten, erhöhte die Anzahl unserer Gehirnzellen und ermöglichte uns Sprache und Vorstellungsvermögen. Aus anthropologischen Funden geht hervor, daß der **homo sapiens** vor ungefähr 50000 Jahren evolvierte. Wenn wir von vier Generationen pro Jahrhundert ausgehen, bedeutet dies, daß du und ich ungefähr der zweitausendsten Generation unserer Spezies angehören. Wir alle sind Pioniere auf der Evolutionsreise der Menschheit! So, wie es ein langer Evolutionsprozeß vom Tier zum Mensch war, ist es eine mühsame Reise von da, wo wir uns jetzt befinden zu dem, was wir den „erwachten“ Zustand nennen wollen. Ein „erwachter“ Mensch entscheidet sich in seinem Leben für Handlungen, die zu Liebe und Einigkeit führen, indem er die Vergangenheit, die Gegenwart und die möglichen Auswirkungen auf die Zukunft immer mehr mit der Rundum-Einsicht des vereinten Selbst betrachtet, statt mit dem befangenen Tunnel-Blick des getrennten Selbst. Und die gute Nachricht dabei ist, daß du und ich im Laufe unseres Lebens dem immer näher kommen können, wenn wir verstehen, was wir eigentlich tun.

DIE KLUFT ZWISCHEN UNS UND ANDEREN

Was wir tun, ist lernen, mit diesem bemerkenswerten Verstand umzugehen, der uns zum Menschen werden ließ. Im Gehirn eines Tieres wird ständig Angst ausgelöst, wenn es sich durch etwas bedroht fühlt. Es befriedigt instinktiv seine Bedürfnisse an Nahrung und Fortpflanzung und geht automatisch in Kampfstellung, wenn etwas in sein Territorium eindringt. „Dschungelsituationen“ lösen in Tieren ständig das Abwägen von Sicherheit, Triebbefriedigung und Kräftvermögen aus, und dieses

Verhalten ist für das Leben in der Wildnis auch angemessen. In ähnlicher Weise erzeugen die meisten Menschen in sich einen Gefühlsturm von „ich gegen die Welt“ und lösen dadurch ständig Angst, Frustration und Wut aus. Diese Kluft, die durch die trennende Programmierung entsteht, die wir seit dem Urwald beibehalten haben, betrügt uns andauernd körperlich durch psychosomatische Anspannung, Sorge und Angst. Ein Tier, in dessen Territorium eingedrungen wird, reagiert darauf mit erhöhtem Herzschlag, erhöhter Adrenalinproduktion und Glykogenzufuhr in den Muskeln, um schnell Energie zu erzeugen. Das gesamte Nervensystem ist auf Flucht oder Kampf eingestellt. Und im Fliehen oder Kämpfen wird dann die Energie verbraucht, die für diesen Überlebensnotfall bereitgestellt wurde.

In unserem zivilisierten Melodrama kommt es nicht oft vor, daß unser Leben wirklich bedroht wird. Doch unser Nervensystem löst fortwährend das Gefühl von Bedrohung in uns aus, auch dann, wenn wir nur eine kritisierende Bemerkung registrieren. Dann schmoren wir im Saft unserer Emotionen, anstatt sie durch körperliche Aktivitäten loszuwerden, wie das die Tiere tun. Statt aufgeschlossen, hellwach, und auf den Moment eingestellt zu sein, werden wir neurotisch, ängstlich, ernst und von Sorgen beherrscht. Das Leben hört auf, ein herrliches Spiel zu sein, in dem wir Begeisterung, Staunen und Schönheit erfahren, sowie den Spaß und die Spannung, das zu erwarten, was als nächstes passiert. Stattdessen wird es zu einem problembeladenen Kampf um genügend Sicherheit, Sinnesbefriedigung und Macht.

Kämpfen oder Fliehen ist die natürliche, kompulsive Reaktion eines Tieres und „unerwachter Menschen“ in Situationen, die Suchtzwänge auslösen. Unsere Denkgewohnheiten lassen uns annehmen, daß das, was wir erfahren durch das entsteht, was andere sagen oder tun. Wir erfahren den Moment meistens nicht als **primäres, unmittelbares und praktisches** Ergebnis unserer Programmierung und gewohnheitsgemäßen Reaktionen — der erst in zweiter Linie von dem, „was ist“, gestaltet wird.

Stattdessen verbeißt sich unser Verstand in äußeren Ereignissen, und wir versuchen, sie gewaltsam zu verändern oder vor ihnen davonzulaufen. Solange wir auf schmerzhafte Lebenssituationen, die Gefühle wie Wut, Angst, Eifersucht, Groll, Ärger und Langeweile in uns auslösen, nur reagieren, indem **wir versuchen, „was“ in unserem Leben „ist“ zu verändern,** schränken wir uns selbst in hohem Maße ein.

Wir müssen „zweigleisig“ vorgehen, um das Beste aus unserem Leben zu erlangen. Einerseits können wir versuchen, die Welt um uns herum zu verändern, andererseits sollten wir dazu fähig sein, unsere inneren Reaktionen auf das, was in unserem Leben geschieht, geschickt zu verändern.

DURCH SCHMERZLICHE ERFAHRUNGEN WACHSEN

Der **Dritte Pfad** rät uns, die Gelegenheit zu begrüßen, die uns die Erfahrung jedes einzelnen Moments bietet (auch wenn dies schmerzlich ist) uns unserer Süchte bewußt zu werden. Die Erfahrungen von Angst, Frustration und Wut werden nun unsere Hilfsmittel, um diese wuchernden Programme in unserem Verstand zu entdecken und zu löschen, die uns eine Welt der Isoliertheit statt einer Welt der Einigkeit haben schaffen lassen.

Wenn wir den **Dritten Pfad** bewußt leben, können wir schmerzliche Erfahrungen in unserem Leben als eine Gelegenheit sehen, uns der suchtartigen Haltungen bewußt zu werden, die wir umwandeln müssen, damit wir uns von unseren roboterhaften, emotionalen Verhaltensmustern befreien können. Das, was wir bislang als schrecklich und furchtbar angesehen haben, **wandeln wir nun auf wunderbare Weise in einen weiteren Schritt hin zu unserem persönlichen Wachstum um.** Das Leben wird unser hilfreicher Freund! Immer, und in jeder Weise.

Wir sind keine Masochisten; wir freuen uns nicht auf psychische Schmerzen um der Schmerzen willen. Wenn sie jedoch auftreten, lehnen wir diese Empfindungen nicht ab, sondern begrüßen Schmerz oder Unglücklichsein als wichtige Hinweise auf das, was wir in unserem Leben suchthaft ablehnen und was uns weiterhin Schmerzen bereiten wird, solange wir nicht die Suchtbedürfnisse unseres getrennten Selbst umprogrammieren, die uns in manchen Lebenssituationen so leicht verletzlich machen.

Der **Dritte Pfad** hilft dir dabei, zu erfahren, wie nützlich Schmerz und Unglücklichsein für dich sein können, **wenn du sie nur als Hilfsmittel für dein persönliches Wachstum benutzt.** Er erinnert dich daran, daß ein Verstand, der suchtbehaftete Programme ablaufen läßt, wie ein Roboter funktioniert. Er kann keine Auswahl treffen und ist nicht flexibel. Er reagiert mechanisch und automatisch mit Wut oder Angst. Denke nur an das letzte Mal, als du das Gefühl von Wut oder Angst in deinem Leben empfunden hast. Es war nicht deine Entscheidung, wütend oder ängstlich zu werden. **Es geschah automatisch dadurch, daß deine Suchtprogrammierung über Nervenstränge das limbische System in deinem Gehirn dazu anregte,** emotionale Verhaltungsmuster in deinem Körper und deinem Gehirn zu produzieren.

LEHRER UND LIEBENDE

Wenn du „die Gelegenheit“ begrüßen und alle Situationen in deinem Leben dazu nutzen sollst, um

Schritt für Schritt auf deiner Reise des „Erwachens“ weiterzukommen, brauchst du eine neue Einstellung gegenüber den Menschen und Situationen in deinem Leben. Anstatt sie in Subjekt-Objekt-Manier wahrzunehmen und zwanghaft zu versuchen, sie zu verändern, beginnst du, sie als „Lehrer“ zu erfahren. Wir benutzen den Ausdruck „Lehrer“ als Bezeichnung für jemanden oder etwas, das dich mit deinen Suchtforderungen in Berührung bringt. Meistens geschieht das unabsichtlich. Aber ob beabsichtigt oder nicht, du kannst die Situation dazu benutzen, um dir darüber klar zu werden, was du suchthaft verlangst und daran arbeiten, es zu einer Präferenzhaltung umzuwandeln.

Nehmen wir einmal an, jemand sagt dir etwas, was dir nicht gefällt, und du läßt dich darauf automatisch wütend werden. Anstatt blindwütig zu reagieren und die Person ins „Unrecht“ zu versetzen, nimm einfach zur Kenntnis, daß er oder sie dir einen Lernvorgang ermöglicht. Er / sie sendet dir lediglich die Energie, die dich mit deinen Suchtforderungen in Berührung bringt, welche dich so leicht verletzbar machen und dich in der Falle rudimentärer tierischer Verhaltensweisen gefangenhalten. Benutze dann deine Energie für spontane geistige Übungen, wie sie in Teil VI beschrieben sind. Gerade dann, wenn du stark emotional aufgeladen bist, kannst du diese Energie für die Arbeit an deinen Forderungen verwenden, anstatt sie auf andere Menschen loszulassen. Mit Hilfe dieser Einsicht, die durch deine Emotionen Energie erhält, kannst du lernen, dein persönliches Wachstum erheblich zu beschleunigen.

Bewußtseinserweiterung nach der Methode der Gelebten Liebe hilft dir dabei, jeden Menschen **entweder als Lehrer / in oder als Liebende / n zu erleben.** Wenn Menschen etwas sagen oder Dinge tun, die in dir Angst, Frustration, Wut oder irgendwelche anderen Gefühle der Isoliertheit auslösen, handeln sie bewußt oder unbewußt als dein Lehrer. Sie geben dir dadurch die Möglichkeit, die **Pfade** anzuwenden und zu lernen, mit den Suchtforderungen umzugehen, die dich dein Selbst und die ganze Welt verzerrt erfahren lassen. Und dann, wenn deine Mitmenschen nicht irgendwelche Suchthaltungen bei dir auslösen, kannst du sie als „Liebende" erfahren.

Der Ausdruck „Liebende" wird hier nicht im Zusammenhang mit Sex gebraucht. Ich würde mich freuen, wenn diese freundliche Bezeichnung allgemeine Anwendung finden würde, wenn jemand gemeint ist, dem du dein Herz geöffnet hast. Du kannst jemanden als „Liebende / n" bezeichnen, wenn du in deinem Verstand die trennenden Mauern zwischen dir und ihr oder ihm niedergerissen hast.

Ein Weg, das Bewußtseinserweiterungsspiel zu

betrachten, ist „Lehrer“ in „Liebende“ umwandeln zu wollen. **Das geschieht dadurch, daß du an dir selbst arbeitest.** In der Vergangenheit haben wir alles in unserer Macht Stehende getan, um Menschen und das, was sie sagen und tun, zu ändern, damit sie unserer Suchtprogrammierung entsprachen — und wir sie lieben konnten. Und trotz unserer großen Bemühungen haben sich die Menschen um uns herum nicht sehr geändert! Jetzt wenden wir eine neue Strategie an, die auch wirklich funktioniert.

Wir arbeiten nicht nur an den Menschen um uns herum, sondern auch an uns selbst. Wir werden unseren Verstand benutzen, um mit unseren Suchtforderungen umgehen zu lernen und unsere Suchthaltungen in Präferenzhaltungen umzuwandeln, **damit die Erfahrung von Liebe in uns entstehen kann, ganz gleich, was unsere Mitmenschen sagen oder tun.** Auch wenn dies wirklich harte Arbeit ist, so ist es doch längst nicht so schwer, wie zu versuchen, das, was Menschen sagen oder tun, verändern zu wollen — oder den Rest des Lebens mit unseren explosiven Suchtforderungen zu verbringen. Und das Schöne an der Arbeit an unseren Süchten ist, daß sie völlig unter unserer Kontrolle ist und unseren Fähigkeit entspricht. Die einzige Kooperation, die wir brauchen, ist unsere eigene!

Es geht am besten, wenn du dich nicht im geistigem Stolz wiegst und nicht damit prahlst, wie „bewußt“ du auf einmal bist. Du wirst feststellen, daß deine Mitmenschen Veränderungen an dir bemerken, ohne daß du dafür Reklame einsetzen mußt. Begrüße einfach jede Gelegenheit, die das Leben dir bietet, deine Suchthaltungen zu erkennen und sie in Präferenzhaltungen umzuwandeln. Versäume keine Gelegenheit, zu üben, den „Sucht-Schalter“ zu lassen und dafür den „Liebe-Schalter“ zu aktivieren.

Wenn wir beginnen, isolierende Gefühle als „Lehren“ anzusehen, stellen wir fest, daß alles und jeder uns bei unserer inneren Arbeit nützlich sein kann. Väter, Mütter, Kinder, Vorgesetzte, Mitarbeiter, Freunde, Ehefrauen und Ehemänner liefern uns meistens die besten „Lehren“. Unsere Autos, Stereoanlagen, das undichte Hausdach, unsere berufliche Situation und sogar unsere körperlichen Schmerzen und Mißstände können „Lehren“ für uns sein, durch die wir unsere Suchtforderungen in Präferenzhaltungen umwandeln.

So wie wir den **Dritten Pfad** verinnerlichen, wandeln wir unsere „Feinde“ in „Gehilfen“ für unsere Bewußtseinserweiterung um — und sie brauchen das nicht einmal zu erfahren. Sie helfen uns sogar, uns zu befreien, wenn sie sich weiterhin so verhalten wie bisher, **damit wir diese Erfahrung nutzen können, um uns der Süchte bewußt zu werden, die wir umwandeln müssen, um von unseren**

roboterhaften, emotionalen Verhaltensmechanismen loszukommen.

Wir werden unser Leben als unproblematisch und befriedigend empfinden, wenn wir uns wirklich über die Gelegenheit freuen, **daß alles, was das Leben uns bietet, dazu beiträgt, daß wir unsere Suchtforderungen in Präferenzhaltungen umwandeln oder das Leben genießen können.** Dann erkennen wir, **wie vollkommen die Menschen und die Welt um uns herum sind** — und wie alles, was geschieht, uns weiterbringt.

Am Ende des **Dritten Pfades** werden wir daran erinnert, daß uns unsere Suchtforderungen in roboterhaften, emotionalen Verhaltensmustern gefangen halten. Wir haben nicht unsere menschlichen Fähigkeiten ausgeübt, zu der **schöpferischen Ursache** unserer Erfahrungen zu werden. Stattdessen machen uns unsere „dschungelartigen" Programme zu einem **bloßen Produkt dessen, „was ist".** Wenn wir beobachten und registrieren, wie unser Verstand im Umgang mit Situationen des täglichen Lebens reagiert, eröffnet sich uns die Möglichkeit, diese ungeschickten und unbefriedigenden Mechanismen hinter uns zu lassen.

EINE ANREGENDE HERAUSFORDERUNG

Der Weg zur Bewußtseinserweitung ist die anregendste Herausforderung, die sich dir je gestellt hat. Die meisten Spielarten des Lebens sind ein

Kinderspiel im Vergleich zu der Aufgabe, sinnvoll mit seinen suchtartigen Verlangen umzugehen und sie gegebenenfalls in Präferenzhaltungen umzuwandeln. Diese innere Arbeit, die deinem Verstand abverlangt wird, ist, als würdest du dich an den eigenen Haaren aus dem Sumpf ziehen — aber mit dem Unterschied, daß du es schaffen kannst, auch wenn es schwierig sein mag. Und die befriedigenden Ergebnisse, die du erzielst, sind all die Energie wert, die du für dein persönliches Wachstum aufwendest. Es ist wesentlich einfacher, an sich selbst zu arbeiten, als sein ganzes Leben lang suchthafte Programme auszuleben. Es gibt nichts Tragischeres als einen Menschen, der an seinen suchtartigen Verhaltensweisen festhält und ängstlich und wütend das, „was ist", zu verändern versucht, ohne jemals die Möglichkeit zu haben, sinnvoll mit seinen Forderungen umzugehen und dann liebevoll seine Energie darauf zu verwenden, das, „was ist", anders zu gestalten.

Die Menschen, die die im **Dritten Pfad** beschriebene Haltung rasch und eingehend anwenden können, sind wirklich glücklich zu schätzen! **Denn auch wenn wir bisher noch kein einziges suchthaftes Bedürfnis in eine Präferenzhaltung umgewandelt haben, so nimmt uns allein die Tatsache, daß wir Wachstumssituationen entgegensehen, schon die Hälfte der Angst, Frustration und Wut, die wir normalerweise empfunden hätten.** Wenn wir uns über die Gelegenheit freuen (auch wenn dies schmerzlich sein mag), machen uns unser Ego und Verstand nicht mehr ganz so isoliert und lieblos wie zuvor. Wenn wir uns wirklich auf die Gelegenheit freuen und klar erkennen, daß wir uns nur auf Grund unserer Suchtprogramme so isoliert fühlen, verändert sich der Energiefluß in uns. Wir arbeiten dann eher an uns selbst, anstatt automatisch feindlich, verletzt oder nichtachtend zu reagieren. Unsere zwischenmenschlichen Beziehungen werden besser. Wir lösen vielleicht immer noch Gefühle wie Angst und Wut in uns selbst aus, aber wir wissen, **daß dies auf unsere eigene, suchthafte Programmierung zurückzuführen ist.**

Es ist ein Teil der Vollkommenheit des Lebens, daß wir schon zu Beginn unseres Wachstums rasch einiges der Last loswerden können, die wir in unserem Leben geschaffen haben. Wir brauchen nicht jahrelang darauf zu warten, die Unterstützung zu bekommen, die uns stärkt und uns erfahren läßt, daß das, was wir tun, unser Leben bereichert.

SOZIALE VERBESSERUNGEN

Es ist falsch, zu glauben, daß Bewußtseinserweiterung uns bei unserem Beitrag zu sozialen Verbesserungen Energie wegnimmt. Wenn du jeden Menschen liebst und an den Suchtforderungen arbeitest, die dich wütend auf Leute machen, warum solltest du noch etwas ändern wollen?

Vielleicht sollten wir in erster Linie sehen, **daß die Suchthaltung jedes einzelnen das wirkliche Problem sind!** Es geht nicht um dich oder mich oder unsere Brüder und Schwestern auf diesem Planeten. Es geht immer um das suchthafte Bedürfnis nach Sicherheit, Sinnesbefriedigung und Macht, das die Menschen dazu bringt, den Lebewesen dieser Erde, der Natur oder ihren Mitmenschen Anerkennung, Zuwendung und Liebe vorzuenthalten. Eine sehr direkte und praktische Möglichkeit, unser soziales Umfeld zu verbessern, ist, an uns selbst zu arbeiten und unsere Suchtforderungen in Präferenzhaltungen umzuwandeln.

Unsere Mitmenschen werden bemerken, wie wir mit unseren suchthaften Forderungen umzugehen lernen — besonders dann, wenn wir Erfolge erzielen. Sie werden merken, daß es möglich ist, mehr Liebe zu schenken und unsere Suchthaltungen zu meistern, ohne andere für unsere Erfahrung verantwortlich zu machen. Vielleicht möchten sie sogar das „Handwerkszeug“ ausprobieren, mit dem wir unsere suchthaften Forderungen bearbeiten. Liebevolle Energie und positive Ausstrahlung sind ansteckend!

Auf lange Sicht hin kann unsere Arbeit entscheidende globale Folgen haben, indem sie uns hilft, unserem „Dschungelbewußtsein“ endlich zu entrinnen. Kann es einen besseren Weg geben, an uns zu arbeiten, als unsere Energie sozialen Verbesserungen zu widmen und zugleich Konfrontationen, die sich daraus ergeben, zu nutzen, um innere Fortschritte zu machen? Laß uns Briefe schreiben, Plakate ankleben, als weitere soziale Aktivität Veranstaltungen besuchen und **gleichzeitig diese Situation nutzen, um unter Anwendung der Zwölf Pfade an uns zu arbeiten.** Bei der Arbeit an uns selbst sehen wir immer klarer all den Ballast, den vier Milliarden von uns mit ihrem seit Urwaldzeiten beibehaltenem Streben nach Sicherheit, Sinnesbefriedigung und Macht schaffen. Aber vergiß nicht: Wir sind alle Pioniere bei dem großen Abenteuer unserer Zivilisierung. Die ersten Städte wurden vor ungefähr achttausend Jahren gebaut — vor nur rund dreihundert Generationen. So betrachtet können wir das durchaus würdigen und gleichzeitig unsere Energie in soziale Aktivitäten fließen lassen. Auf diese Weise ergänzen sich soziale Aktivität und Arbeit an uns selbst und werden effektiver.

Wie vom Gipfel eines Berges aus können wir voller Liebe und Mitgefühl die Schwierigkeiten und das Leiden unserer momentanen sozialen Evolution sehen. Mit Hilfe einer „Wir"-Einstellung können wir unser Leben dahingehend ausrichten, die Welt zu lieben und ihr zu dienen, indem wir zu uns selbst und unseren Mitmenschen sagen: „Wenn wir alle miteinander kooperieren, können wir diese Art von Welt schaffen." Und wenn unsere Energie durch die anderer Menschen verstärkt wird, entsteht auf einmal der Leitgedanke: „Laßt uns die Welt verbessern!“ Wenn wir in dem Irrglauben handeln, daß soziale Aktivität von uns verlangt, **Menschen aus unserem Herzen zu verbannen,** tragen wir nur zu der Isolation und Entfremdung in der Welt bei, die wir gerade mit aller Kraft verbessern wollen. Dann gehen wir mit jedem Schritt, den wir vorwärts machen, wieder einen halben zurück.

WUT UND HASS SIND SINNLOS

Wir können feststellen, daß es in uns und in der Welt um uns herum immer noch ungelöste Probleme gibt. Wir können das Spiel spielen, uns selbst zu entfalten und die Welt zu verbessern und doch ein ausgewogenes Bild von unserem Leben und unserer Zivilisation als sich verändernde Prozesse vor Augen haben. Ein Arzt braucht den menschlichen Körper nicht zu hassen oder sich über seine Unvollkommenheit aufzuregen, um einen Blinddarm zu entfernen. Wenn ein Arzt will, kann er die Schönheit und die wunderbare Beschaffenheit unseres Körpers erfahren und gleichzeitig die Ursache einer Krankheit bekämpfen. Wir können lernen, sanft, verständnisvoll und mitfühlend mit uns selbst und unseren Brüdern und Schwestern auf diesem Planeten zu sein.

Soziale Reformen müssen nicht auf zu recht

empfundener Wut oder auf Haß beruhen. Der sinnvollste soziale Dienst entstammt der Motivation, die Welt zu lieben und ihr dienen zu wollen. Dein Beitrag dazu wird langfristig am wirksamsten sein, wenn dein Empfinden von Liebe gegenüber jedem Menschen beständig und fest in dir verankert ist, auch **(oder besonders dann) wenn du versuchst, deine Mitmenschen zu positiven Veränderungen zu bewegen.**

Denke daran, daß du nicht unbedingt ihre „Rolle" mögen mußt. **Du liebst die Darsteller. Letztlich leben wir alle unsere programmierten Rollen.** Wenn dein Versuch, die Welt zu verbessern, mit suchthaften Energien von Angst, Wut oder Haß vermischt ist, bewirkst du vielleicht einzelne Verbesserungen, gehst aber an der Hauptsache vorbei. Suchthafte Programmierungen sind immer die Wurzeln von Kriegen, Umweltzerstörung, wirtschaftlicher Ausbeutung und Vorurteilen. Wie der verstorbene Soziologe an der Harvard Universität, Dr. Pitrim Sorokin, bemerkte, besteht die einzige Möglichkeit, unsere sozialen Probleme wirksam zu lösen, darin, uns von der Programmierung des abgetrennten und selbstsüchtigen Selbst zu befreien und zu lernen, in einer liebevollen und vereinten Weise miteinander zu arbeiten, um ein besseres Leben für jeden einzelnen und bessere Formen des Zusammenlebens für alle auf diesem Planeten zu schaffen.

Süchte sind ansteckend und bringen uns dazu, unsere Brüder und Schwestern auf dieser Welt abweisend, lieblos und ohne Gefühl und Rücksichtnahme zu behandeln. Wenn wir unsere Energie von der Beschäftigung mit unserem suchtbehafteten, abtrennenden Selbst befreien, können wir unser Erfahren anderer Menschen verändern. Wenn unser vereintes Selbst erblüht, können wir uns öffnen, um Menschen als „wir“ und nicht als „die anderen“ anzusehen. Wir können ihnen geschickt dabei helfen, ihr Leben besser zu gestalten. Werner Erhard drückt das ganz klar aus:

> „Wir können entscheiden, den Erfolg der Menschheit zu unserer persönlichen Angelegenheit zu machen. Wir können entscheiden, verwegen genug zu sein, um die Verantwortung für die gesamte Menschenfamilie zu übernehmen. Wir können entscheiden, unsere Liebe der Welt gegenüber zu dem zu machen, was in unserem Leben wirklich zählt.
>
> Jeder von uns hat die Möglichkeit, das Privileg, etwas dazu beizutragen, um eine Welt zu schaffen, die für uns alle richtig ist. Das wird Mut, Kühnheit und Herz erfordern. Das ist viel radikaler als eine Revolution — es ist der Anfang einer Umwandlung der Lebensqualität auf unserem Planeten. Du hast die Fähigkeit, das Zeichen zu setzen, das für die ganze Welt Signalwirkung hat.“

Wenn nicht du, wer dann?
Wenn nicht jetzt, wann dann?
Wenn nicht hier, wo dann?

TEIL III

Leben im Hier und Jetzt

VIERTER PFAD

Ich halte mir ständig vor Augen, daß ich alles habe, was ich brauche, um das Hier und Jetzt zu genießen — solange ich nicht zulasse, daß mein Bewußtsein von Forderungen und Erwartungen beherrscht wird, die auf der erledigten Vergangenheit oder der erwarteten Zukunft beruhen.

7

Du bist reich, doch du weißt es nicht

Die meisten Gedanken, die von unserem Verstand produziert werden, und die meisten Handlungen, die sich unweigerlich aus diesen Gedanken ergeben, entspringen unserem Wunsch, unser Glück zu vergrößern. Der Verstand wird von so vielen suchthaften Forderungen beherrscht, daß wir das Leben im Jetzt ständig aufschieben. Unser Verstand ist damit beschäftigt, die Vergangenheit zu verarbeiten oder sich die Zukunft vorzustellen. Glück kann jedoch nur im ewigen Jetzt-Moment stattfinden.

Es gibt keine Möglichkeit für dich, „morgen" glücklich zu sein, — denn „morgen" wird buchstäblich niemals eintreten. Was wir mit „morgen" meinen, kann nur dadurch erfahren werden, daß es zum „Jetzt" wird. **Das Leben ist eine Folge von Jetzt-Momenten.**

Natürlich besteht das Problem nicht darin, daß etwas mit unserem Verstand nicht in Ordnung ist. Der Schlüssel zum Verständnise dieser Situation liegt in der suchthaften Programmierung, mit der der Verstand fertig werden muß. Aufgrund dieser Programmierung schieben wir ständig unsere Freude am Hier und Jetzt auf, da wir ja gegen angebliche „Bedrohungen" kämpfen müssen. So läßt sich der Verstand die wunderbare Erfahrung entgehen, die jeder Jetzt-Moment in sich birgt.

Bei dieser suchtgeprägten Programmierung ist unser Verstand ständig damit beschäftigt, Alarm auszulösen — und damit müssen wir leben. **Andauernd geben wir uns der Illusion hin, daß wir endlich glücklich werden können, wenn unsere emotionsbeladenen Forderungen erfüllt sind.** Doch Glück findet nie für eine Zeitspanne statt, die uns auch wirklich befriedigt — **in unserem Verstand bestehen so viele Suchtzwänge, daß sich dieser Prozeß nur ständig wiederholt.** Daß wir bewußt merken und genießen, was jetzt in unserem Leben stattfindet, ist nur ein gelegentliches Ereignis statt einer gewohnheitsmäßigen Erfahrung.

Der **Vierte Pfad** (wie alle anderen Pfade auch) soll uns helfen, die geistige Tyrannei zu durchbrechen, die durch unsere suchthafte Programmierung entsteht. Wir werden daher erinnert: „Ich halte mir ständig vor Augen, daß ich alles habe, um das Hier und Jetzt zu genießen . . ." Die Illusion, daß wir nur dann glücklich werden können, wenn bestimmte suchthafte Forderungen erfüllt werden, ist so tief in uns verwurzelt, daß unser Verstand dafür die Möglichkeit opfert, daß wir Glück jetzt empfinden können. Es ist wie mit einem Esel, vor dessen Maul eine Karotte baumelt — er läuft ihr ständig hinterher und erreicht sie doch nicht. „Ich habe Probleme." „Wenn doch nur . . ." „Es gibt Dinge, die ich tun muß, um mich gut zu fühlen." „Ich werde so glücklich sein, wenn . . ."

Ja, ja und nochmal ja! Alle diese Dinge sind Bestandteil deiner Erfahrungen, die du dir schaffst. Aber ist dir auch klar, daß **es kaum jemals eine Zeit in deinem Leben gegeben hat, wo du dir nicht vorgesagt hast: „Ich könnte glücklich sein, wenn doch nur . . ."**? Ist dir klar, daß während der meisten Stunden in den Jahren, die in deinem Leben noch vor dir liegen, dein Verstand weiterhin damit beschäftigt sein kann, problematische Erfahrungen zu schaffen? Und ist dir bewußt, daß es nur daran liegt, wie du deinen Verstand handhabst, daß er dich in dieser Sackgasse gefangen hält, in die dich deine suchthafte Programmierung immer wieder bringt?

Wenn du mit dem langwierigen Prozeß anfängst, die suchtbehaftete Programmierung auszumerzen und sie durch Präferenzhaltungen zu ersetzen, wird es immer noch viele Dinge in deinem Leben geben, um die du dich kümmern mußt. Doch du empfindest sie nicht mehr als „Probleme" — **sie werden als Bestandteile der Herausforderung und der Möglichkeit erfahren, die das Leben bietet.** Wenn du Schach spielst, empfindest du das als schweres, bedrohliches Problem — oder erfährst du es als ein Spiel, das Freude bringt und unzählige Herausforderungen bietet?

Ah . . . du denkst Schach ist keine ernsthafte Sache — und das Leben sehr wohl? Möchtest du nicht in der Lage sein, deinen Verstand so handhaben zu können, daß du das ganze Leben wie ein Spiel spielen — und es gleichzeitig noch effektiver leben kannst? Du würdest dein Nervensystem nicht länger mit Furcht, Anspannung, Sorge, Ärger, Eifersucht, Unmut und Langweile belasten, die du durch die bisherige Handhabung deines Verstandes geschaffen hast.

DEIN VERSTAND IST „PERFEKT"

Erinnere dich immer daran, daß dein Verstand „perfekt" ist — es ist nur deine suchtartige Programmierung, die Probleme hervorruft. Es ist lebenswichtig, daß du den „Mechanismus" deines Verstandes (der ausgezeichnet arbeitet) von den einzelnen Programmen, die er abspielt (und die die Probleme schaffen), trennst.

Stell dir einen Computer im Wert von einigen Millionen Mark vor — ein wunderbares Gerät. Genauso ist dein Verstand ein wunderbares Gerät — und mehr als einige Millionen Mark wert! Doch ein Computer funktioniert nicht von allein. Er braucht programmierte Anweisungen — oder, wie wir sagen, Spiele, die er spielen kann. Nehmen wir nun einmal an, daß die Anweisungen, die du diesem tollen Computer eingibst, widersprüchlich und ungeschickt sind. Wenn du ihm Mist eingibst, erhältst du nur Mist zurück! Das wundersame Funktionieren deines großartigen Bio-Computers kann auf Mistproduktion reduziert werden, wenn er nicht zweckentsprechend programmiert wird.

Wenn wir suchtbehaftete Programme ablaufen lassen, schaffen wir ständig Verwirrung. Wir sind schön und liebenswert — doch die Gefühle, Gedanken, Worte und Handlungen, die unser Verstand veranlaßt, wenn er Suchtprogramme abspielt, machen uns das Leben zur Hölle. Doch sogar diese Erfahrung von „Hölle“ kann als positiv angesehen werden — da sie eindringlich darauf hinweist, wie wir unsere Programmierung neu gestalten müssen. Wir können sie für unsere Weiterentwicklung nutzen.

Unser Verstand ist wie eine hochwertige Stereoanlage, auf der wir eine zerkratzte, schlecht klingende Schallplatte abspielen (unsere suchthafte Programmierung). Da die Stereoanlage ausgezeichnet ist, **wird sie die miserable Schallplatte ausgezeichnet wiedergeben.** Da unser Verstand ausgezeichnet funktioniert, wird er die Programme vollständig wiedergeben, die von Abtrennung und Suchtzwängen gekennzeichnet sind, die wir uns zugelegt haben und auf unserer Reise durchs Leben herumtragen. Eine Bewußtseinserweiterung findet am schnellsten statt, wenn wir uns der Erkenntnis öffnen, wie schön wir wirklich sind — wenn wir unseren grundlegenden inneren Wert erkennen. Um unsere Freude am Leben zu erhöhen, müssen wir nur **lernen, unsere suchtartigen Forderungen zu erkennen und mit ihnen umzugehen.** Dann können wir als nächsten Schritt darauf hinarbeiten, unsere suchtbehaftete Programmierung in Präferenzhaltungen umzuwandeln, um unser Glück weiter zu vergrößern.

VERGANGENHEITS- UND ZUKUNFTSBEWÄLTIGUNG

Wenn wir unsere Wahrnehmung dessen verschärfen, was jetzt in unserem Leben stattfindet, sehen wir immer genug, um uns hier und jetzt wohlzufühlen. Das Problem liegt darin, daß **wir meistens nicht wahrnehmen, was jetzt wirklich in unserem** Leben geschieht. Unser Verstand wird so von unseren suchthaften Forderungen beherrscht, daß **wir** all die schönen Seiten der Wirklichkeit, die uns umgibt, buchstäblich abblocken oder nicht beachten. Wir betrachten eine saure Zitrone und vergessen, daß wir mit etwas Geschick Limonade daraus machen können.

Es ist, als ob wir die faszinierende Welt von Disneyland besuchen, aber unsere Aufmerksamkeit auf eine Entzündung am großen Zeh konzentrieren. Oder wir haben beschlossen, in ein schickes französisches Restaurant zu gehen, doch wird während des raffinierten Mahles unser Bewußtsein allein von dem Gedanken beherrscht, was das alles kostet. Oder wir sind mit einer geliebten Person zusammen und erotische Vorfreude ist reichlich vorhanden, doch fixieren wir uns auf eine Streitigkeit von gestern.

Der **Vierte Pfad** erinnert uns: „. . . Ich habe alles, was ich brauche, um mein Hier und Jetzt zu genießen — solange ich nicht zulasse, daß mein Bewußtsein von Forderungen und Erwartungen beherrscht wird, die auf der erledigten Vergangenheit oder der erwarteten Zukunft beruhen." Wenn wir ein suchthaftes Programm über Vergangenes abspielen, lassen wir unser Gehirn uns unglücklich machen, indem es vergleicht, wie schön etwas in der Vergangenheit war, verglichen mit dem Jetzt-Zustand. Das ist natürlich eine Illusion. Wenn wir all unsere Erfahrungen in der Vergangenheit betrachten, stellen wir fest, daß auch damals unser

Verstand mit Suchtzwängen beladen und belastet war. Betrachten wir einige der Möglichkeiten, die unser Verstand hat, um uns suchtartig dazu zu bringen, uns ständig mit der Vergangenheit oder der Zukunft zu befassen.

Wenn in unserem Gehirn Selbst-ablehnende Filme abgespult werden, können Selbstvorwürfe vorherrschen: „Ich habe die Gelegenheiten der Vergangenheit nicht beim Schopfe gepackt"; „Wenn ich doch nur gestern bereits gewußt hätte, was ich heute weiß . . .". Wenn wir uns suchtartig Vorwürfe machen oder uns selbst ablehnen, dann bedeutet diese ständig wiederkehrende „Manöverkritik", daß unser Verstand krank ist. Doch wenn wir uns der Lehren bewußt werden, die das Leben uns bietet, kann eine positive Aktivität unseres Gehirns daraus erwachsen, dann nämlich, wenn wir unsere Erfahrungen dazu benutzen, unsere Fähigkeiten für das Leben zu erhöhen. Statt uns selbst abzulehnen, können wir uns reicher fühlen aufgrund der „Fehler", die wir begangen und der Erfahrungen, die wir gewonnen haben.

Das Abspulen von suchtbehafteten Filmen kann unseren Verstand dazu bringen, unangenehme Erfahrungen zu schaffen, indem wir das Gute in der Vergangenheit mit unserem jetzigen Leben vergleichen. Oder es läßt uns imaginäre Formen einer Zukunft projizieren, die sehr viel besser als der gegenwärtige Augenblick ist. Sich dieser Verführung hinzugeben, ist sehr verlockend für den Verstand. Er macht sich damit wichtig, uns zu suggerieren: „Verlaß dich nur auf mich, ich verschaffe dir alles." Unser Verstand erinnert uns jedoch höchst selten daran, daß wir uns in der Vergangenheit auf ihn verlassen haben — und was dies bei uns angerichtet hat! Film über Film wird abgespult und läßt uns die Erfahrungen produzieren, daß wir mit uns selbst sowie den Menschen und den Lebensbedingungen um uns herum unglücklich sind.

Und die Menge an Kritik und Urteilsbereitschaft und Unzufriedenheit über uns selbst und die Welt, in der wir leben, die unser Verstand hervorrufen kann, ist unbegrenzt. Jedes Buch, das wir lesen, kann uns noch wählerischer machen und dem Gehirn noch mehr Möglichkeiten geben, „dieses" von „jenem" zu trennen. Wenn immer wir „die Nachrichten" einstellen, werden wir mit Informationen überhäuft, die darauf abzielen, die kritischen Filme in unserem Verstand zu aktivieren. Wir können von den Tatsachen um uns herum auswählen, so daß wir schließlich zu der Erfahrung gelangen, daß wir in einem „Horrorfilm" leben. Oder wir können die Dinge wie von einem Berggipfel aus betrachten und alles Schöne, das wir sowohl in uns selbst als auch in unserer Umgebung geschaffen haben, würdigen — und immer noch die Hinweise des Lebens annehmen, unsere Weiterentwicklung nicht ruhen zu lassen.

DIE ANWENDUNG DES VIERTEN PFADES

Untersuchen wir nun, wie wir den **Vierten Pfad** auf eine Lebenssituation anwenden können. Nehmen wir einmal an, dein Verstand ist so sehr auf Sicherheit programmiert, so daß du suchthaft an der Stellung hängst, die du gerade innehast. Hier ist ein Drehbuch für das Melodrama, das du produzieren könntest, wenn du aus dieser Stellung entlassen wirst. Deine suchthaften Forderungen in diesem Lebensbereich können dich sofortige Angst auslösen lassen, gefolgt von Wut. Du läßt deinen Chef Unrecht haben, beschimpfst ihn in Gedanken (wenn nicht gar laut) und meinst vielleicht sogar, daß dies eine schlimme Krise in deinem Leben sei. Du hast ein Haus mit Hypothek und eine Familie zu ernähren, und dein Verstand könnte dich dahin bringen, die Erfahrung zu schaffen, daß dies der Schicksalsschlag sein könnte, der dein Ende bedeutet.

Deine suchtbehaftete Programmierung ist bemüht, dich selbst im Recht und die Firma im Unrecht erscheinen zu lassen. Du wirst all deinen Freunden mitteilen wollen, wie furchtbar die Firma dich behandelt hat und alles tun, um böses Blut gegen deinen Arbeitgeber zu erzeugen. Während du von der suchthaften Vorstellung beherrscht bist, deine Stellung auf keinen Fall zu verlieren, wird dir dein Verstand vielleicht sogar schlaflose Nächte bereiten. Höchstwahrscheinlich bewirken die Spannung und der emotionale Mißstand bald, daß deine körperlichen Abwehrkräfte geschwächt werden und du dich selbst krank machst.

Wenn du zu einem Vorstellungsgespräch gehst, hegt dein Verstand vielleicht soviel Groll und Wut, daß du deinem Gesprächspartner hauptsächlich schildern willst, wie schändlich dich dein vorheriger Arbeitgeber behandelt hat. Dein Verstand wird wohl bewirken, daß du dich im Recht und deinen früheren Chef im Unrecht darstellst. Dein Gesprächspartner ist allerdings nicht an deinem suchthaften Ärger gegenüber der anderen Firma interessiert — er will statt dessen spüren, was du für seine Firma leisten könntest. Der psychische Abstand, den du dadurch schaffst, daß du deine suchtbehafteten Programmierung vorträgst, macht dich ziemlich unattraktiv für Personalchefs. Und deine Schwierigkeiten bei der Stellensuche können bei dir noch weitere Suchtzwänge auslösen, die deine Angst und deinen Ärger verstärken. Du wirst gar nicht in der Lage sein, die Möglichkeit zu erkennen, die das Leben dir bietet, vielleicht sogar eine bessere Stellung zu bekommen — oder einen Arbeitsplatz, der dir mehr Freude bereitet, selbst wenn die Bezahlung etwas geringer ausfällt.

DIE ERFAHRUNG, GENUG ZU HABEN

Wärst du in der Lage gewesen, den **Vierten Pfad**

während dieser ganzen Episode in deinem Leben kontinuierlich anzuwenden, hättest du eine vollkommen andere Erfahrung schaffen können. Nehmen wir an, daß du dir sofort nach Erhalt der Kündigung den Gedanken ins Bewußtsein gerufen hättest: „Ich halte mir ständig vor Augen, daß ich alles habe, was ich brauche, um das Hier und Jetzt zu genießen — solange ich nicht zulasse, daß mein Bewußtsein von Forderungen und Erwartungen beherrscht wird, die auf der erledigten Vergangenheit oder der erwarteten Zukunft beruhen." Wenn dein Verstand darauf trainiert wäre, den **Vierten Pfad** als Programm anzuwenden, hättest du nach Hause gehen und deiner Familie die Neuigkeiten mitteilen können. Und dann wärt ihr zum Essen ausgegangen, um zu feiern! Was für einen Anlaß zum Feiern gibt es, wenn dir gekündigt worden ist? Nun, du hast dein Leben. Du hast dich! Und du hast eine Welt um dich, die dir Liebe und Sympathie entgegenbringt.

Während du freudig dein Leben an diesem Abend feierst, kannst du mit deiner Familie die Lage besprechen. Du hast festgestellt, wieviel Arbeitslosengeld du bekommst. Du vergleichst das mit deinen monatlichen Verpflichtungen. Zusammen mit deiner Familie überlegst du, wer von euch eine Übergangsstellung suchen sollte, um die finanzielle Lücke zu schließen. Vielleicht hast du etwas Geld für den Urlaub beiseite gelegt. Dann könnte dies der richtige Moment sein, einige Wochen auszuspannen. Oder nutze vielleicht die Gelegenheit dazu, um zu renovieren oder Reparaturen durchzuführen, zu denen du bislang nicht gekommen bist.

In der Zwischenzeit stellst du eine Liste von den Firmen auf, bei denen du dich um eine Stelle bewerben möchtest. Du sprichst mit deinen Freunden und versuchst, so viel wie möglich über diese Firmen zu erfahren. Du wirst nicht krank — denn du genießt wirklich, was vorgeht — und schätzt diesen Miniurlaub, den das Leben dir bietet. Du hast die Chance, eine Menge Dinge vorzunehmen, für die du normalerweise viel zu beschäftigt bist.

Du weißt, daß du ein wertvoller Mensch mit nützlichen beruflichen und persönlichen Fähigkeiten bist. Irgendwo wartet eine Stelle auf dich, und du kannst ein Spiel daraus machen, sie zu finden. Du empfindest keinerlei Bedrohung, denn du weißt, daß du genug **bist** und daß du immer genügend **hast**, um das Hier und Jetzt zu genießen. Durch Anwendung des **Vierten Pfades** vermeidet es dein Verstand, die Erfahrung einer großen Krise in deinem Leben aufkommen zu lassen. Statt dessen siehst du nur, wie sich dein Leben in einer zwar unerwarteten, doch sicherlich wunderbaren Weise entfaltet. Du erkennst keine Notwendigkeit, negativ oder abtrennend gegenüber deinem früheren Arbeitgeber, dir selbst oder der Welt eingestellt zu sein. Dies alles gehört zu dem Melodrama, das wir Schauspieler und Schauspielerinnen miteinander spielen.

Aufgrund deiner positiven Ausstrahlung findest du wahrscheinlich bald eine neue Stelle. Und wenn du den **Dritten Pfad** anwendest, wirst du dieses ganze Melodrama als eine Möglichkeit sehen, deine suchthaften Forderungen zu überprüfen — und gegebenenfalls daran zu arbeiten. Bei der Anwendung des **Vierten Pfades** bleibst du nicht der Illusion verhaftet, daß das Leben dich übel behandelt. Du machst vielmehr wieder die Erfahrung, daß du genug hast, um dein Hier und Jetzt zu genießen.

Der **Vierte Pfad** bestätigt dir, daß dein Leben als „genug" erfahren werden kann. **Bewußt leben heißt, ständig darauf eingestellt zu sein, daß das, was jetzt in unserem Leben vorhanden ist, ausreicht — ungeachtet dessen, in welches Melodrama wir gerade verwickelt sind.** Ob wir krank oder gesund sind, Arbeit haben oder nicht, einen Liebespartner haben oder keinen, arm oder reich sind, wir besitzen immer genug, um das Hier und Jetzt zu genießen — so lange wir es nicht zulassen, daß unsere Suchthaltungen mit uns durchgehen und unsere **gesamte Einstellung** zu allem zerstören, was wir im Augenblick in unserem Leben haben.

Wir müssen leben nicht aufschieben — und auch nicht das Genießen. Wenn wir unsere Suchthaltungen zu Präferenzhaltungen umwandeln und die **Pfade** als Leitsätze benutzen, können wir den wunderbaren geistigen Apparat, über den wir verfügen, in der Weise handhaben, daß wir wirklich das Hier und Jetzt unseres Lebens genießen. Wir können eine Folge von „Jetzt-Momenten" schaffen, die geprägt sind von Freude, Gelassenheit, Energie, Liebe und Sinn. Unser Leben wird immer weniger durch suchthafte Forderungen gestört. Wir können das Leben als ein wunderschönes Spiel genießen, in dem der Gewinn eine stetig wachsende Liebe zu uns selbst und zu anderen ist.

FÜNFTER PFAD

Ich trage hier und jetzt die volle Verantwortung für alles, was ich erlebe, denn es ist meine eigene Programmierung, die meine Handlungen hervorruft und auch die Reaktionen der Menschen um mich beeinflußt.

8
Du schaffst dir deine Welt

Versuchen wir zu ergründen, warum sich fast jeder auf Erden wesentlich weniger Genuß im Leben verschafft als möglich wäre: Fast jeder auf diesem Planeten lebt in einer Welt der Illusion, in der seine ihn isolierende Programmierung ständig eine Situation von „ich gegen andere Menschen“ oder ein selbstabwertendes Gefühl von „ich gegen mich“ schafft. Diese Subjekt-Objekt-Trennung findet ständig statt, wenn der untrainierte Verstand die eingehenden sensorischen Informationen verarbeitet und unterschwellig mit verzerrten Versionen von vergangenen Erinnerungen und den aktuellen Suchtmodellen vermischt. Wir setzten unseren

Verstand in der Illusion ein, daß er rational und als wahrheitssuchendes Instrument funktioniert. Tatsächlich arbeitet er gewöhnlich so, daß er gedankliche Konzepte auswählt, beeinflußt und schafft, die erklärend und rechtfertigend wirken und uns das Gefühl vermitteln sollen, mit suchthaften, uns isolierenden Programmierungen „im Recht“ zu sein.

Wir machen einen riesigen Schritt zur Bewußtseinserweiterung hin, wenn wir die wissenschaftliche Gültigkeit des Prinzips: „Ich übernehme hier und jetzt die volle Verantwortung für alles, was ich erlebe . . .“ zu verstehen beginnen. Gewöhnlich wird von unserem Verstand das, „was ist“, mit unserer Erfahrung dessen, „was ist“, in einen Topf geworfen. Wie vorher gesagt, bezieht sich das, „was ist“, auf die „Realität“; **aber unsere subjektive Erfahrung dessen, „was ist“, wird durch unseren Verstand geschaffen, der wiederum durch unsere Programmierung gelenkt wird.** Wenn wir unkritisch annehmen, daß unsere Erfahrung ausschließlich durch das, „was ist“, hervorgerufen wird und sie nicht als Funktion unserer Programmierung begreifen, liefern wir uns Illusionen und Leiden aus.

DEINE PROGRAMMIERUNG SCHAFFT DEINE SUBJEKTIVE ERFAHRUNG

Welcher Unterschied besteht zwischen der „Realität“ und deiner Erfahrung von dem, was geschieht? **Was ist wirklich — und was wird durch deinen Verstand erzeugt?** Nehmen wir ein Beispiel: Heute morgen ist die Sonne aufgegangen. Das ist das, „was ist", — das ist „Realität". Nicht du verursachst die Drehung der Erde, die bewirkt, daß die Sonne am Horizont auftaucht, die Nacht beendet und den Tag beginnen läßt. Das ist Sache des physischen Universums.

Wie du jedoch den Sonnenaufgang erfährst, ist eine ganz andere Sache. DU SCHAFFST DEINE SUBJEKTIVE ERFAHRUNG. Du kannst ihn als ein fürchterliches Ereignis empfinden und das Universum kritisieren, das dir einige weitere Stunden Schlaf verweigert, oder du kannst ihn als ein freudiges Ereignis ansehen, das dir die prachtvollen Farben und Schattierungen vorführt und den Beginn eines wunderschönen neuen Tages anzeigt. Du kannst den Sonnenaufgang mit wenig Energie begrüßen, aber auch mit viel oder überschwenglicher Energie — oder er kann dich auch ganz gleichgültig lassen. Du kannst ihn verschlafen und diesen Sonnenaufgang gar nicht erfahren haben.

Was auch immer geschieht, du schaffst deine subjektive Erfahrung — oder das Ausbleiben dieser Erfahrung. Die Welt schafft nicht deine Erfahrung für dich. Dein Verstand schafft sie. Wenn du unter dem Einfluß einer dich isolierenden, suchtartigen Programmierung stehst, wird dein Gehirn dir unweigerlich den Eindruck vermitteln, daß es dich gibt und daß es den Sonnenaufgang gibt — und der Sonnenaufgang selbst deine Erfahrung bestimmt. Wenn dein Bewußtsein sich jedoch zu erweitern beginnt, stellst du fest, daß du immer die volle Verantwortung für deine Erfahrung übernehmen kannst, ohne dir selbst oder anderen Schuld zuweisen zu müssen. Die Welt tut dir nichts an. Du allein fügst dir selbst etwas zu. Und diese Einsicht öffnet dir den Weg, zu lernen, der kreative Ursprung deiner subjektiven Erfahrung zu sein — anstatt in roboterhaften Illusionen gefangen zu bleiben. Du kannst dir die Programmierung aussuchen, mit der du leben willst.

Der genaueste Weg, deine individuelle Erfahrung zu verstehen, ist, sie als Erscheinung des Zusammenspiels von sinnlich wahrnehmbaren Eingaben von außen und aus deinem Innern einerseits, und deiner Suchthaltung und Präferenzhaltung, Programmierung, deinen Erinnerungen, Emotionen und anderen Aspekten, die sich aus der Struktur und der Funktionsweise deines eigenen, spezifischen Nervensystems ergeben, andererseits zu betrachten. Du kannst nicht sehr viel tun, um den Sonnenaufgang zu kontrollieren. Doch du kannst eine Menge tun, um aus dem Sonnenaufgang eine positive Erfahrung zu machen.

Deshalb legt der **Fünfte Pfad** die gesamte Verantwortung für deine subjektive Erfahrung voll auf deine Schultern. Es ist an dir, deine suchthaften Programmierungen zu erkennen, die dich so anfällig für die isolierenden Erfahrungen macht. Du hast die Wahl, dich mit deinen Suchtforderungen, die Wut, Angst, Eifersucht, Frustration, Haß, Irritation oder Groll auslösen, auseinanderzusetzen — oder weiterhin mit dem zu leben, was du dir bis jetzt geschaffen hast.

So lange, wie dein Gehirn ungehindert anderen Menschen (oder der Außenwelt) die Schuld für die unangenehmen Erfahrungen, die du selbst schaffst, zuweisen kann, bleibst du einer Welt der Illusionen verhaftet. Die Energie, die du verwenden kannst, um dein Leben zu verbessern, wird von dir leider nur genutzt, um deine Mitmenschen zu malträtieren — psychologisch oder auch sonstwie. Du sagst dir vielleicht ständig selbst vor, daß dein Leben sehr viel „besser" wäre, wenn sich nur die Menschen anders verhielten. Dies mag sogar stimmen, aber manchmal gehen Wünsche in Erfüllung, und manchmal eben nicht. Einige Menschen werden sich einfach nicht anders verhalten. Und ob sie sich nun ändern oder nicht, Ärger oder Angespanntsein hilft **dir** auf keinen Fall, deine Erfahrung qualitativ zu verbessern. Du hältst dich selbst nur in einer Falle gefangen.

Da du deine eigene Erfahrung schaffst, mach es dir doch leichter! **Arbeite auch an deinem eigenen Kopf, während du versuchst, das Verhalten anderer Menschen umzugestalten.** Es ist in Ordnung, sich für das zu engagieren, was man haben will. Versuch gerne, deine Umwelt zu verändern. Aber vergiß nicht, dich mit deinen suchtartigen Forderungen auseinanderzusetzen, wenn das Leben nicht nach deinen Vorstellungen verläuft. Versuche, dir etwas mehr Geschick im Umgang mit deinen Suchtzwängen anzueignen.

VERANTWORTUNG OHNE SCHULDZUWEISUNG

Es ist wichtig, daß du dieses Prinzip, die Verantwortung für deine Erfahrungen zu übernehmen, nicht verdrehst, indem du dir selbst nun für Angst oder Wut die Schuld zuweist. Es ist möglich, die volle Verantwortung zu übernehmen — ohne überhaupt jemandem Schuld zu geben. Schließlich bist du nicht deine Programmierung, genauso wenig wie eine Stereoanlage die Schallplatte ist, die sie abspielt. Du machst doch nicht die Stereoanlage verantwortlich, wenn die Schallplatte qualitativ minderwertig ist. Ähnlich setzt du dein Bewußtseinswachstum zurück. Wenn du dir Schuld zuweist, verzögert das gleichzeitig auch deine Bewußtseinserweiterung — **denn du erklärst einen unschuldigen Menschen für schuldig.** Das nimmt dir Energie weg, die du für die innere Arbeit brauchst, die du leisten könntest, um besser mit deinen Suchtzwängen umzugehen.

Ein großer Teil deiner Programmierung fand in

einem Alter statt, in dem du zu jung warst, um zu begreifen, was es mit der Programmierung des Verstandes überhaupt auf sich hat. Die Worte und Handlungen der Personen, die sich in den ersten Lebensjahren um dich kümmerten, die Erfahrungen, die du mit deinen Spielkameraden machtest und die Dinge, die du im Fernsehen sahst oder in der Schule lerntest — all diese Eindrücke trugen zu der Programmierung bei, die jetzt in deinem Verstand besteht. Dafür darfst du nicht den Menschen, die daran beteiligt waren, die Schuld zuweisen. Sie haben nur nach der Programmierung gehandelt, die ihnen mitgegeben wurde.

Ein großer Teil der Programmierung, die du erhieltst, besteht aus Vorlieben oder Präferenzhaltungen, die zur Bereicherung deines Lebens beitragen. Doch einiges davon ist auch suchtbehaftet, und jeder Suchtzwang bringt dich dazu, Aufregung, Unzufriedenheit und Aufruhr in deinem Verstand zu schaffen. Deine Suchtzwänge werden so häufig aktiviert, daß du oft unglücklich bist. Anhand einer Liste habe ich aufgezeigt, daß viele Menschen über hundert suchthafte Handlungsprogramme besitzen — und manche haben sogar mehr als zweihundert! Sie sind wie Bienen, die um deinen Kopf herumschwirren!

Du kannst deinen Genuß am Leben außerordentlich erhöhen, wenn du die **Pfade** benutzt, um auf deine Suchthaltungen einzuwirken oder sie in

Präferenzhaltungen umzuwandeln, **ohne dir selbst irgendwelche Schuld zuzuweisen.** Du bist dein eigener bester Verbündeter und Freund auf deinem Weg zu einem erweiterten Bewußtsein. **Wenn es einen Feind gibt, dann bist nicht du das — es ist deine suchtbehaftete Programmierung, die in deinen Bio-Computer vor vielen Jahren eingespeichert wurde.**

Der **Fünfte Pfad** erinnert uns daran, daß es um Verantwortung geht — nicht um Schuldzuweisung. Die volle Übernahme von Verantwortung und emotionale Schuldzuweisung passen nicht zusammen. Schuldzuweisung ist suchtbehaftet; Verantwortung zu übernehmen heißt, eine Präferenz auszuüben. **Schuldzuweisung verlängert die Isoliertheit. Sie hält dich davon ab, wirklich Verantwortung zu übernehmen.**

UMGANG MIT DEINEN SUCHTZWÄNGEN

Wenn ein Pfeil in deinem Herzen steckt und du am Verbluten bist, ist es nicht sehr sinnvoll, einen Riesenaufruhr zu veranstalten, um jemanden für diese Tat verantwortlich zu machen. Es geht in erster Linie darum, den Pfeil herauszuziehen und die Wunde zu heilen. Suchthafte Programmierung ist wie eine Wunde oder Krebs in unserem Verstand. Mach dir keine Sorge darum, woher sie kommen. Das gehört der Vergangenheit an und hilft dir meistens nicht weiter mit deinen Suchthaltungen.

Konzentriere dich auf den Jetzt-Zustand — die Anwendung der **Pfade**, um **mit deinen Suchthaltungen umzugehen** und sie möglicherweise nach und nach in Präferenzhaltungen umzuwandeln. Du kannst annehmen, daß **du mit deinen Suchthaltungen umgehen kannst** in dem Maße, daß:

1. du dir deiner **speziellen** suchthaften Forderung oder Forderungen bewußt bist;
2. dein Verstand nicht länger dir selbst oder anderen die Schuld für die Erfahrungen, die du schaffst, zuweist (auch wenn du emotional noch den Wunsch nach Schuldzuweisung verspürst);
3. du die **Pfade** benutzt, um auf deine spezielle Suchthaltung oder -haltungen wie in Kapitel 16 beschrieben einzuwirken.

Dies sind die drei Kritereien, die dich befähigen festzustellen, ob du **mit deinen Zwängen umgehen kannst** nach der Methode der Gelebten Liebe. Wenn du diese drei Punkte anwendest, holst du einen Suchtzwang aus dem unbewußten Stadium hervor in das des Erwachens.

DER URSPRUNG DEINER HANDLUNGEN

Der zweite Teil des **Fünften Pfades** erinnert dich daran, dir selbst zunehmend bewußt zu werden, wie deine eigene Programmierung deine Handlungen hervorruft. Die Dinge, die du empfindest, denkst, sagst und tust, kommen nicht von ungefähr. **Sie werden auch nicht durch deine freie Entscheidung und so spontan beschlossen, wie es dir scheinen mag.** Tatsächlich sind sie das Resultat der suchtbehafteten oder präferenzorientierten Programmierung deines Verstandes im Zusammenspiel mit dem eingehenden Fluß sensorischer Daten — deren größter Teil unbewußt verarbeitet wird.

Wir hegen häufig die Illusion, daß wir kreativ und spontan entscheiden, was wir tun. Neurologische Daten zeigen jedoch, daß in unserem Unterbewußtsein die ungeheuer komplexe eingehende Information in unsere verschiedenen Handlungsprogramme eingegliedert wird. Das riesige Netzwerk unseres Unterbewußtseins trifft Entscheidungen Bruchteile von Sekunden bevor sie in unser Bewußtsein gelangen — und wir sie als solche erkennen! Unser Gehirn verarbeitet Millionen von Informationsteilchen in jeder Sekunde. Allein die Augen benutzen ungefähr zwei Millionen Nervenfasern, um dem Gehirn Botschaften zu übersenden. Unser Unterbewußtsein sortiert und stellt selektiv Prioritäten auf, die auf unseren diversen Programmierungen basieren.

So wird anhand unserer programmierten Prioritäten entschieden, welche Dinge in unser Bewußtsein gelangen, so daß wir sie wahrnehmen können. Aufgrund ihrer Programmierung wird eine Mutter automatisch aufwachen, wenn ihr Baby hustet — während die Programmierung einer anderen Person diese Daten nicht auswählt, um sie ins Bewußtsein gelangen zu lassen, und sie / er weiterschläft. Aufgrund deiner Programmierung wirst du häufig den Klang **deines** Namens aus dem konfusen Stimmengewirr, das auf einer lauten Party herrscht, aufschnappen, während andere Menschen **ihre** Namen aus demselben Durcheinander von Lauten herauspicken.

Wenn du dir der Art und Weise bewußter wirst, nach der dein Verstand funktioniert, kannst du lernen, seine Programmierung so zu verändern, wie es nötig ist, um dein Leben besser funktionieren zu lassen. Du wirst in der Lage sein, zu beobachten, wie viele deiner verschiedenen Handlungsprogramme mit deinen Erinnerungen und den phantastischen logisch-intellektuellen Fähigkeiten deines Gehirns aufeinander einwirken. Du kannst gespannt dem Handlungsschema entgegensehen, das dein Verstand einleiten möchte. Du kannst beobachten, wie dieser Prozeß in deinem eigenen Verstand abläuft — in etwa vergleichbar mit dem Eingeben von Daten in einen programmierten Computer. Du drückst auf den Knopf und wartest auf den endgültigen Ausdruck, der dir „die Antwort“ nennt. Genau wie beim Computer kann es sein, daß du dir der inneren Vorgänge in dem Gerät nicht bewußt bist. Aber du kannst auf viele Eingabedaten eingestellt sein, auf deine präferenzorientierten und suchthaften Programme und auf den „Ausdruck", den dein Ego in dein Bewußtsein gelangen läßt, damit du ihn wahrnimmst.

DIE WELT IST DEIN SPIEGEL

Der **Fünfte Pfad** enthält drei Hauptgedanken

1. Übernimm volle Verantwortung für deine Erfahrungen!
2. Sieh deine Handlungen als Ergebnis deiner Programmierung!
3. Übernimm die Verantwortung dafür, daß deine Programmierung die Reaktionen der Menschen, die dich umgeben, beeinflußt!

Wenn dir mehr und mehr bewußt wird, wie dein Verstand funktioniert, verstehst du immer besser, wie du deine eigenen Erfahrungen schaffst — und zum großen Teil die bedeutsameren Mensch-zu-Mensch Aspekte der Welt „erzeugst", die dich umgibt. Du lebst nicht in einem Vakuum. Du bist von „Feedback-Systemen" umgeben, die in höchstem Maße reagieren und als „menschliche Wesen" bekannt sind.

Wenn ich Ärger zeige und mich feindlich verhalte, reagieren die Leute, die mich umgeben, höchstwahrscheinlich auch ärgerlich und feindlich (es sei denn, daß sie ihr Bewußtsein nach vereinenden statt nach trennenden Richtlinien steuern). Wenn ich Energie aussende, die den Menschen um mich

Liebe und Dienstbereitschaft anzeigt, werden sie höchstwahrscheinlich die gleichen Gefühle zurücksenden. Wenn ich lächele oder lache, hebt das die Gefühle der Menschen um mich herum. Wenn ich launisch und depressiv bin, werde ich wohl auch launisches Verhalten und Depression um mich herum erzeugen.

Daher ist die Welt mein Spiegel. Wenn ich nicht mag, was ich in diesem Spiegel sehe, kann ich als bewußt lebender Mensch an mir arbeiten, um meine eigenen suchthaften Forderungen in Präferenzhaltungen umzuwandeln. Das erhöht meine Fähigkeit, Liebe auszustrahlen und mitfühlende Energie in die Welt ausströmen zu lassen. Meiner Reflexion (anderen Menschen) Schuld zuzuweisen oder zu versuchen, diese „Reflexion" (andere Menschen) zu verändern, ist eine ungeschickte Art, auf unangenehme Erscheinungen meines „Spiegelbildes" zu reagieren. Wenn ich an meinem Verstand arbeite, so daß ich beginnen kann, Offenheit, Humor, Leichtigkeit, Liebe und Mitgefühl auszustrahlen, so bietet das die Gewähr, daß sich die Bilder in dem „Spiegel" (die Reaktionen der Menschen um mich) verbessern.

Wenn du unbewußt deiner dich isolierenden Programmierung gehorchst, erzeugst du die Illusion einer Welt, die „da draußen" und riesig ist und dich ständig bedroht. Du bist der hoffnungslosen Überzeugung, daß du nicht viel tun kannst, um diesen Zustand zu ändern — du bist nur eine Schachfigur, den Umständen ausgeliefert. Wie schon der Dichter A. E. Housman sagte: „Ich, ein Fremder und voller Angst / In einer Welt, die ich nicht schuf."

Wenn du anfängst, an deinen Suchtforderungen zu arbeiten, wirst du entdecken, daß du es selbst bist, der deine unbefriedigenden Emotionen von Angst, Frustration und Wut erzeugt. Und du löst auch die Suchtzwänge der Menschen um dich herum aus. Obwohl **ihre** Suchtzwänge **ihre** Erfahrungen erzeugen, **können deine Handlungen ihre Suchtforderungen auslösen.** Und so spielst du deine Rolle beim Erstellen des Drehbuchs für den gegenwärtigen Akt des Melodramas deines Lebens.

In einem sehr reellen Sinn „kreierst" du sogar deine sofortige Umwelt — denn du hast meistens die Wahl, ob du in der Stadt oder auf dem Lande leben willst, ob du Auto oder Rad fährst oder zu Fuß gehst, ob du den Fernseher einschaltest oder ein Buch liest, und so weiter. Durch deine Wahl, welche Umwelt du für deinen Körper aussuchst und was du in dieser Umgebung zu tun gedenkst, wenn du einmal in ihr lebst, schaffst du dir deine eigene Erfahrungswelt. Auch diesmal tut das nicht die Welt mit dir; du tust es mit dir selbst.

Also ist die gute Nachricht des **Fünften Pfades** die, daß du ein gottähnliches Geschöpf bist, das die Welt, die es erlebt, selbst schafft. Wenn du nicht magst, was in deinem Leben geschieht, können dir die **Pfade** Möglichkeiten aufzeigen, sehr viel mehr beständigen Genuß, inneren Frieden und Liebe für dich und andere zu schaffen.

Jedesmal, wenn du einem anderen oder dir selbst die Schuld für deine Erfahrung zuweist, entscheidest du dich dafür, weiterhin in einer Welt des Scheins und der Getrenntheit zu leben. In dem Maße, wie du erkennst, daß deine suchthafte Programmierung das wirkliche Problem ist, das dich unangenehme Erfahrungen erzeugen läßt, besitzt du den Schlüssel um anzufangen, geschickt ein erfreuliches Erlebnis aus deinem Leben zu machen.

SECHSTER PFAD

Ich akzeptiere mich selbst vollkommen hier und jetzt und erfahre bewußt alles, was ich fühle, denke, sage und tue (meine emotional begründeten Suchthaltungen eingeschlossen) als notwendige Bestandteile meines Wachstums auf dem Weg zu höherem Bewußtsein.

9

Du weist einem Unschuldigen die Schuld zu

Unser „Gesetz" des erweiterten Bewußtseins heißt: **„Liebe jeden bedingungslos — auch dich selbst" — oder besonders dich selbst!** Es unterstreicht die Wichtigkeit des Lernens, dich selbst emotional zu akzeptieren. **Ein kritischer und aburteilender Geist, der ein niedriges Selbstwertgefühl hat, kann anderen Menschen nur schale Anerkennung und Liebe anbieten.**

Wir schaffen uns unsere Wahrnehmungen von anderen Menschen. Was unser Verstand an wichtiger Information über eine andere Person auswählt, ist das, was in unsere suchthafte Programmierung hineinpaßt, die wir benutzen, um uns selbst Komplimente zu machen — oder uns selbst herabzusetzen. Anders ausgedrückt: **Was wir in einer anderen Person sehen, ist das, was wir suchtartig in uns selbst annehmen oder zurückweisen.** Ein Mensch hat Tausende anderer Charakteristika, doch wir lassen diese Daten nur ganz rasch unser Bewußtsein durchlaufen (oder ignorieren sie), da unser Verstand sie nicht für wichtig erachtet. **So bewertet unser Verstand das als wichtig in anderen Menschen, was wir aufgrund unserer Suchtzwänge in uns selbst mögen oder nicht mögen (oder gern hätten oder nicht gern hätten)!**

LERNE, DICH SELBST ZU LIEBEN

Bei unseren Übungen fangen wir mit der Annahme an, daß die meisten von uns erst einmal einiges in sich „aufzuräumen" haben, wenn sie lernen, sich selbst zu akzeptieren und zu lieben. Als wir Kinder waren, waren unsere Eltern mit ihren Reaktionen auf uns oft kritisch und herabsetzend. „Du bist böse" statt „Ich mag nicht, was du eben gemacht hast." „Wie blöd! Kannst du dir denn nicht merken, was ich dir gesagt habe?" statt „Ich hab keine Lust mehr, dir das immer wieder zu sagen."

Wenn Eltern in ihren Suchtzwängen gefangen sind, äußern sie sich kritisch ihrem Kind gegenüber, anstatt Verantwortung für ihre eigene subjektive Erfahrung zu übernehmen, wie im letzten Kapitel beschrieben. Unser Sprachgebrauch (wie z. B. „Du bist schrecklich“) deutet an, daß Eigenschaften wie böse, furchtbar, unaufrichtig, blöd, unverantwortlich, unehrlich, unordentlich, häßlich, garstig, unliebenswürdig und unfähig wie Steine sind, die tief in dem Charakter des Kindes eingebettet sind. Oft sind sich Eltern der Tatsache nicht bewußt, daß dies nur ihre eigenen emotionalen Urteile sind, die sich aus ihren Suchtzwängen ergeben. **Sie glauben, daß sie über das Kind reden. Tatsächlich sind aber ihre eigenen, suchthaften Programme die unmittelbare, praktische Ursache ihrer Erfahrungen.** (Wenn du diese Aussage nicht verstehst, lies noch einmal Kapitel 2 und 3 durch.)

Natürlich haben auch Kinder schon viele Suchtzwänge, die sie veranlassen, riesige Mengen von Angst, Frustration und Wut hervorzubringen. Eltern fordern oft suchthaft, daß ihre Kinder dankbar sein sollten und auch sonst ihren Vorstellungen entsprechen. Das Kind greift meistens die suchthaften Forderungen der Eltern auf und widersetzt sich ihnen, indem es seine eigenen suchthaften Forderungen noch mehr verstärkt.

Es ist von großer Hilfe, wenn die Eltern einsehen, daß durch ihre eigenen suchthaften Forderungen die des Kindes ständig potenziert werden — und sie irgendwie das Gebilde aus Isoliertheit durchbrechen, indem sie an sich selbst arbeiten, um wieder Liebe und Verständnis in ihr Herz zu bringen. Wenn Eltern nur an dem Kind herumkorrigieren und es ständig ins Unrecht versetzen, blockieren sie ignoranterweise die Entwicklung von Selbstvertrauen und Liebe in einem heranwachsenden Menschen.

Viele Eltern sind in diese Falle gegangen, ihre Kinder dauernd zu kritisieren. Sie übernehmen nicht klar die Verantwortung für die Gefühle von Ärger und Gereiztheit, die sie in sich selbst erzeugen, wenn das Kind bestimmte Dinge tut (oder nicht tut). Was sie auch dabei gewinnen mögen, wenn sie das Kind ihre Stärke fühlen lassen, **in Sachen Liebe verlieren sie.** Im Laufe der Jahre hat die Trennung in Subjekt und Objekt, die trennende Kritikbereitschaft und die Liebe, die immer an Bedingungen geknüpft war, die deine Eltern oder andere in deinem bisherigen Leben hervorriefen, dir wahrscheinlich einen hohen Tribut abverlangt, indem verhindert wurde, daß du lernen könntest, dich selbst zu akzeptieren und zu lieben. Und der Preis, den du vermutlich für diese ungeschickte Aufzucht bezahlt hast, ist geringe Selbstachtung und ein niedriges Selbstwertgefühl. Ungeachtet, wie toll du nun lebst und wieviel du „erreicht" hast, egal, wie liebevoll und großzügig du deine Schwestern und Brüder behandelst, **dieses nagende innere Gefühl des niedrigen Selbstwertes und der gerin-**

gen Liebenswertigkeit wird wahrscheinlich so lange anhalten, bis du es als bloße Programmierung deines Verstandes betrachtest — und die Pfade oder andere Methoden anwendest, um es auszumerzen.

Dies kann sich als schwierig erweisen, da diese Programmierung eines niedrigen Selbstwertgefühls gewöhnlich einhergeht mit emotionalen Gefühlen von Schuld, Wertlosigkeit, Unterdrückung und Verdrängung deiner Gefühle, Selbstkritik und -aburteilung — und dem Wunsch, dich zu verstecken. Selbst wenn du etwas ganz Großartiges leistest, hörst du immer noch die nörgelnde innere Stimme, die während deiner Kindheit programmiert wurde, oftmals zu dir sagen: „Diesmal habe ich Glück gehabt; hoffentlich merken die Leute nicht, wie ich wirklich bin." Du kannst ständig deine eigene Erfahrung sabotieren, indem du dir vorsagst, daß du nicht schön, fähig und liebenswert bist — und daß du es nicht verdienst, glücklich zu sein.

Wenn du Filme der Selbstablehnung ablaufen läßt, benutzt du möglicherweise weiterhin die Methode deiner Eltern, dich unter Kontrolle zu halten. Wenn du dir selbst Liebe verweigerst und sie als Belohnung einzusetzen gedenkst, wenn du endlich deinen Vorstellungen entsprichst, funktioniert das nicht, **denn es ist niemals genug.** Egal, wie erfolgreich du bist, dein Ego wird immer einen anderen Bereich finden, auf dem du dich noch verbessern mußt. Diese Machtausübung über dich selbst bringt dir keine Liebe oder inneren Frieden. **Es gibt niemals einen ausreichenden Grund, irgend jemandem Liebe vorzuenthalten — auch nicht dir selbst.**

Du kannt in deinem tiefsten Innern glauben, daß du ein besserer Mensch wirst, wenn du äußerst kritisch und aburteilend mit dir selbst umgehst. Doch so funktioniert das nicht. **Der beste Ansatz, dich zu verändern, ist, dich selbst ohne diese Veränderung zu lieben.**

Etwas Bedeutendes beginnt in deinem Verstand stattzufinden, **wenn du diese selbstablehnenden Filme als nur Filme erkennst.** Dies kann deine Einsicht in die Wege verbessern, auf denen diese selbstablehnenden Filme zu selbsterfüllenden Prophezeiungen werden. Dir selber zu sagen, daß du unfähig bist, kann deine Fähigkeit zu lernen abblocken, wie auch die, die lebensöffnenden Fertigkeiten, die durch die Pfade geboten werden, praktisch anzuwenden.

Während du an dir selbst arbeitest, lernst du, daß positive Leitsätze wie z. B.: **„Ich bin schön, fähig und liebenswert“** auch zu selbsterfüllenden Prophezeiungen werden können. Denn dein Verstand hat die Möglichkeit, jede psychologische Wirklichkeit, die es schaffen will, wahr werden zu lassen. Die in diesem Buch beschriebenen Techniken können dir allmählich helfen, deine selbstablehnenden Filme neu zu programmieren und eine liebevolle, akzeptierende Einstellung zu dir selbst zu finden. Es erfordert allerdings ein gehöriges Maß an geschickter, innerer Arbeit an dir selbst.

EINE TÄGLICHE ÜBUNG

Der **Sechste Pfad** kann dir dabei helfen, diese unpassenden Filme zum Schweigen zu bringen, die dir wohlmeinende, doch überreizte Eltern (und auch andere Menschen) in den ersten, formenden Lebensjahren aufgebürdet haben. Es könnte von besonderem Vorteil sein, wenn du den umprogrammierenden Leitsatz: „Ich bin schön, fähig und liebenswert“ dir abwechselnd mit dem **Sechsten Pfad** vorsprichst. Genauer gesagt: Sprich dir erst leise oder laut den **Sechsten Pfad** vor, dann: „Ich bin schön, fähig und liebenswert“, dann wiederhole wieder den **Sechsten Pfad**, usw.

In unseren Übungen verwenden wir oftmals einen Verkehrszähler, den wir in einem Geschäft für Bürobedarf gekauft haben. Somit haben wir den Spaß, auf den Zählerknopf zu drücken, und es dient uns als Erinnerung, wenn unsere Aufmerksamkeit abzuschweifen versucht. Du wirst merken, daß du leichter kontinuierlich und gezielt an dir selbst arbeiten kannst, wenn du diesen mechanischen Zähler zum spielen hast. Jedesmal, wenn du dir vorsagst: „Ich bin schön, fähig und liebenswert“, drücke auf den Knopf; jedesmal, wenn du dir den Pfad wiederholst, drücke wieder auf den Knopf. Fahre fort, diesen umprogrammierenden Leitsatz abwechselnd mit den Pfaden 500 bis 1000 Mal pro Tag während der nächsten drei Monate zu wiederholen.

Diese tägliche Übung kann dir sehr dabei helfen, den Einfluß unbewußter (wie bewußter) Programme zu verringern, die eine so tyrannische Kontrolle über dein Wahrnehmungsvermögen ausüben. Erinnere dich ständig daran, daß bloße Kenntnis der **Pfade** lediglich der erste Schritt ist — sie müssen praktisch angewendet werden, um die tiefsitzenden Programme in deinem Gehirn zu ersetzen, die dich noch davon abhalten, das Beste aus deinem Leben zu machen.

AKZEPTIERE DICH SELBST VOLLKOMMEN

Ganz besonders ist das Wort „vollkommen“ im **Sechsten Pfad** zu beachten, wo es heißt: „Ich akzeptiere mich selbst vollkommen hier und jetzt.“ Du kannst dich selbst und die Dinge, die du sagst und tust, emotional vollkommen akzeptieren — wenn du es nur geduldig übst. Dich selbst emotional zu akzeptieren bedeutet, daß du nicht die Energie deines Verstands und deines Körpers darauf verschwendest, dich selbst abzulehnen, indem du dir vorwurfsvolle und kritische Programme über dich und deine Gedanken und Handlung auferlegst. Es bedeutet ferner, daß deine Anerkennung und Liebe zu dir selbst ununterbrochen ist.

Du mußt nicht alles, was du tust, mögen — das gehört zum Melodrama deines Lebens. Was du akzeptierst und liebst, bist **du**. Erinnere dich daran, du bist nicht identisch mit deiner Programmierung. Um wieder auf das Beispiel mit der Stereoanlage zurückzukommen; du magst und liebst das Gerät, und es ist völlig in Ordnung eine schlecht klingende Platte auszusondern. Sondere deine suchtbehaftete Programmierung aus — nicht dich selbst!

Wenn irgendetwas nicht so verläuft, wie du es gerne hättest, **kannst du die Situation derart erfahren, daß sie dir Übung bietet, die du brauchst, um geschickter mit ähnlichen Situationen in der Zukunft umzugehen.** Mit anderen Worten, du betrachtest sie als eine Bereicherung, die es dir erlaubt, mehr Einsicht beim Lenken deines Lebens zu bekommen. Du brauchst keine selbstablehnenden Programme als Beweis dafür, wie schrecklich du tief in deinem Innern bist. Wenn du dich selbst vollkommen akzeptierst, brauchst du keine künstliche Fassade, dich nicht selbst zu „Leistungen“ anzutreiben oder dich gehemmt zu fühlen, wenn Menschen dich beobachten. Wenn der **Sechste Pfad** nach den Vorschlägen in Kapitel 16 angewendet wird, kann er dir dabei helfen, das Abspulen dieser schmerzlichen, hemmenden Filme abzustellen, die dich davon abhalten, dich selbst anzunehmen.

Kannst du dich selbst emotional akzeptieren und trotzdem versuchen, einiges an deiner Programmierung zu verändern? Selbstverständlich! Dich selbst emotional zu akzeptieren, hält dich nicht davon ab, die **Pfade** zu benutzen, um gewisse Programme umzugestalten, von denen du meinst, daß sie dein Glücklichsein beschränken. Dich selbst vollkommen hier und jetzt zu akzeptieren, bedeutet nicht, daß du es nicht **vorziehen** würdest, ein besseres Namensgedächtnis oder eine schönere Singstimme oder sonst etwas zu haben. Es bedeutet einfach nur, daß dies deine Vorlieben sind und nicht Suchtzwänge — und daß du diese Vorstellungen oder Gedanken nicht dazu benutzt, dich selbst abzulehnen oder dich zu verstecken. Tatsächlich hast du, wenn du deinen Ist-Zustand emotional akzeptierst, mehr Möglichkeiten, was immer du willst zu verändern.

Selbstablehnung ist in der Tat ein wunderbarer Ausweg, um nicht die Verantwortung für die Arbeit an dir selbst übernehmen zu müssen. Bei dieser Arbeit ist ausschlaggebend, daß du dich selbst genauso liebst, wenn du deinen Modellvorstellungen an Perfektion nicht entsprichst als wenn du ihnen entsprichst. Das heißt, daß du dich nicht darauf einläßt, wenn dein Verstand dich kritisch mit anderen oder eigenen Modellvorstellungen vergleicht, die auf der erledigten Vergangenheit oder der erwarteten Zukunft beruhen. Es bedeutet auch, daß es keine selbstabwertende, deprimierende Erfahrung werden wird, wenn dich andere auf irgendeinem Gebiet überragen. Es gibt Tausende von Fertigkeiten, die die Menschen zu beherrschen gelernt haben. Kein Mensch kann sich je alle davon aneignen. Auf fast jedem Gebiet im Leben wird es immer Menschen geben, die besser sind als du und auch Menschen, die nicht so gut sind wie du.

Dich selbst zu akzeptieren heißt, daß es in Ordnung ist, wenn andere besser sind als du. Du mußt dein Leben nicht wie einen spannenden Fortsetzungsroman oder einen Wettbewerb gestalten. **Es gibt keinerlei Möglichkeit für dich, deinen Modellvorstellungen zu allen Zeiten zu entsprechen.** Manchmal gewinnst du, und manchmal verlierst du. Und so ist das für jeden Menschen.

Im Melodrama deines Lebens mußt du nicht die Rolle eines anderen spielen, den du bewunderst. Du kannst andere bewundern und immer noch deinen eigenen Part spielen. Teile deinem Verstand mit, daß er nicht diese selbstablehnenden Programme ablaufen zu lassen braucht, die dich ständig mit anderen vergleichen. Du mußt nicht überall — oder überhaupt — der Beste sein. Der ständige Vergleich mit anderen verlängert nur deine Isoliertheit. Dein Geschick in irgendeiner Disziplin macht dich nicht liebenswerter, genauso wie es dich nicht weniger liebenswert macht, wenn du etwas nicht beherrschst. Solche befangenen Gedanken sind nur ein Teil deiner suchthaften Programmierung.

Du kannst dir selbst die Erfahrung vermitteln, daß du vollkommen bist. Du bist es immer schon gewesen. Du bist bereits schön, fähig und liebenswert. Du kannst dein Leben genießen, anstatt dich selbst zu treiben. Du kannst es lernen, mit deinen Programmen umzugehen, die dir sagen, daß du anders sein sollst als du jetzt, **in dieser Minute** bist, um liebenswert zu sein. Bevor du die Liebe, die andere für dich empfinden, wirklich akzeptierst und genießt, mußt du erst einmal Liebe für dich selbst empfinden.

BEWUSSTES ERLEBEN

Der **Sechste Pfad** rät uns, „alles bewußt zu erfahren . . .“. Die meisten Menschen erfahren ihr Leben nicht bewußt — und sie haben sehr viel verstrickte Suchtzwänge und unglückliche Erfahrungen, die das beweisen. Im letzten Kapitel sprachen wir über den **Umgang mit deinen Suchtzwängen,** was bedeutet, daß du **beginnst, dein Leben auf einem Gebiet, auf dem du von Suchtzwängen beherrscht wirst, „bewußt zu erleben.“** Wiederholen wir die drei Punkte, die anzeigen, in welchem Maß du den

Umgang mit deinen Suchtforderungen gelernt hast. Um anzufangen, das, „was ist“, bewußt auf einem Gebiet zu erleben, auf dem du das vorher nur unbewußt getan hast, gehst du schrittweise vor: (1) Du wirst dir deiner speziellen suchthaften Forderung immer mehr bewußt. (2) Du übernimmst intellektuell die Verantwortung dafür, daß du selbst deine Erfahrungen schaffst (obwohl dir immer noch nach Schuldzuweisung zumute ist). (3) Du benutzt die **Pfade**, um an deinen suchthaften Forderungen zu arbeiten. So wirst du, wenn du dich mit deinen Suchtzwängen beschäftigst, zwar einerseits noch emotional verwickelt sein, andererseits aber spulst du diese suchthaften Programme nicht mehr „unbewußt“ ab. Wenn du dich gefühlsmäßig isoliert fühlst, bist du dir der Rolle bewußt, die deine suchthafte Programmierung beim Auslösen dieses Gefühls spielt. Du fängst an, zu erwachen.

Wenn du dein Wunschsystem bewußt als **Wunschsystem** erkennst, öffnest du den Weg dafür, die suchthaften Programme, die dir in deinem Leben Probleme schaffen, zu ersetzen. Zu diesen Programmen gehören suchtartige Bedürfnisse nach Sicherheit, Sinnesreizen und Macht, die der Verstand benutzt, um ein Gefühl der ständigen Bedrohung zu erzeugen, das Gefühl, daß das Leben ein Kampf ist statt des wunderbaren, gemeinschaftlichen Spiels, an dem wir alle miteinander teilnehmen können. Die Welt kann sich uns in all ihrem Überfluß an Schönem zeigen, und wir nehmen es einfach nicht wahr, wenn unsere suchthaften Programme unsern Verstand und unseren Körper peinigen.

BEFANGENHEIT

Befangenheit ist eine Suchtprogrammierung des isolierten, getrennten Ichs. Wenn wir lernen, uns selbst vollkommen zu akzeptieren, ist es hilfreich, zu spüren, wie Befangenheit die Handhabung unseres Verstandes verzerrt. Als wir einige Monate alt waren und anfingen, laufen zu lernen, hatten wir sicherlich unzählige, schmerzhafte Bauchlandungen vor uns. Kein Baby kann von heute auf morgen vom Krabbeln zum Aufrechtstehen und Laufen kommen. Laufen lernen ist eine allmähliche Entwicklung, die sich über einen bestimmten Zeitraum erstreckt.

Mit neun Monaten hatten wir allerdings noch keine suchtbehaftete Modellvorstellung, daß wir schon perfekt das Laufen beherrschen sollten. Wir konnten diese Fertigkeit auf einfache und kontinuierliche Weise erfahren und üben. Immer wieder fielen wir hin, **doch waren wir nicht befangen, wenn wir fielen.** Unser neun Monate altes Ego sagte uns nicht: „Du bist schrecklich; du wirst ja nie laufen lernen." Obwohl wir nicht gerne hinfielen, besaß unser Gehirn noch kein geistiges, mit Forderungen bestücktes Konzept, das uns dazu brachte, uns selbst abzulehnen, weil wir noch nicht so gut wie Zweijährige laufen konnten. So fielen wir weiter hin und lernten immer mehr, bis schließlich der Tag kam, an dem wir richtig laufen konnten.

Das Leben Tag für Tag zu erfahren, verschafft dem Verstand die Botschaften, die er braucht, um das, was du lernen mußt, neu zu programmieren. Meistens lassen wir es jedoch nicht zu, daß der Verstand unser Leben bewußt erfährt. Stattdessen beobachten wir uns selbst voller Befangenheit und Kritikbereitschaft — sofort darauf eingestellt, Vergleiche anzustellen und uns selbst abzulehnen. Es ist wie ein ständiger Eiertanz. Diese Befangenheit lenkt unseren Verstand ab. Sie ist nicht nur unangenehm, sondern sie verlangsamt auch unser natürliches Lernen der Lehren des Lebens.

Kritische Befangenheit, die Schuld, Scham und Verlegenheit auslöst, nimmt dem Leben oft den ganzen Spaß. Es ist interessant festzustellen, daß Tiere gewöhnlich nicht befangen sind. Sie sind selbstbewußt, aber nicht im Sinne von „befangen“. Ebenso würden wir unser Leben viel mehr genießen, wenn unser Verstand nicht mehr von suchthaften Programmen der Befangenheit angespornt würde, die isolierenden Gefühle von Schuld, Scham und Verlegenheit auszulösen.

Der erste Schritt zur Besserung ist es, wenn du einsiehst, daß das, was du tust oder sagst (oder wie die Menschen auf dich reagieren) **dich nicht diese Gefühle von Befangenheit empfinden läßt.** Die Menschen tun, was sie tun, aber es sind die suchtbehafteten Programme in deinem Kopf, die die **unmittelbare und praktische Ursache** deiner Gefühle von Schuld, Scham, Verlegenheit, Erniedrigung, Selbstablehnung, usw. sind. Immer sind deine Suchtzwänge das Problem!

NEUE SUCHTZWÄNGE GEGEN ALTE

Wenn du zunehmend die **Pfade** anwendest, kannst du den Suchtzwang entwickeln, keine Suchtzwänge haben zu dürfen. Wenn er bewußt genutzt wird, kann dieser übergeordnete Zwang dir dabei helfen, deine Energie in die Arbeit an deinen anderen Suchtzwängen zu leiten. Da es aber immer noch eine Form von Sucht ist, kann es dich davon abhalten, aus deinem Leben ein freudiges Erlebnis zu machen. Wenn es dir gelingt, die meisten deiner Suchtzwänge auszumerzen, bist du möglicherweise überkritisch den Leuten gegenüber, die viele ihrer Suchtzwänge noch nicht umgewandelt haben. Suchtartig keine Suchtforderungen haben zu dürfen, macht dich ungeduldig dir selbst und deiner Weiterentwicklung gegenüber und hält dich davon ab, dein Leben zu genießen.

Du kannst es **vorziehen**, an deinen Suchtzwängen zu arbeiten und sie in Präferenzhaltungen umzuwandeln. Suchthaltungen gehören zum Lauf des Leben wie eine gewöhnliche Erkältung. Und die beste Art und Weise, an deinen Suchtzwängen zu arbeiten — inklusive denen, die vorschreiben, wie du sein solltest — ist, sie nicht abzulehnen, sondern sie emotional zu akzeptieren. Benutze dann die **Pfade**, um mit ihnen umgehen zu lernen, und wandle im Laufe der Zeit viele von ihnen in Präferenzhaltungen um!

DAS LEBEN IST EIN TRAININGSLAGER

Im letzten Teil des **Sechsten Pfades** heißt es, daß du alles, was du fühlst, denkst, sagst und tust (deine emotional begründeten Suchtforderungen eingeschlossen), als notwendige Bestandteile deines Wachstums auf dem Wege zu höherem Bewußtsein erfährst. Das Melodrama kann so als ein Test- und Trainingslager für deinen Verstand angesehen werden. Die Programme, die jetzt in deinem Kopf stecken, sind Bestandteile deiner geistigen Ausrüstung im Hier und Jetzt. Was machst du nun mit ihnen?

Du kannst nicht einfach über ein Programm nachdenken und sofort wissen, ob es suchthaft oder präferenzorientiert ist. Eindeutig mußt du deine Programme in bestimmten Situationen des Lebens ablaufen lassen, um sie zu überprüfen. Dein Leben konfrontiert dich ständig mit Situationen, in denen du nicht bekommst, was du willst. Und anhand deiner innersten emotionalen Reaktionen kannst du schnell feststellen, ob es sich um eine Suchtforderung handelt — oder lediglich um eine Vorliebe.

So ist das, was du in deinem Leben schaffst, notwendiger Bestandteil deiner Weiterentwicklung. Wie kannst du dich weiterentwickeln wenn nicht durch das Erleben deiner Erfahrungen — und hoffentlich durch das Erlernen der Lehren, die das Leben dir bietet? Worauf es hinausläuft, ist, daß du an dir selbst arbeitest und die schmerzlichen Erfahrungen, die du in deinem täglichen Leben machst, dazu benutzt, mehr Einsicht darin zu gewinnen, wie du dein Leben geschickter leben kannst. Oder willst du diese Erfahrung negieren, dich selbst ablehnen, die Welt kritisieren und dich von deiner Isoliertheit in einer Welt voller Suchtzwänge, Getrenntsein, Entfremdung und geringem Genuß gefangen halten lassen?

Laß dir vom **Sechsten Pfad** helfen, zu erkennen, daß du dich selbst bedingungslos lieben kannst, auch wenn du das Gefühl hast, Fehler begangen zu haben, die für dich oder andere „Probleme" zu schaffen scheinen. Das bedeutet nur, daß dein Verstand seine Programmierung auslebt und **daher die Möglichkeit hat, sich zu verbessern, um dir wirksamer zu dienen.** Jeder Fehler, den du begehst, gibt dir Gelegenheit, dein Geschick im Umgang mit den Situationen des Lebens zu erhöhen. **Dich selbst vollkommen zu akzeptieren, bedeutet**

einfach, daß du gewillt bist, dich selbst auf dem Weg zur Bewußtseinserweiterung ein Mensch sein zu lassen.

Dich selbst zu akzeptieren bedeutet auch, daß du gewillt bist, dir selbst und der Welt zu sagen: „Ja! Das Leben hat mir in dieser Situation eine Lehre erteilt. Ich habe etwas gelernt, das ich vorher nicht ganz verstanden hatte. Somit bin ich nun reicher." Anstatt dich selbst abzulehnen und in bestimmten Situationen herabzusetzen, kannst du dich auf die Perfektion einstellen, mit der dein Leben dir Erfahrungen zuteil werden läßt, die deine Fähigkeit vergrößern, das Spiel des Lebens mitzuspielen und dich in dieser Welt wohlzufühlen.

TEIL IV

Interaktion mit anderen

SIEBTER PFAD

Ich öffne mich wahrhaftig allen Menschen gegenüber, indem ich gewillt bin, ihnen meine innersten Gefühle vollständig mitzuteilen, denn wenn ich mich irgendwie verberge, bleibe ich in meiner Illusion des Getrenntseins anderen gegenüber verhaftet.

10

Keine künstliche Fassade mehr

Der **Siebte Pfad** bietet dir eine der schnellsten Möglichkeiten an, anderen Menschen nah zu sein und sie zu lieben: „Ich öffne mich wahrhaftig allen Menschen gegenüber, indem ich gewillt bin, ihnen meine innersten Gefühle vollständig mitzuteilen . . .". Du machst dir jetzt vielleicht Sorgen darum, daß Offenheit deine Freunde entfremdet, da deine innersten Gefühle ja Wut, Angst, Irritation, Groll, usw. sind. Und du zögerst vielleicht, deine innersten Gefühle vollständig mitzuteilen, da du dir sagst, daß du andere Menschen nicht belasten willst. Wenn du vollkommen offen anderen Menschen gegenüber wärst, müßtest du dich vielleicht mit deinen Gefühlen von Verlegenheit und Demütigung auseinandersetzen. Also bemühst du dich, die Dinge zu verstecken, über die du lieber nicht reden möchtest.

Doch du hältst dich damit selbst in einer Falle gefangen. **Du schaffst dir nicht das Maß an Liebe und Lebendigkeit, das du genießen könntest.** Jedes hartnäckige, trennende Gefühl, das dein Verstand vor den Menschen in deinem Leben verbirgt, wirkt wie ein Stauwerk und stört den Fluß des gemeinsamen Lebens und Liebens.

Am wichtigsten ist, nicht einem anderen (oder dir selbst) die Schuld für deine Gefühle der Isoliertheit zuzuweisen. Übernimm die Verantwortung für deine Gefühle wie im **Fünften Pfad** dargestellt, und sprich sie aus:

„Ich habe ständig Angst, weil ich suchthaft verlange, daß du mich magst."

„Ich frustriere mich selbst, wenn ich suchthaft verlange, daß du kein schmutziges Geschirr herumstehen läßt."

„Ich vermittle mir selbst ein Gefühl der Trennung von dir, da ich suchthaft verlange, daß du keine Warze auf deiner Backe hast."

„Ich bringe mich selbst dazu, verärgert zu sein, wenn ich suchthaft verlange, daß du kein Geld verschwenden sollst."

„Ich bin besorgt, da ich suchthaft verlange, daß du mich sexuell anziehend findest."

Mach dir zuerst deine suchthaften Forderungen bewußt und arbeite dann an ihnen, indem du die **Pfade** gemäß der Beschreibung in Kapitel 16 benutzt. Dann, und das ist wichtig, **teile der mitbetroffenen Person genau mit, an was du gearbeitet hast!** Übernimm nicht die Verantwortung für ihre / seine Erfahrung. Sie / er wird mit den Zwängen umgehen müssen, mit denen du sie oder ihn in Berührung kommen läßt. (Erinnere dich daran, daß **du** nicht andere Menschen ärgerlich machen kannst; du kannst nur ihre suchthafte Programmierung auslösen, und dann machen **sie** sich selbst wütend). Je länger du deine Gefühle verbirgst, desto größer die trennende Mauer, die du zwischen dir und der / dem anderen empfindest. Je länger du diese Mauer aufbaust, desto schwieriger wird es, sie abzureißen. Arbeite an dir selbst, um Menschen bedingungslos annehmen und lieben zu können — ungeachtet ihrer Reaktion auf dich. Du mußt nicht mögen, was Menschen sagen — denn wir sind nicht unsere Worte. Arbeite an dir selbst, um dich verständnisvoll daran zu erinnern, daß Menschen lediglich ihre suchtbehafteten Programme ablaufen lassen.

DU BIST NICHT DIE ZIELSCHEIBE

Laura Huxley erinnert uns: „Du bist nicht die Zielscheibe." Du mußt die Reaktionen anderer Menschen nicht **persönlich** nehmen, auch wenn sie auf dich abzielen. Aufgrund deiner Suchthaltungen schnellst du wahrscheinlich wie ein angespannter Gummiring zurück, sobald jemand dir gegenüber Ablehnung bemerkbar macht. **Solche Verletzlilchkeit macht dich zu einer wandelnden Bombe, ständig bereit, zu explodieren oder außer Kontrolle zu geraten, sobald jemand den suchthaften Zünder berührt.** Kannst du dir vorstellen, wie gut es in dieser Situation wäre, „bewußt zu bleiben" und dir nicht selbst Angst oder Ärger zu betreiben, wenn andere Menschen Ärger oder Kritik dir gegenüber zeigen?

In all den verbleibenden Jahren deines Lebens wird dich sicherlich jeder, den du kennst, früher oder später einmal kritisieren oder ärgerlich oder wütend auf dich sein — wenn er nicht fürchterlich gehemmt ist. Möchtest du deine Suchthaltung, daß dich niemand jemals kritisieren darf, handhaben können? Oder willst du weiterhin innerlich zittern oder kochen, wenn jemand dir gegenüber kritisch auftritt? Wenn du dich über Wasser halten willst, wenn suchtbehaftete Stürme wehen, mußt du damit beginnen, mit deiner unrealistischen, suchthaften Forderung umgehen zu lernen, daß du nie durch gelegentliche Kritik oder Ärger deiner Mitmenschen „ins Wanken" gerätst.

DIE BEREITSCHAFT, DICH MITZUTEILEN

Der **Siebte Pfad** schlägt vor, daß du **gewillt** sein sollst, deine innersten Gefühle mitzuteilen. Natürlich hat niemand die Zeit, ständig jedem seine innersten Gefühle über alles mitzuteilen. Und dein Ego kann diese Tatsache dazu benutzen, sehr viel zu verbergen. **Am schnellsten entwickelst du dich weiter, wenn du den Mut aufbringst, deine innersten Gefühle in den Situationen mitzuteilen, in denen du sie am meisten verbergen willst.** Du weißt immer tief in deinem Innern, wenn sich Dinge emotional stark anspannen und es für dich Zeit wird, „das Eis zu brechen".

Wenn du nach dem **Siebten Pfad** lebst und handelst, werden dir zunehmend die Programme deines Verstandes bewußt, die dein trennendes Selbst anderen nicht wirklich mitteilen will. Dies sind die Gedanken und Gefühle, von denen dir dein trennendes, isolierendes Selbst sagt, daß du sie verstecken sollst, weil sie einfach zu konfrontierend, zu subjektiv und zu garstig sind — und dich in ein schlechtes Licht geraten lassen würden. Sie bedrohen nicht dich, sie bedrohen nur dein trennendes Selbst. **Um dein vereintes Selbst mit Energie zu stärken, mußt du gerade diese Dinge mit anderen teilen.** Wenn du deine suchthaften Programme verbirgst, läßt sie das **wichtig und wirklich erscheinen — und du bist der Verlierer dabei.**

Um die Barrieren der Abtrennung zu durchbrechen, wirst du gerade über das sprechen müssen, was du am liebsten verbergen würdest. Wenn du deine Gedanken und Gefühle mit anderen teilst, wirst du unausweichlich mit ihnen konfrontiert. Es ist erstaunlich, wie sehr eine solche Konfrontation sie entkräftet, während das Verbergen sie eher verstärkt.

Übernimm bewußt die Verantwortung für deine schuldzuweisenden, aburteilenden Gedanken als Produkte deiner suchthaften Forderungen. Laß deinen Verstand nicht damit davonkommen, daß er dir vorspiegelt, er liefere dir eine objektive, genaue Beschreibung von irgendetwas, was „wirklich“ in unserer Welt ist. Achte darauf, wie dein Verstand das Verbergen von Dingen benutzt, um „ein Feindbild aufzubauen“ und deine Illusion der Isoliertheit „wirklich“ erscheinen zu lassen.

Verbergen ist das Hauptmittel, das dein Verstand benutzt, um an den Aktivitäten deines trennenden Selbst festzuhalten. Merke dir bitte, daß dein trennendes, isolierendes Selbst nicht eine stabile Einheit oder Struktur oder gar ein Organ in deinem Innern ist. **Es ist einfach nur eine funktionelle Tätigkeit deines Verstandes, die du selbst jeden Augenblick erneut erzeugst.** Wenn du aufhörst, deine innersten Gedanken zu verbergen, und dich damit einverstanden erklärst, wo du gerade bist, und das wahrhaftig ausdrückst, was du in dir selbst erzeugst, wirst du dir der trennenden Aktivitäten deines Verstandes mehr und mehr bewußt werden. Und du wirst damit aufhören wollen, dieses trennende Selbst heraufzubeschwören, wenn du zu erkennen beginnst, wie es die Liebe und Harmonie in deinem Leben einschränkt.

TIEFERREICHENDE OFFENHEIT

Der **Siebte Pfad** kann dich dazu inspirieren, den Versuch einzustellen, dein Leben durch Künstlichkeit wirksam zu gestalten. Das bedeutet, daß du dich nicht länger als so anders als andere Menschen betrachtest, daß du nicht „dein Innerstes nach außen kehren" kannst. Du stellst fest, daß das ausgeprägte Bedürfnis nach Abgeschiedenheit, das du in der Vergangenheit hervorriefst, lediglich eine Strategie deines Verstandes war, um deine dich isolierende Programmierung aufrechtzuerhalten.

So wie du dich anderen Menschen und dem Leben gegenüber mehr und mehr öffnest, wirst du feststellen, daß du in wachsendem Maße alle deine Gefühle akzeptierst. Und wenn du beginnst, dich selbst zunehmend zu akzeptieren, wie im **Sechsten Pfad** vorgeschlagen wird, stellst du fest, daß du anderen Menschen all deinen „Schrott" mitteilen kannst. Du läßt es nicht länger zu, daß deine isolierenden Programme dich kontrollieren, indem sie Verlegenheit oder Scham hervorrufen — und dir somit das Gefühl vermitteln, daß du einiges verbergen solltest. Dein Leben wird zu einem offenen

Spiel von „ich in der Welt" — anstatt eines geheimen Spiels von „ich gegen die Welt".

Seien wir ehrlich. Du drückst häufig deine Gefühle von Wut, Groll und Angst nicht aus, weil du nett und höflich sein willst. Doch wie hilfreich ist diese Höflichkeit überhaupt? Bringt sie dich deinen Freunden oder deiner Familie wirklich näher? Wenn du einen Teil deiner Gedanken vor einer anderen Person verschließt, machst du diejenige Person zu einem abgetrennten „Objekt" — du hältst dich selbst davon ab, mit ihr oder ihm ein „Wir-Gefühl" aufzubauen. Dein Versteckspiel läßt dich andere Menschen als „sie", „er" oder „diejenigen" erfahren. Und vergiß nicht, **entscheidend dafür, ob du einen anderen Menschen als einen von „denen" oder als „wir" betrachtest, ist die Art und Weise, wie du deinen Verstand handhabst.** Du bist versucht, ihren Handlungen die Schuld für die Isoliertheit, die du erlebst, zuzuweisen. Doch in jedem Fall sind es deine suchthaften Forderungen, die dich dazu verleiten, deine innere Aufrichtigkeit abzublocken und die deine Gefühle von Isoliertheit und Entfremdung hervorrufen. Und die Kluft zwischen dir und anderen wird meistens noch vergrößert, wenn andere gleichzeitig ihre eigenen Suchtzwänge auslösen und auch aufhören, sich aufrichtig zu verständigen.

Gelebte Liebe nährt sich von gelebter Wahrheit, wenn du dich aufrichtig anderen gegenüber öffnest, indem du gewillt bist, deine innersten Gefühle vollständig mitzuteilen. Das Leben ist ein Fluß der Energie. Du staust diesen Fluß, wenn es dir nicht gelingt, das mitzuteilen, was dein Verstand erzeugt. Du hältst dich selbst und vielleicht auch andere in dem Labyrinth der Isoliertheit gefangen, das du selbst schaffst. Du machst Angst und Groll „wirklich" und „wichtig", wenn du sie in deinem Inneren verschließt. Dein Verstand ist wie ein Zauberer, der dir die „Illusion des Getrenntseins" vorführt.

Manchmal entsteht Durcheinander, wenn wir all den Mist mitteilen, den unser Verstand geschaffen hat. Doch das Leben kann viel mehr Spaß machen, wenn wir den Dingen aufrichtig begegnen und gemeinsam durch den Müll waten, **so daß wir nicht mehr mit ihm leben müssen.** Miteinander offen teilen, hilft uns, die „Illusion der Isoliertheit", die unsere suchthaften Programme geschaffen haben, loszulassen. Wir werden länger und glücklicher leben, wenn wir mit unseren suchthaften Forderungen umzugehen lernen, die hohen Blutdruck und Magengeschwüre hervorrufen können, unsere Lebensfreude zerstören und sogar unseren Tod beschleunigen.

Vielleicht kommt einmal der Tag, an dem dir klar wird, daß das Befreiendste für dich wäre, wenn all deine innersten Gedanken auf der ersten Seite der Tageszeitung stehen würden! Viele deiner isolierenden Programme würden mit einem Schlag ausgelöscht werden. Es würde ein tolles Gefühl sein, aufrecht und unbefangen jedem gegenüber dazustehen — ohne versuchen zu müssen, irgendetwas zu verbergen, da jeder bereits „das Schlimmste" von dir weiß. Und du könntest die Erfahrung machen, daß **an deinem „Schlimmsten" überhaupt nichts Besonderes ist.** Wir sind alle damit beschäftigt, unser getrenntes Selbst aufrechtzuerhalten — und sehnen uns gleichzeitig nach einem Leben in Kooperation und Liebe. Beides paßt einfach nicht zusammen. Ein Leben in Kooperation und Liebe ergibt sich automatisch, wenn endlich dein vereinendes Selbst hervortritt.

All deine isolierenden, emotional begründeten Suchtzwänge machen dich anfällig dafür, andere Menschen aus deinem Herzen zu verbannen — und dein wahres Ich zu verbergen. Je mehr du darüber weißt, wie dein Verstand Suchtzwänge belebt, um so wirksamer kannst du lernen, mit ihnen umzugehen. Manche unserer Suchtzwänge werden von starken Gefühlen begleitet und sind uns offensichtlich. Andere sind subtiler und erzeugen vor allem Gedanken des Widerstrebens und des Anklammerns. Es gibt ein ganzes Spektrum von Emotionen, von den stärksten und heftigsten Suchtforderungen bis hin zu den flüchtigen „ich gegen die"-Gedanken, die nicht von isolierenden Gefühlen begleitet sind.

Es ist wichtig, daß wir lernen, die ganze Bandbreite unserer suchthaften Forderungen vollständig mitzuteilen. Es ist einfach, die Notwendigkeit zu erkennen, mit Suchtzwängen umzugehen, die uns das Drama der Isoliertheit ausleben oder fühlen lassen — denn sie richten offensichtlich eine Menge Durcheinander in unserem Leben an. Um jedoch das höchste Maß an Lebensfreude genießen zu können, ist es notwendig, daß wir auch die suchthaften Forderungen mitteilen, die nicht mit Emotionen beladen sind, uns aber dennoch gedanklich von anderen trennen. Schauen wir uns einmal an, wie unsere Suchtzwänge in drei verschiedenen Stufen auftreten, genauso wie Senf — scharf, mittelscharf und mild.

AUSLEBEN, FÜHLEN, DENKEN

Es gibt drei verschiedene Ebenen der Stärke von Suchtzwängen: das Ausleben, das gefühlsmäßige Empfinden und das sich gedanklich damit Befassen. Wenn du eine Suchtforderung **auslebst**, ist dein Benehmen so sehr verändert, daß man es mit einer Videokamera festhalten könnte. Die Menschen merken, was in deinem Kopf vorgeht, anhand deiner Art zu reden, an dem Klang deiner Stimme und an deinen Handlungen. Jemanden suchthaft schlagen, ist ein ganz offensichtliches Beispiel von Ausleben. Wenn du suchthaft forderst, nicht Geschirr spülen zu müssen, könnte das

Ausleben darin bestehen, daß du die Teller ärgerlich hinknallst. Oder du könntest Ausleben dadurch verdeutlichen, daß du den Abwasch „vergißt". Zum Ausleben gehören auch subtilere Verhaltensweisen, wie zum Beispiel still vor sich hinschmollen oder nicht auf jemanden zugehen aus Furcht, zurückgewiesen zu werden. Wenn eine Kamera lange genug auf dich gerichtet wäre, könnte sie das Ausleben deines Zurückziehens dokumentieren.

Aufzuhören, sich gefühlsmäßig oder gedanklich mit seinen Suchtzwängen zu befassen, erfordert sicherlich die Art innerer Arbeit, die wir in diesem Buch beschreiben. Wenn du beobachtest, wie dein Verstand funktioniert, wirst du feststellen, daß du gewöhnlich in jeder Situation des Lebens wählen kannst, ob du sie auslebst oder nicht! Du kannst aber nicht allein durch einen Willensakt aufhören, dich gefühlsmäßig oder gedanklich damit auseinanderzusetzen. Ein Weg, herauszufinden ob du reif für ein rasches Wachstum deines Bewußtseins bist, ist, dich selbst zu fragen, ob du gewillt bist, mit dem Ausleben deiner suchthaften Forderungen aufzuhören — und dich dann ehrlich der Frage stellen, ob du an dir arbeiten willst, um die Handhabung der isolierenden Emotionen und Gedanken, die in deinem Verstand auftauchen, zu lernen. (Falls du noch einmal die drei Dinge rekapitulieren willst, die du tun mußt, um den Umgang mit deinen Suchtzwängen zu lernen, siehe Abschnitt „Umgang mit deinen Suchtzwängen" in Kapitel 8).

Wenn du dich einfach nur **gefühlsmäßig** mit einem Suchtzwang befaßt, obwohl du das Gefühl von Isoliertheit erfährst, beeinflußt das nicht dein äußerliches Verhalten — sondern nur deine innere Erfahrung. Du empfindest vielleicht irgendwo im Körper Spannung. Wenn du den Suchtzwang in dir hast, daß nicht von dir erwartet werden kann, das Geschirr zu spülen, könnte das gefühlsmäßige Empfinden davon sich so äußern, daß du zwar abwäschst, im Innern aber Groll und Gereiztheit verspürst.

Wenn du einen Suchtzwang auslebst, wirst du dich automatisch auch gefühlsmäßig und gedanklich damit befassen. Wenn du dich gefühlsmäßig damit beschäftigst, wirst du dir automatisch auch Gedanken über deine suchthaften Forderungen machen. Wenn diese jedoch auf der rein gedanklichen Ebene angelangt ist, wirst du sie nicht mehr ausleben und dich auch nicht mehr gefühlsmäßig damit befassen.

Wenn du einen Suchtzwang nur noch **gedanklich** empfindest, ist seine suchthafte Kraft bereits stark gemindert. Tatsächlich empfindest du ihn nicht mehr körperlich und auch nicht als trennendes Gefühl. Du unterdrückst nichts. Aber dein Verstand ist abgelenkt oder engagiert. Dein Bewußtsein wird von dem beherrscht, was du als ein „Problem" erfährst. Auf der gedanklichen Ebene deiner suchthaften Forderung, das Spülen zu umgehen, kannst du zwar Energie in den Vorgang des Abwaschens einfließen lassen, doch wird dein Gehirn höchstwahrscheinlich Programme abspulen wie: „Ich sollte mich eigentlich mit anderen Dingen beschäftigen", „Wo kommt nur all das Geschirr her?", „Wieviel kostet wohl eine Geschirrspülmaschine?", usw.

Solche Programme können auch aus einer Präferenzhaltung heraus ablaufen. Doch es besteht ein Unterschied zwischen einem Suchtzwang, mit dem man sich gedanklich auseinandersetzt, und einer Präferenzhaltung. Bei letzterer macht dein Verstand nicht die Erfahrung eines „ernsthaften Problems"; du kannst Lebenssituationen mit leichter Hand bewältigen. Wenn es sich jedoch um einen Suchtzwang handelt, werden die Programme ständig wiederholt, und halten dich davon ab, das Hier und Jetzt zu genießen. Wenn du fortfährst, an deinen subtilen suchthaften Forderungen auf der Ebene der gedanklichen Beschäftigung damit zu arbeiten, werden sie sehr wahrscheinlich irgendwann in Präferenzhaltungen umgewandelt sein. Um dies zu beschleunigen, ist es oftmals wirksamer, offen all deine suchthaften Forderungen anderen Menschen mitzuteilen, ungeachtet der jeweiligen Phase des Auslebens,

Fühlens und Denkens, in der sie sich gerade befinden.

DIE ILLUSION DES GETRENNTSEINS

Einer der wichtigsten Teile des **Siebten Pfades** ist die Formulierung: „Illusion des Getrenntseins". Unser getrenntes Selbst vermittelt uns ständig den Eindruck, daß Isoliertheit normal und richtig sei und zum Lauf der Welt gehöre, und daß das Leben ein Kampf gegen unsere Umwelt sei. Aus dieser „Illusion des Getrenntseins" machen wir eine sich selbst erfüllende Prophezeiung. Wenn wir Dinge sagen und tun, die unserer „Illusion des Getrenntseins" entstammen, schaffen wir uns ständig ein Leben voller Konflikte.

Es ist einfach, dieses „Dschungel-Bewußtsein" heraufzubeschwören. Wir verstärken und verbinden die suchthaften Situationen in unserem Leben eng miteinander und erzeugen so eine ununterbrochene Erfahrung des Getrenntseins. Doch ist das immer eine „Illusion" in dem Sinn, daß das Leben gar nicht so ist — wir schaffen nur ein scheinbar stabiles getrenntes Sein, indem wir ständig unsere suchthafte Programmierung ablaufen lassen. Du kannst eine Lebenssituation — zum Beispiel die Entlassung, die in Kapitel 7 beschrieben ist — dazu hernehmen, um die Programmierung deines getrenntes Selbst ablaufen zu lassen, nach der du **einen persönlichen Kampf** zwischen dir und einem anderen Menschen austrägst.

Dein Verstand hat immer die Wahl, die Programmierung deines vereinten Selbst zu aktivieren. So kannst du zum Beispiel diese Situation aus der Gesamtperspektive heraus betrachten, wobei du selbst die Rolle des Arbeiters hast und jemand anders die des Chefs. Wenn du diese Rollen als **Rollen** ansiehst, kannst du dich von deiner **Identifizierung** mit dem Ausführenden befreien. Denn hinter all diesen Rollen **sind wir — jeder von uns — als wunderbarer, vollkommener Inbegriff des Menschseins.**

All unsere Rollen sind einfach nur ein Part, den wir im Melodrama des Lebens spielen. Genauso wie ein Schauspieler auf der Bühne seine Rolle spielen kann, ohne der Täuschung zu unterliegen, er sei die Figur, die er darstellt, können auch wir verschiedene Rollen spielen, ohne uns damit zu identifizieren — Arbeiter, Chef, junger Mensch, alter Mensch, Mann, Frau, Vater, Mutter, Tochter, Sohn, glücklicher Mensch, depressiver Mensch, Intelligenzler, Dummkopf, Rechtsanwalt, Verkäufer, Landwirt und so weiter. Wir können diese Rollen bewußt spielen — **und nicht unsere Rollen mit unserem eigentlichen Wesen verwechseln.** Wenn wir uns mit unserem eigentlichen Wesen identifizieren — unserem Bewußt-Sein — können wir uns bewußt dabei beobachten, wie wir unsere Rollen im Leben spielen.

PROGRAMME DES GETRENNTEN SELBST

Wie in Kapitel 6 erörtert, wurden die Programme unseres getrennten Selbst von unseren Vorfahren vor Millionen von Jahren für das Überleben im Dschungel entwickelt. Die meisten Tiere müssen mit Artgenossen um Nahrung und Gefährten konkurrieren. Sie haben natürliche Feinde, deren Nahrung sie darstellen. Die Programme für Kampf, Flucht oder Verstecken müssen sehr stark ausgeprägt und automatisiert sein, damit Tiere trotz der immerwährenden Rivalität und der Gefahren des Dschungels überleben.

Die zehn Milliarden Hirnrindenzellen, die uns die Fähigkeit verleihen, solche ausgezeichneten Feindbilder von „ich gegen alle" aufzubauen, können uns auch **befähigen, uns davon zu befreien, daß unser getrenntes Selbst unser Bewußtsein beherrscht.** Durch die Aktivierung der Programmierung des vereinten Selbst verfügen wir über sehr viel wirksamere Methoden. Doch die meisten von uns sind sich dieser Tatsache noch nicht bewußt. Wir versuchen immer noch, unser Leben zu meistern, indem wir die überholten Dschungeltechniken im Umgang mit unserem Verstand anwenden. **Leider verstehen nur wenige von uns, daß kein anderer Mensch, wieviel Haß er auch empfinden mag, uns jemals so sehr verletzen kann und unsere Lebensfreude so sehr zunichte machen kann wie wir selbst es tun, wenn wir von unseren suchthaf-**

ten Forderungen, die unser getrenntes Selbst uns eingibt, beherrscht werden.

Nehmen wir einmal an, deine Vorgesetzte merkt, daß du fünfzehn Minuten zu spät zur Arbeit kommst, und sie ruft dich in ihr Büro und „verpaßt dir eine Zigarre" aufgrund ihrer eigenen trennenden Programme. Wenn du dieses Melodrama von deinem getrennten Selbst verarbeiten läßt, formuliert dein Verstand Gedankengänge wie: „Blöde Kuh! Die versteht gar nichts. Heute morgen war ein unheimlicher Verkehr, und ich konnte da nichts machen. Sie mag mich einfach nicht, und ich mag sie nicht. Der werde ich's schon noch heimzahlen!"

Nun nehmen wir an, daß du an dir selbst mit Hilfe der **Pfade** gearbeitet hast. Du hast deine Geschicklichkeit erhöht, so daß du durch dein vereintes Selbst diese Art Situation meistern kannst. Statt der obengenannten isolierenden Gedanken könnten in deinem Gehirn ganz andere Gedankengänge ablaufen wie: „Sie regt sich wirklich über die Sache auf. Ich glaube, wenn ich an ihrer Stelle wäre und gegen ständig steigende Betriebskosten anzukämpfen hätte, würde ich mich auch aufregen, wenn die Leute nicht pünktlich sind. **Allem Anschein zum Trotz ist das nicht persönlich gemeint.** Sie spielt nur ihre „Chef-Rolle", so wie sie sie auffaßt. Meine Liebe und mein Mitgefühl sind groß genug, um diese Lebenssituation zu meistern."

Statt ärgerlich Widerstand zu leisten oder zu

versuchen, ihr wieder zu gefallen, könnte die Antwort deines vereinten Selbst deiner Vorgesetzten gegenüber auch so lauten: „Ich nehme zur Kenntnis, was sie sagen. Ich habe mich fünfzehn Minuten verspätet und werde in Zukunft mehr Zeit für Verkehrsstaus einplanen. Ich weiß, daß wir viele Sorgen aufgrund der ständig steigenden Kosten haben. Ich will mit Ihnen zusammenarbeiten, indem ich pünktlich zur Arbeit erscheine. Ich verstehe vollkommen, was Sie mir sagen und schätze es, daß Sie sich dafür Zeit genommen haben."

Wenn du die Programme deines vereinten Selbst („Jeder gewinnt"-Reaktion) statt der deines getrennten Selbst benutzt, mußt du nicht den ganzen Tag lang verärgert sein, kannst dich selbst und deine Vorgesetzte lieben, **und du kannst dieses Melodrama vielleicht so gestalten, daß deine Vorgesetzte dich mehr mag, weil sie weiß, daß du ihre Probleme verstehst.** Du läßt dieses unbedeutende Ereignis nicht zu einem Berg der Isoliertheit, Entfremdung und Rache eskalieren. Und du kannst das, ohne deinen Ärger, deine Angst oder Frustration unterdrücken zu müssen.

FÜNF SCHRITTE ZUM VEREINTEN SELBST

Wie verleihst du nun deinem vereinten Selbst Energie? Es gibt keinen Knopf, den du drücken kannst, um die Programme deines trennenden Selbst auszulöschen und sie durch die deines vereinenden Selbst zu ersetzen. Du beginnst mit der Feststellung, daß die Programmierung deines trennenden Selbst, die der Dschungel-Mentalität entspringt, blitzschnell und automatisch funktioniert. Diese Art von Programmierung haben wir in Millionen von Jahren eingeübt. Durch sie hat unsere Art den Dschungel überlebt. Doch in diesem nuklearen Zeitalter schaffen wir damit wahrscheinlich nicht einmal die nächsten hundert Jahre!

Hier sind fünf Schritte, mit denen du daran arbeiten kannst, die Illusion der Isoliertheit zu überwinden. Erstens: begreife die Nachteile und die Gefahren deines trennenden Selbst und die großen Vorteile, die dir die Programme deines vereinten Selbst bringen können. Zweitens: beschließe, die **Pfade** so lange einzuüben, bis du dich darauf verlassen kannst, daß sie automatisch funktionieren.

Der dritte Schritt besteht darin, dich selbst emotional zu akzeptieren, wenn du Angst, Frustration oder Ärger auslöst. Wenn du es dir genehmigst, diese Gefühle zu empfinden, setzt du dich selber nicht mehr herab, kritisierst oder verurteilst dich nicht und weist dir auch selbst keine Schuld zu. Du siehst dich selbst viel mehr als Pionier auf dem langen Weg zur Bewußtseinserweiterung. Wir haben damit vor Millionen von Jahren begonnen. Wir werden sicherlich nicht schon morgen am Ende unserer Entwicklung stehen. Übe Geduld und laß dir selbst Zeit.

Arbeite jedoch an dir selbst, denn diese Entwicklung wird nicht ohne große Hingabe an diese innere Arbeit stattfinden. Vergewissere dich ständig, daß du **nicht dich selbst ablehnst.** Du arbeitest nur daran, die Programmierung deines trennenden Selbst in deinem Verstand zu verändern, die dich davon abhält, das meiste aus deinem Leben zu machen.

Der vierte Schritt besteht darin, bewußt zu beobachten, wie dein Verstand suchtbehaftete Programme deines trennenden Selbst abspult. Erkenne, daß jedesmal, wenn du eine suchthafte Forderung verspürst und dich ärgerlich, ängstlich, irritiert, eifersüchtig oder irgendwie aufgeregt fühlst, ein Programm deines trennenden Selbst abläuft. Beobachte, wie deine suchtbehafteten Forderungen zusammenarbeiten, um das zu schaffen, was wir das „getrennte Selbst" nennen. Diese Einsicht ist notwendig, um die Funktionsweise deines Verstandes kreativ umzugestalten, so daß du den **Umgang mit deinen Zwängen** beherrschst.

Der fünfte Schritt besteht aus einer täglichen geistigen Übung, die dich befähigt, diese innere Arbeit zu leisten. Einfache Techniken zur Anwendung der **Pfade** als geistiges Werkzeug sind in den Kapiteln 9 und 16 beschrieben. Erinnere dich ständig daran, daß dein trennendes Selbst immer weniger hervorgerufen wird, wenn du deine Schutzzwänge in Präferenzhaltungen umwandelst. Das Ganze reduziert sich darauf, weniger zu fordern — und mehr Liebe zu geben!

Um die fünf Schritte zusammenzufassen:

1. Lerne, die verlustreichen Vorspiegelungen deines trennenden Selbst und die Vorteile deines vereinten Selbst kennen und verstehen.
2. Beschließe, etwas dagegen zu tun.
3. Akzeptiere und liebe dich selbst, auch wenn du weiterhin isolierende Emotionen erzeugst.
4. Fang an, zu beobachten, wie dein Verstand funktioniert, so daß du erkennst, wie deine Suchtzwänge deine Erfahrung des trennenden Selbst schaffen.
5. Benutze die **Pfade** als tägliche Übung so lange, bis du die erhofften Ergebnisse erhältst.

DU BIST KEIN HELLSEHER

Deine innere Arbeit geht schneller vonstatten, wenn du lernst, alle Gedanken gründlich zu hinterfragen (ihnen sogar zu mißtrauen), **die du dir darüber machst, was wohl in anderer Leute Kopf vorgeht. DAS TRIFFT 1000 %ig DANN ZU, WENN DU DICH ISOLIERT FÜHLST!** Deine Wahrnehmungen, Ahnungen und Schlußfolgerungen erscheinen dir selbst absolut richtig, sie sind aber unweigerlich auf die eine oder andere Art irreführend, wenn du aufgeregt bist. Deine Schlußfolgerungen darüber, was ein anderer Mensch in seinem Innern denkt, beruhen darauf, was du dir vorstellst, was du an seiner Stelle denken würdest. Doch es ist nur eine Vermutung — **ganz egal, für wie klar und endgültig es dir dein Verstand erklärt.**

Wenn du einem Menschen gegenüber mehrere Suchtzwänge hast und dir „ein Feindbild" von ihr oder ihm aufgebaut hast, gibt es keine Möglichkeit für dich, einfühlsam auf diese Person eingestellt zu sein, die ihrerseits in einer komplexen Lebenssituation steckt. Deine Zwänge lassen dich auf eine fiktive, unerschütterliche Konstruktion von Vorstellungen in deinem Kopf reagieren, von denen du glaubst, daß sie diese Person beschreiben.

In dieser Situation ist es wichtig, daß du dich selbst wirklich und wahrhaftig öffnest — und ihr oder ihm vollständig alles mitteilst, was du dir selbst sagst. Vielleicht mußt du es immer wieder und tagelang wiederholen, bis du den anderen endlich von der Position des vereinten Selbst aus hören kannst. **Laß dich nicht durch deine Ungeduld davon abhalten, an einer problematischen Situation zu arbeiten!** So ist das Leben — und Weglaufen oder Gewaltanwendung sind sicherlich nicht die klügste Art und Weise, damit umzugehen. Den besten Weg wirst du nicht erkennen können, bis du dich selbst wiederholt dem anderen gegenüber geöffnet hast.

Verlange nicht, daß ein anderer an sich selbst arbeitet. Versuche nicht, einen Handel abzuschließen: „Ich werde aufrichtig sein, wenn auch du dich mir gegenüber öffnest." **Tu es einfach!** Die Liebe und Freude, die du oft dadurch schaffen kannst, **daß du an dir selbst arbeitest,** ist alles wert, was du durchzumachen hast. Die Straße, die zur Liebe führt, mag holprig sein — doch sie ist besser, als die verwinkelten Hintergassen, in denen wir uns selbst gefangen halten, wenn wir unsere innersten Gefühle nicht vollständig mitteilen — und dadurch getrennte „Welten" schaffen, in denen wir abseits leben.

Die Wirksamkeit deines wahrhaftigen Mitteilens wird in direktem Verhältnis zu deiner Fähigkeit stehen, deinen innersten Gefühle Ausdruck zu verleihen, anstatt schweigend und mit Hilfe deines Verstandes den anderen dahingehend abzuurteilen, daß er im Unrecht ist und du recht behältst. Trotz irgendwelcher starken Emotionen, die dir das Gegenteil vermitteln, sind die Gefühle von Bedrohung und Isoliertheit in deinem Herzen immer nur Illusionen, die durch deine suchtbehaftete Forderung entstehen. Von einer höheren Warte aus gesehen kann alles, was andere Leute sagen und tun, von deinem vereinten Selbst einfach nur als Programmierung ihres Verstandes erkannt werden — wie suchthaft sie auch sein mag. Und Menschen können ihre geistigen Programme ändern . . .

DIE SPIELARTEN DES LEBENS

Von dieser höheren Warte aus können wir einen Überblick über die Spiele des Lebens bekommen — und sie als Spiele sehen. Wir können das Leben bewußt wie ein Melodrama ansehen, das wir ausleben. Wir können erkennen, daß unser Leben untrennbar mit denen all unserer Brüder und Schwestern auf dem gesamten Planeten verflochten ist — gesellschaftlich, politisch, wirtschaftlich, ökologisch und auch sonst.

Wir alle bilden eine Welt — die als Ganzes funktioniert. Unsere trennenden Selbst haben die Welt in getrennte Territorien aufgeteilt — getrennte Länder, getrennte Städte, getrenntes „Eigentum" wie „mein Geschäft", „mein Land", „mein Heim", „mein Freund" und „mein Geliebter" — doch nichts davon ist in Wirklichkeit „mein". Alles ist „unser" — ein Teil des Reichtums, des Universums.

Das Wohlbefinden jedes einzelnen von uns ist in vielerlei Weise mit dem Wohlbefinden von uns allen verwoben. Wir sind nicht so sehr von den anderen getrennt, wie wir es annehmen. Ein Virus, von dem ein Mensch gestern in Hong-Kong befallen wurde, kann unter gewissen Umständen heute auf deinen Körper übertragen werden und dich krank machen. Die politischen Spielereien irgend eines Volkes auf diesem Planeten können auch deine Brieftasche berühren, wenn nicht gar dein Leben gefährden — da wir ja heute in einem Arsenal voller nuklearer Waffen und Möglichkeiten der biologischen Kriegsführung leben.

Wir können die vier Milliarden Menschen, die auf dieser Erde leben, als ständige Strahlkörper von Haß, Isoliertheit und Entfremdung betrachten — aber auch von Liebe, Hilfsbereitschaft und Glück. **Die geistige Gesundheit auf diesem Planeten wird durch das Verhältnis zwischen Getrenntheit und hilfsbereiter Einheit dargestellt.** Alles, was zu unserer Getrenntheit beiträgt, schafft Leid. Alles, was zu Akzeptanz, Liebe und Einheit beiträgt, hilft uns, glücklich, freudvoll und erfüllt zu leben.

Wenn du die wirksamste Rolle bei der Verbesserung deiner Welt, wie auch deiner persönlichen Erfahrung des Lebens spielen willst, heißt das, an dir selbst zu arbeiten, daran, deine Suchtforderungen zu verringern und deine Liebe zu erhöhen. Es gibt keinen Gesetzgeber, der ein wirksames Gesetz verabschieden kann, wonach die Menschen einander lieben müssen. Es liegt an jedem einzelnen, die eigenen Illusionen der Getrenntheit zu durchbrechen und dann gemeinsam mit allen Brüdern und Schwestern überall auf der Welt Entfremdung und Getrenntsein auszumerzen — bis unser Planet von Liebe erfüllt ist.

ACHTER PFAD

Mit liebender Anteilnahme empfinde ich die Probleme von anderen, ohne jedoch emotional in ihr Mißgeschick verwickelt zu werden, das ihnen Botschaften bietet, die sie für ihre Weiterentwicklung brauchen.

11

Halte dich raus

Mit Hilfe des **Achten Pfades** können wir ein Gleichgewicht zwischen dem „Kopf" und dem „Herzen" herstellen. Er beginnt: „Mit liebender Anteilnahme empfinde ich." Mit Anteilnahme zu empfinden bedeutet, daß wir verstehen, was ein anderer durchmacht, weil wir selbst etwas Ähnliches erfahren haben. Es ist nicht **Mitleid** oder **Mitgefühl**, was bedeuten könnte: „Ich blute, weil du auch blutest." Es ist eher eine Art **Einfühlungsvermögen**, welches bedeutet, daß meine Gefühle und die Tatsache, daß ich mich selbst akzeptiere, mich in die Lage versetzen, bei dir zu sein und dich zu erfahren — ohne mich selbst zu beunruhigen.

Der **Achte Pfad** schlägt vor, daß wir uns mit den Problemen anderer befassen, „ohne jedoch emotional in ihr Mißgeschick verwickelt zu werden, das ihnen Botschaften bietet, die sie für ihre Weiterentwicklung brauchen." Dieser Satz enthält mehrere feine Aspekte. Wir wollen sie uns zusammen anschauen.

Nehmen wir einmal an, ich habe ein neues Auto gekauft und bar bezahlt. In der Aufregung, es in Empfang zu nehmen, verschiebe ich das Abschließen einer Unfall- und Haftpflichtversicherung auf den nächsten Tag. Nehmen wir weiter an, daß am gleichen Abend ein betrunkener Autofahrer ohne Versicherung auf mein Auto auffährt. Mein Wagen erleidet Totalschaden und ich muß verletzt ins Krankenhaus.

Es gibt drei breite Wege, auf denen du, als mein bester Freund, mit mir und meinem Mißgeschick in Verbindung treten kannst. Deine Wahrnehmung und Einstellung können größtenteils von deinem „Kopf" oder deinem „Herzen" bestimmt werden — oder durch eine kluge Mischung aus „Kopf" und „Herz". „Kopf" und „Herz" sind beides Erfahrungen, die sich aus der Programmierung unseres Verstandes ergeben. Sehen wir uns einmal an, wie jede dieser drei Verhaltensweisen dich eine andere Erfahrung von der Situation machen läßt. Welche der Verhaltensweisen bringt dir die befriedigendste innere Erfahrung? Welche empfinde ich als am hilfreichsten? Welche ist der liebevollste und mitfühlendste Weg, um auf mein zerstörtes Auto und meinen anschließenden Krankenhausaufenthalt zu reagieren? Für jede der drei nachfolgenden Reaktionsweisen haben wir nur eine der zahlreichen Möglichkeiten aufgezeichnet, wie diese Szene gespielt werden könnte.

VERHALTENSWEISE NR. 1: DIE „NUR-KOPF"-REAKTION

Nehmen wir an, du reagierst „ganz mit dem Kopf". Ohne Umschweife wirst du erkennen, daß das Leben mir hier Botschaften bietet, die ich für meine Weiterentwicklung brauche. Wenn du in dieser Situation auf mich so reagierst, daß du vor allem deine Logik benutzt, wirst du dir sagen, daß es idiotisch von mir war, das Auto ohne vorgeschriebenen Versicherungsschutz zu fahren, und daß die Aufregung über den neuen Wagen mich wie ein Kind reagieren ließ, das ein neues Spielzeug hat und sich verantwortungslos verhält. Du könntest meinen, daß ich genau das, was mir zugestoßen ist, auch verdient habe. Vielleicht sagst du mir das nicht so deutlich, während ich im Streckverband liege, doch dürften es die Gedanken sein, die du in deinem Innern hegst. Und da dies deine innere Erfahrung ist, könnte ich sie allein durch deinen Tonfall und deine Körpersprache von selbst verstehen.

Wenn ich nun anfinge, zu argumentieren, daß

offensichtlich der betrunkene Fahrer an meinem Mißgeschick schuld war, wirst du mir zustimmen, daß rechtlich gesehen der andere Fahrer die Verantwortung für den Verkehrsunfall trägt. Du weist mich aber korrekt darauf hin, daß meine Nachlässigkeit in Bezug auf die Autoversicherung zum Verlust meines Wagens und zu Krankenhausrechnungen geführt hat, die ich wohl innerhalb der nächsten Jahre werde abzahlen müssen. Du könntest meinen, daß ich, wenn ich etwas aufmerksamer gehandelt hätte und defensiver gefahren wäre, den Unfall hätte vermeiden können. Ich habe das Gefühl, daß du die Situation nicht richtig beurteilst und nicht wirklich mein Freund bist, da du mir die Schuld für etwas zuweist, von dem mich jedes Gericht freisprechen würde.

Wenn du ständig Situationen allein mit deiner Vernunft, deiner Logik und deinem Intellekt beurteilst, werden deine Freunde dich für kalt und wenig verständnisvoll halten, und du wirst der letzte sein, mit dem sie zusammen sein wollen, wenn sie in Schwierigkeiten sind. Wenn ich mich selbst kritisiere und mir die Schuld gebe für die mißliche Lage, in der ich im Augenblick stecke, wird dein Besuch meine selbstablehnenden Suchtzwänge noch verstärken. Ungeachtet all deiner inneren Gefühle von Anteilnahme, die du vielleicht empfindest, wird bei deiner „Nur-Kopf"-Reaktion Vernunft deine grundlegende Einstellung beherrschen. Die

Dinge, die du äußerst, werden von anderen als herzlos, lieblos und teilnahmslos erfahren. Durch deine „Nur-Kopf"-Reaktion wirst du an meinem Mißgeschick zum Mitwirkenden!

VERHALTENSWEISE NR. 2:
DIE „NUR-HERZ"-REAKTION

Stellen wir uns vor, daß dein Verstand so programmiert ist, daß er sich gefühlsmäßig durch deine „Nur-Herz"-Reaktion zum Mitwirkenden macht. Diese Szene könnte nach folgendem Drehbuch ablaufen. Wenn du mich im Krankenhaus besuchst, schaffst du dir die innere Erfahrung, daß mir etwas Schreckliches zugestoßen ist. Du bestätigst damit meine Illusion, daß ich wirklich tief in Schwierigkeiten stecke wegen dieses verrückten, betrunkenen Fahrers. Du machst dir vielleicht Sorgen über das Geld, das ich an meinem Auto verloren habe, über meine Gesundheit und darüber, ob ich wieder ganz gesund sein werde, wenn ich aus dem Krankenhaus komme. Und dann diese Rechnungen! Du magst auch bekümmert darüber sein, daß ich möglicherweise meine Stelle verliere, weil ich so lange nicht an meinem Arbeitsplatz bin.

Dein Mitgefühl für meine Probleme ermutigt meinen Verstand nun dazu, all meinen suchthaften Ärger in Haß auf den betrunkenen Fahrer umzuwandeln, „den man ins Gefängnis stecken sollte und das für möglichst lange." Obwohl du versuchst, mich „aufzuheitern", werden wir wohl vorrangig mit der großen „Tragödie" beschäftigt sein, die mir zugestoßen ist, wie auch mit der Ungerechtigkeit der ganzen Angelegenheit und damit, in was für einer unvorhersehbaren und hinterhältigen Welt wir doch leben. In mir wird sicherlich der Eindruck entstehen, daß du mein wahrer Freund bist, der mir „beisteht", wenn ich in Schwierigkeiten bin.

So entwickeln wir einen Konsens der Illusionen, die darauf beruhen, daß wir nur einen Teil der Situation betrachten — und sie nicht in ihrer Gesamtheit sehen. Mein getrenntes Selbst kann sein Ego dadurch befriedigen, daß du mich im Krankenhaus besuchst und mich mit all deinem herzempfundenen Mitgefühl überhäufst — und alle Schuld dem anderen Fahrer gibst. Wenn du bei mir im Krankenhauszimmer bist, besteht zwischen uns eine Art „Einverständnis", das vom einen zum anderen fließt und vorübergehend Wohlgefühl bei mir erzeugt, da es mein trennendes Selbst bestärkt.

Wenn du jedoch gegangen bist, falle ich wieder zurück in mein Gefühl, daß das Leben mir eine Falle gestellt hat — und daß ich hilflos in einer hoffnungslosen Lage bin. Durch deine Besuche werden meine Gefühle von Wut, Groll, Zynismus und Isoliertheit eher gefestigt. In mir verstärkt sich die Illusion, daß mein Leben nichts anderes als ein Kampf ist zwischen „mir" und der „Welt", und ich schaffe die bedrohliche Angst, daß ich diesen Kampf verlieren werde.

Außer daß du mich in meinen Illusionen des Getrenntseins bestärkst, kann es auch sein, daß deine „Nur-Herz"-Reaktion auch für dich nicht angenehm ist. Du findest, daß die Sorgen, die du dir suchtartig über meine Lage machst, einfach eine zu große Belastung für dich werden. Ich dagegen gerate in den Zwiespalt, einerseits deine Besuche herbeizusehen, da sie mich und meine Illusionen bestärken, andererseits aber auch diese Besuche zu scheuen, weil ich nicht verantwortlich dafür sein will, daß all diese „Last" auf dir ruht. Dieses Melodrama, das wir so zwischen uns beiden entstehen lassen, ist dadurch gekennzeichnet, **daß ich die Verantwortung für deine Erfahrung übernehme und daß du dich in meinem Mißgeschick zum Mitwirkenden machst.**

Wenn du die Wahl hättest, eher mit dem „Kopf" oder mit dem „Herzen" zum „Mitwirkenden" zu werden, wähle das Herz. Die Einseitigkeit des Herzens ist vereinigender als die des Kopfes. Es gibt jedoch eine fortgeschrittenere Synthese, mit deren Hilfe sich dein Leben besser meistern läßt.

VERHALTENSWEISE NR. 3: EINE KLUGE MISCHUNG AUS KOPF UND HERZ

Um das beste aus deinem Leben machen zu können, müssen Kopf und Herz in einem ausgewogenen Verhältnis zueinander stehen. **Das bedeutet, dich emotional weder mit dem „Kopf" noch mit dem „Herzen" zu einem „Mitwirkenden" zu machen.** Die Verhaltensweise, in der diese beiden in einem ausgewogenen Verhältnis zueinander stehen, versetzt uns in die Lage, in unserer gemeinsamen Erfahrung des Lebens mehr Genuß zu finden. Und sie ist sehr viel hilfreicher für jeden von uns.

Sehen wir uns einmal an, wie es aussehen könnte, wenn du dein Nervensystem in einer Art und Weise benutzt, die Kopf und Herz gleichermaßen berücksichtigt — ohne daß du zu einem mitwirkenden Faktor wirst. In der Situation, die mit meinem Autounfall zusammenhängt, kannst du dir aller Programme bewußt sein, die dein Verstand und dein logisches Denkvermögen dir eingeben. Doch du läßt dich nicht emotional in kritische und aburteilende Verhaltensweisen verwickeln, die mir die Schuld dafür zuweisen, daß das Auto nicht versichert war und ich nicht defensiv gefahren bin — obwohl du mich schon als verantwortlich für diese Aspekte meiner Lage hältst.

Du weißt, daß das Lehren sind, die das Leben mir bietet. Du kannst diese Dinge sogar ohne Urteilsbereitschaft und ohne Kritik in einer Weise diskutieren, die den Wert dieser Lebenserfahrungen, die wir uns schaffen, würdigt und schätzt. Du kannst **Anteil nehmen** an meinem Leiden und der

Tragödie. Doch du löst kein Gefühl von Mitleid in dir selbst aus, obwohl du mein Mißgeschick durchaus mit Anteilnahme und Menschlichkeit nachfühlen kannst, als wäre es dein eigenes.

Anders ausgedrückt: **du kannst dir gleichzeitig der Programme deines Kopfes und deines Herzens bewußt sein.** Wenn du nicht gefühlsmäßig mitwirkst, kannst du die beiden intuitiv miteinander verquicken und ihnen einen höheren Grad an Klugheit verleihen — der somit qualitativ anders beschaffen ist als die Reaktion des „Kopfes" oder des „Herzens" für sich allein. Anstatt dich auf nur einen Aspekt der Situation zu konzentrieren, wird deine Erfahrung gekennzeichnet **durch eine klare Erfassung der Verhältnismäßigkeiten vieler Aspekte meines Unfalls und dessen Auswirkungen auf mein weiteres Leben.**

Ich kann das Gefühl haben, daß du daran interessiert bist, alles zu hören, was ich dir mitzuteilen habe, ohne daran mitzuwirken, selbst wenn ich dir meine Verärgerung über den betrunkenen Fahrer mitteile, oder mir selber die Schuld zuweise. Und obwohl ich dein aufrichtiges Interesse spüre, habe ich nicht das Gefühl, daß du meinen Ärger über den betrunkenen Fahrer teilst. Ohne daß du mich ausdrücklich darauf hinweist, hilfst du mir, zu erkennen, daß das, was ich in die Kategorie „betrunkener Fahrer" einordne, auch nur ein Mensch wie du und ich ist, dessen Programmierung ihn leider in dieses Melodrama hineingeführt hat.

Ich fange an, mich selbst und andere als Wesen zu sehen, die ständig eine Entwicklung durchlaufen (und nicht nur als festgefügte Einheiten, die mit Attributen wie „gut“ oder „schlecht“ belegt werden können. Auch kann ich sehen, daß dieser Unfall dem anderen Fahrer Botschaften vermittelt, die er hoffentlich richtig aufnehmen kann. So kannst du, ohne die Situation irgendwie intellektuell zu analysieren, einen psychologischen Spielraum schaffen, in dem ich mich selbst und einen anderen mit Verständnis, Anteilnahme und Liebe betrachten kann.

Du hast das Gefühl, daß du, wenn du mich besuchen kommst, nicht einfach nur einen Krankenhausbesuch bei einem Verletzten machst. Ich habe das Gefühl, daß du es wirklich genießt, mit mir als Mensch zusammenzusein. Du stellst fest, daß ich gerade die Rolle des Patienten auf der orthopädischen Station im Melodrama des Lebens spiele — doch du verhältst dich nicht so, als wäre das eine weltbewegende Sache. Da du zuhören kannst, wenn ich von meinen körperlichen Wehwehchen und Schmerzen erzähle, ohne sie dir zu eigen zu machen, vermitteltst du mir das Gefühl, daß sie nicht so überaus wichtig sind. Also muß ich auch nicht fortfahren, sie in meiner Erfahrung aufzubauschen. Allmählich entsteht in mir die Einsicht, daß der Zustand, ans Bett gefesselt zu sein und in

Gips zu liegen, lediglich eine andere Art zu leben ist. Da du dich gefühlsmäßig nicht gegen meine Situation wehrst, kann auch ich anfangen, meinen emotionalen Widerstand gegen das abzubauen, was jetzt in meinem Leben vorgeht.

Durch deine Weigerung, dich der Illusion hinzugeben, daß ich einer schrecklichen Tragödie zum Opfer gefallen bin, hilfst du mir, die ganze Angelegenheit von einer besseren Perspektive aus zu betrachten. Obwohl das Krankenhaus einen großen Platz in meiner gegenwärtigen Erfahrung einnimmt, kann ich es mit deiner Hilfe von einem distanzierteren Standpunkt aus betrachten. Ich beginne, es nur als ein kurzes Zwischenspiel innerhalb meiner gesamten Lebensspanne anzusehen. Da ich vermutlich schon in wenigen Wochen aus dem Krankenhaus komme, brauche ich nicht all diese Programme des Selbstmitleids abzuspulen, die diesem Lebensabschnitt mehr Bedeutung verleihen, als er von einem ausgewogenen Standpunkt aus betrachtet verdient.

ERHÖHTE LEBENSFREUDE

Wenn du mich besuchen kommst, sehe ich, daß du es mit Begeisterung tust. Zusätzlich zu deiner Freude, bei mir zu sein, bemerkst du die Blumen in meinem Zimmer und reagierst aufgeschlossen dem Personal gegenüber, das kommt und geht. Du scheinst die Schönheit des Augenblicks zu genießen — statt dich kritisch über die Farbe der Wände und die Regeln, die im Krankenhaus herrschen, aufzuhalten. Mit anderen Worten, du freust dich an dem, was erfreulich ist. Das hilft mir, die Erfahrung zu machen, daß es immer Dinge gibt (sogar in einem Krankenzimmer), an denen ich mich erfreuen kann **(Vierter Pfad)**.

So merke ich, daß ich, auch wenn du gegangen bist, weiterhin ein Hochgefühl empfinde, das so lange anhält, bis ich wieder ein suchtbehaftetes Programm abspule, das mich dazu bringt, mich selbst, den anderen Fahrer, den Unfall, das Krankenzimmer, die Schwestern, die Ärzte und meine körperliche Erfahrung, eingegipst zu sein, abzulehnen. Und je öfter du mich besuchen kommst, desto mehr beginne ich einzusehen, daß ich meine eigene Erfahrung schaffe **(Fünfter Pfad)**. Die Welt ist es nicht, die das für mich tut.

Ich kann erkennen, daß ich, wenn ich meine suchthaften Forderungen in Präferenzhaltungen umwandelte, es tatsächlich genießen könnte, im Krankenhaus zu liegen, auch wenn ich alles tue, um wieder gesund zu werden, so daß ich das Krankenhaus verlassen kann. Ich kann sogar feststellen, daß ich mich körperlich sehr viel besser fühle und schneller zu gesunden scheine, wenn ich mich nicht suchthaft dagegen wehre, im Krankenhaus zu sein. Wenn ich mich entspanne und das hier und jetzt Vorhandene genieße, drückt mein Verstand nicht auf die Knöpfe, die Depressionen, Angst oder Ärger mit all ihren psychosomatischen Erscheinungen auslösen.

Dein nicht Aburteilen, daß ich nicht versichert war und nicht vorsichtiger gefahren bin, hilft mir, das ganze Melodrama zu akzeptieren — denn das ist das, „was ist“, **genau hier und jetzt** in meinem Leben. Wenn ich gefühlsmäßig ablehne, was zur Zeit in meinem Leben geschieht, verschwende ich die Energie, die ich viel wirksamer darauf verwenden könnte, zu verändern, was sich verändern läßt — und mein Leben in der Zwischenzeit zu genießen. Ich muß mir nicht selbst die Schuld zuweisen. Ich kann es einfach als einen Teil der Entwicklung ansehen, die ich durchlaufen muß, um zu lernen, mein Leben bewußter zu leben.

Mit Hilfe des **Sechsten Pfades** kann ich an allen Gefühlen von Schuld, Unzulänglichkeit oder Selbstvorwürfen arbeiten, die mein Verstand möglicherweise auslöst. Ich kann sogar erkennen, wie nutzlos es ist, mich in die Programme von „richtig“ oder „falsch“ verwickeln zu lassen, die mein Verstand abspult und die meinen Ärger in Haß verwandeln — und mich davon abhalten, mir selbst oder dem anderen Fahrer mit Liebe zu begegnen.

Ich kann das alles als eine Gelegenheit ansehen, mir meiner Suchtzwänge bewußt zu werden **(Dritter Pfad)**. Wir alle sind Kinder des Universums. Wir selbst schaffen das Melodrama, das uns die

Lehren erteilt, die wir brauchen. Mein Autounfall war kein „Unfall“. Dies alles gehört dem Lernprozeß an, der uns auf dem Planeten Erde „zuhause“ sein läßt.

MITWIRKEN UND VERWICKELT WERDEN

Wir benutzen die Redewendungen „mitwirken“ und „verwickelt werden“ als eine kurze Umschreibung des Gedankens „emotional in das Mißgeschick anderer verstrickt zu werden“. Sehen wir uns einmal an, wie wir den **Achten Pfad** in unserem täglichen Leben den Menschen, die uns umgeben, gegenüber anwenden können. Wenn Menschen, mit denen wir zu tun haben, suchtartig handeln, lassen wir uns meistens unbewußt in ihre Angelegenheit verwickeln, werden „Mitwirkende“ und machen somit das Melodrama in unserem Verstand „wirklich“. Wenn wir den **Achten Pfad** nicht beachten und uns in anderer Leute Schwierigkeiten verwickeln lassen, bleiben wir selbst in der Illusion gefangen, daß das Leben ein großes Problem sei und diese Leute wirklich in Schwierigkeiten wären. Wir bestätigen sie in ihrer Programmierung des trennenden Selbst, die ihre Handlungen diktiert und sie in einem geistigen Verhaltensmuster von Widerstand, Anklammerung und Nichtbeachtung festhält.

Wir geben den lebendigen Geist der Liebe weiter, wenn wir Menschen gleichermaßen mit unserem Herzen wie mit unserem Verstand zuhören können, wenn wir ihnen Liebe schenken können, ganz gleich, wie „unbewußt“ ihre Programme ablaufen, und wenn wir ihnen einfach die Schwingungen aussenden, die sagen: „Du bist schön, fähig und liebenswert.“ Es hilft ihnen weiter, wenn wir ihnen nicht unsere Gedanken, so weise sie auch sein mögen, aufdrängen, wenn wir uns nicht in ihr Mißgeschick verwickeln lassen und sie nicht bemitleiden.

So sehen wir, daß wir eine freudvollere und einigendere Erfahrung aus unserem Leben machen können, wenn wir uns nicht in das Mißgeschick anderer verstricken lassen, sondern einfach nur unsere Rolle der Liebe und des Dienstes in der Welt annehmen. Wir müssen uns nicht Programme zu eigen machen, die uns die Illusion des trennenden Selbst erzeugen lassen. Es geht um Liebe und Dienen, Liebe und Dienen, Liebe und Dienen — und darum, ständig die innere Arbeit zu leisten, um suchthafte Forderungen aufzuspüren, sie emotional zu akzeptieren, die **Pfade** anzuwenden, immer mehr den Umgang mit unseren Suchtzwängen zu lernen und sie nach und nach abzulegen.

Es läßt sich also auf die einfache Formel bringen, jeden bedingungslos zu lieben — auch wenn wir nicht mit dem Drama einverstanden sind, das jemand zur Zeit ablaufen läßt. Wir können eine Brücke der Liebe aus unserem Herzen zu den Herzen aller, die uns umgeben, aufbauen, **auch wenn sie ihren Beitrag zur Brücke nicht leisten.**

Es sind nicht unbedingt zwei Menschen notwendig, um Liebe entstehen zu lassen. Es ist nicht unbedingt eine andere Person erforderlich, die die Regeln dieses Spiels kennt und beachtet. Liebe ist kein Tausch und kein Handel. DU ALLEIN BIST ERFORDERLICH, UM DIESES SPIEL ZU SPIELEN.

VERFÜHRERISCHE SITUATIONEN

Beachte, daß „verwickelt werden" gleichbedeutend ist mit **reagieren mit emotional begründeten Suchthaltungen auf das, was jemand tut oder sagt.** Wir lassen uns gewöhnlich so rasch und automatisch in die Gefühlswelt anderer verwickeln, daß es passiert, bevor wir es überhaupt merken. (Siehe die Beispiele auf der gegenüberliegenden Seite). Wir können durch unser Machtzentrum mit Wut oder Ärger reagieren und bereit sein, Köpfe einzuschlagen. Oder wir verbeißen uns mit unserem Sicherheitszentrum und reagieren mit Angst oder Sorge.

Im ersten Zwischenfall auf der Seite „In die Mißgeschicke des Lebens verwickelt werden" ist das Beispiel eine Machtreaktion. Wir könnten uns die Situation genauso zu eigen machen durch Programme von Angst, Unsicherheit oder Selbstablehnung: „Oh, Sie haben ja recht! Ich bin so dumm. Ich mache immer solche dämlichen Sa-

In die Mißgeschicke des Lebens verwickelt werden

Situation	Reaktionsweisen, nach denen du dich verwickeln läßt	Alternative Reaktionen
Du bist in einer Drogerie und willst Zahnpasta kaufen. Du gibst der Kassiererin einen 100-Mark-Schein. Sie meint, daß du ihr das Leben wohl extra schwer machen willst.	„Das Geschäft ist ja wohl groß genug, daß Sie eigentlich Wechselgeld haben sollten. Sie sollten nicht so unfreundlich ihren Kunden gegenüber sein."	„Ich kann ja verstehen, daß Sie ärgerlich sind. Ich habe es einfach nicht kleiner. Das Leben sendet mir die Botschaft, daß sich manche Menschen belästigt fühlen, wenn ich mit einem 100-Mark-Schein bezahlen will."
Die Frau eines Freundes wollte während der letzten zwei Monate von Sex nichts wissen. Er empfindet Gefühle von Ärger, Groll, Unzulänglichkeit und Isoliertheit.	„Es ist wirklich nicht richtig, wenn sie dich nicht genug liebt, um am Sex mit dir Spaß zu haben. Du solltest dir vielleicht eine Freundin suchen oder erwägen, sie zu verlassen."	„Wenn Menschen nicht mit ihren emotional begründeten Forderungen umgehen können, können ihre Gefühle von Liebe verkümmern. Die Freude an körperlicher Liebe wird beeinträchtigt. Das Problem bist nicht du oder sie oder Sex im allgemeinen. Wenn suchthafte Forderungen zunehmen, nimmt die Liebe ab."
Die Ehe deiner Schwester ist gescheitert und sie ist gerade geschieden worden. Sie empfindet Gefühle von Furcht, Unsicherheit, Groll, Ärger, Unzulänglichkeit und Eifersucht.	„Es ist schrecklich, was er dir antut. Es tut mir wirklich sehr leid für dich. Du machst eine entsetzliche Zeit durch."	„Ich freue mich, daß ich bei dir sein kann, wo du gerade all diese unangenehmen Gefühle schaffst. Ich weiß, du findest dich zur Zeit nicht schön und liebenswert, doch ich will, daß du weißt, daß mein Herz in Einklang steht mit dem wunderbaren Wesen, das du bist, und das ist nicht die Figur aus dem Melodrama einer Scheidung, die du zur Zeit vollkommen verkörperst."
Der Sohn deines Freundes ist gerade gestorben und dein Freund fühlt sich traurig, schuldig und verwirrt.	„Ich weiß, daß das ein furchtbarer Schlag ist. So eine Katastrophe. Es hätte nicht passieren dürfen."	„Ich weiß, was du empfindest und mein Herz ist bei dir. Sehen wir, was wir haben und nicht das, was wir nicht haben. Was wir haben, sind die schönen Zeiten, die wir alle erlebt haben, solange er noch bei uns war und die Liebe für deinen Sohn, die wir immer miteinander teilen können."

chen. Warum kann ich nicht etwas weiter denken?“

Wenn du Verlegenheit, Scham oder Schuld auslöst, wirkst du genauso mit, als wenn du eigenen Ärger aktivierst. Wichtig ist, festzustellen, daß das Verwickeltwerden sich daraus ergibt, wie du dich innerlich fühlst. **Es kann sich äußerlich ausdrücken oder auch nicht** — je nachdem, ob sich dein Suchtzwang in der Phase des Auslebens, Denkens oder Fühlens befindet.

Du kannst lernen, zuzustimmen oder abzulehnen, ohne an etwas emotional mitzuwirken. Du kannst immer noch eine Situation handhaben, **indem du nach dem fragst, was du willst, und tust, was du willst** — ohne sie dir zu eigen zu machen. Bei deinen Reaktionen läßt du dich einfach nicht von den Illusionen des trennenden Selbst von dir oder einem anderen einspannen. Du siehst dein Drama und die der anderen aus der Perspektive eines Berggipfels, statt durch einengende Tunnel des Sicherheitsbestrebens, der Sinnesreizung oder des Machthungers zu blicken.

BEWUSST BLEIBEN

Eine Art, den **Achten Pfad** zu benutzen, ist, deinen Namen oder den eines anderen in den Text des **Pfades** zu schreiben. Dann lautet er: „Mit liebender Anteilnahme empfinde ich die Probleme von Mary, ohne jedoch emotional in ihr Mißgeschick verwickelt zu werden, das ihr Botschaften bietet, die sie für ihre Weiterentwicklung braucht." So kannst du mit Hilfe des **Achten Pfades** einen Abstand zwischen dir und dem schaffen, was geschieht — dann nimmst du das Melodrama nicht zu ernst. Du kannst auch diesen Weg benutzen, um ins Bewußt-Seins-Zentrum zu gelangen. Dieses Zentrum wird in Kapitel 14 erklärt.

Wenn du mit deiner inneren Arbeit anfängst, kannst du die Lehren würdigen, die das Leben dir und anderen Menschen bietet. Du kannst feststellen, daß in jeder der vier Situationen, die wir geschildert haben, das Leben etwas Lehrreiches mitteilt, das nicht angenommen und nicht als Bereicherung aufgefaßt wird — oder zumindest nicht als eine Gelegenheit, sich weiterzuentwickeln. Es ist so einfach, die Lehren zu erkennen, denen sich **andere Menschen** in ihrem Leben widersetzen!

Vergiß aber nicht, daß du geistiges Wachstum anderen Menschen nicht aufzwingen kannst. Es wird dir nicht helfen, ihnen vorzuwerfen, daß sie das Hier und Jetzt ihres Lebens nicht für ihre Bewußtseinserweiterung nutzen. Je mehr du die Menschen dazu drängst, an sich selbst zu arbeiten, desto mehr ist ihr Ego und ihr Verstand bestrebt, sich von dir zu entfernen — und sich dem Entwicklungsprozeß zu widersetzen. Arbeite daran, jeden suchtartigen Zwang abzubauen, der dir einredet, daß andere Menschen die Gelegenheit nutzen sollen, sich zu entwickeln. Wir alle machen eine Entwicklung durch, wenn wir dazu bereit sind — und nicht früher. **Das Beste, was du für andere tun kannst, ist, an dir selbst zu arbeiten. UND DAS IST ZUTIEFST WAHR . . .**

Was machst du also, wenn dein Freund Gefühle von Entfremdung, Isoliertheit, Elend, Angst, Sorge, Gereiztheit, Ärger, Eifersucht, Langeweile, Schuld, Feindseligkeit, Enttäuschung, Widerwillen, Frustration, Hilflosigkeit, Hoffnungslosigkeit, Ungeduld oder andere trennende Gefühle verspürt? **Wenn du erkennst, daß du dich in die Schwierigkeiten eines anderen verwickeln läßt, sprich dir leise den Achten Pfad ein paar Minuten lang vor.** Dann wiederhole alle **Zwölf Pfade** mehrmals, um deine Einsicht zu erhöhen. Diese innere Arbeit kann dir dabei helfen, in deinem Leben ein kreativer Verursacher zu werden, anstatt ein Statist im Melodrama eines anderen zu sein. Dann kannst du das Gefühl bekommen, Energie in die Liebe und Nächstenliebe fließen zu lassen. Doch das wird nicht aus Mitleid, Sorge oder Furcht geschehen! Du wirst nur dein Möglichstes tun, indem du deine Energie mit anderen teilst — und deinen Anteil dazu beiträgst, daß die Welt besser funktioniert. Du wirst dein Leben mehr genießen — und eine Ausstrahlung von Vernunft, Liebe und echter Hilfsbereitschat aufbauen. Du wirst dann intuitiv erkennen, wie du einen Bruder oder eine Schwester wirksamer lieben und ihnen dienen kannst. Und wirksamere Liebe oder Nächstenliebe kann sich auch manchmal dergestalt äußern, daß du gar nichts tust. Laß dich nicht von dem Suchtzwang beherrschen, gesellschaftlichen Formen folgen zu müssen. Folge deiner Intuition . . .

So kannst du sehen, daß der **Achte Pfad** deine Geschicklichkeit bei dem Leitsatz vergrößert: „Liebe jeden bedingungslos — dich selbst eingeschlossen." Es hilft dir dabei, Fluktuationen deiner Liebe auszugleichen, die im Melodrama des Lebens eintreten können. Es hilft dir im Umgang mit deinen Mitmenschen, ohne daß du ihre Illusionen verstärkst oder vertiefst, die sie durch Widerstand, Anklammern und Nichtbeachtung schaffen.

Die Anwendung des **Achten Pfades** hilft dir dabei, dich von irgendwelchen Sitten und Gebräuchen unserer Gesellschaft zu befreien, die deine Isoliertheit, Entfremdung, Neurose, Krankheit und dein Unglück nur erhöhen. Wenn der **Achte Pfad** mit den anderen **Pfaden** abgestimmt ist, wird er dir dabei helfen, einen weiteren Schritt dahin zu gehen, dem wunderbaren Wesen, das du wirklich bist, näher zu kommen — und auch dem wunderbaren Wesen, das in jedem anderen verborgen liegt.

NEUNTER PFAD

Ich handle frei, wenn ich im Einklang mit meiner Umgebung und mir stehe, ausgeglichen und liebevoll bin, doch ich vermeide es nach Möglichkeit, zu handeln, wenn ich emotional aufgebracht bin und mir selbst die Weisheit vorenthalte, die von Liebe und erweitertem Bewußtsein ausgeht.

12

Geh es leicht an

Der **Neunte Pfad** beginnt mit einer wunderschönen Bestätigung deiner grundlegenden Intelligenz — und deiner grundlegenden Güte. Er lautet: „Ich handle frei, wenn ich im Einklang mit meiner Umgebung und mir stehe, ausgeglichen und liebevoll bin . . ." Im „Einklang" bedeutet bewußt handeln und aufmerksam sein. Es bedeutet, daß das, was dein Gehirn automatisch zu deiner Beachtung auswählt, nicht von deinen suchthaften Forderungen verzerrt wird. Du stehst im Einklang mit deiner Umgebung. Du stehst im Einklang mit den Schwingungen der Menschen, die dich umgeben.

Du stehst im Einklang mit deinem Körper und deinen Gefühlen. Und du stehst im Einklang mit deinem Verstand, mit seinem riesigen Gedächtnisspeicher und genialen Fähigkeiten, Dinge zu erfassen und in Gang zu setzen.

„Ausgeglichen“ sein bedeutet, daß du besonnen bist und dich da, wo du gerade bist, wohlfühlst. Du läufst nicht irgendeiner Sache hinterher, nach der du suchthaft verlangst, und du läufst auch nicht vor irgendetwas davon, dem du dich widersetzt. Du schaffst eine Hier-und-Jetzt-Harmonie mit dir selbst und der Welt, die dich umgibt. Und von dieser Warte aus, kannst du bequem alles Erforderliche handhaben.

„Liebevoll“ sein bedeutet, daß dein Verstand keine Mauern aus Stein (oder auch Bambusvorhänge!) zwischen dir und deinen Mitmenschen aufrecht hält. Du magst sicherlich nicht alles, was sie im Melodrama des Lebens sagen oder tun, für richtig halten, doch kannst du mit Anteilnahme Verständnis dafür aufbringen, wo diese Dinge herrühren. Du erkennst als Ursache und Wirkung ihrer Handlungen die Programmierung, die sie das tun läßt, was sie tun. Wenn du liebevoll bist, verliert der Unterschied zwischen dir und anderen die harten und deutlichen Konturen. Du weißt, daß sie ein menschliches Herz besitzen, so wie dein eigenes und du baust eine Brücke der Liebe auf, die **dein** Herz mit dem ihren verbindet. Lieben heißt, daß **du** die anderen gefühlsmäßig akzeptierst. Es bedeutet, daß du das durchbrichst, was zu **deinen** Gefühlen der Getrenntheit führt. Es bedeutet, daß **du** sie in **deinem** Herzen trägst.

MACHT AUS DEM ZENTRUM DER LIEBE

Der **Neunte Pfad** sagt dir also, daß du „frei handeln" kannst, wenn diese drei Bedingungen erfüllt sind: du stehst im Einklang mit dir und deiner Umgebung, bist ausgeglichen und liebevoll. Bedeutet dieses „frei handeln" auch, daß du in zwischenmenschlichen Beziehungen Macht ausüben kannst, ohne dein trennendes Selbst zu aktivieren? Ja! Einige Leute mögen überrascht sein, zu hören, daß Liebe und Macht unter gewissen Umständen zusammenpassen können.

Natürlich sind Liebe und die Macht des trennenden Selbst, die ein Gefühl von „ich gegen dich" hervorruft, unvereinbar. Je mehr du von einem hast, desto weniger hast du vom anderen. Doch wird Macht auch von deinem vereinten Selbst benutzt zum Nutzen beider Gefühle des „ich und du" und des „wir". So kann zum Beispiel eine Mutter ihre Liebe und Fürsorge für ihr Kind dadurch ausdrücken, daß sie es daran hindert, zu viele Kekse zu essen. Wenn sie im Einklang mit ihrer Umgebung steht, ausgeglichen und liebevoll ist, benutzt sie die **Macht aus dem Zentrum der Liebe des Bewußtseins zum beiderseitigen Vorteil.**

Die Macht des trennenden Selbst ist gewöhnlich daran beteiligt, wenn du Gewalt anwendest: „Du dringst in mein Territorium ein, und ich werde dich daran hindern." Du wirst vielleicht von der suchthaften Forderung beherrscht, daß jemand, der dich liebt, dir in nichts entgegensteht. Wie oft hast du schon gesagt: „Wenn du mich wirklich liebst, würdest du . . ."? Doch wie wir schon öfter betont haben, ist das, was geliebt wird, einzig und allein der Mensch. Vielleicht magst du die Rolle, die jemand gerade im Melodrama des Lebens spielt, vielleicht magst du sie nicht. Und es steht dir immer frei, das Gegenüber in ihrem / seinem Melodrama zu spielen.

Vergleichen wir nun die Anwendung von Macht aus dem Machtzentrum mit der, die aus dem Zentrum der Liebe stammt. Suchthafte Macht, die auf der Haltung „ich gegen dich" beruht, geht üblicherweise einher mit isolierenden Gefühlen in dir und dem Menschen, mit dem du zu tun hast. Du läufst immer Gefahr, daß du oder der andere diese Getrenntheit nicht vollständig aufarbeitet und später nicht damit klarkommt. Und Woche für Woche geben diese trennenden Gefühle sich selbst Nahrung. So können Menschen, die häufig Macht einsetzen, um ihre suchthaften Forderungen durchzusetzen, riesige Mauern der Getrenntheit zwischen sich und anderen Menschen aufbauen.

Macht aus dem Zentrum der Liebe ist letztendlich nicht trennend. Nehmen wir an, du drängst jemanden, sich zu beeilen, damit ihr den Anfang eines Kinofilms mitbekommt. Wenn du ein eindeutiges Gefühl von Liebe für diese Person aufrechterhalten kannst, während du sie konfrontierst, wird sie sicherlich wütend werden — aber sie wird auch dein Gefühl der Liebe aufnehmen. Obwohl sie sich weigert, sich zu beeilen, wird die bedingungslose Liebe, die du empfindest, ihr helfen, sich von der suchthaften Forderung zu befreien — und nicht zuzulassen, daß irgendwelche Gefühle der Getrenntheit sich festigen. Trotz des Dramas, das ihr aufführt, wird die Person, mit der du streitest, deine Liebe widerspiegeln. **Du weißt, daß alles gut werden wird. Es ist einfach nur ein vorübergehende Sache im derzeitigen Melodrama.**

Wenn du die **Pfade** benutzt, fängst du an zu verstehen, daß du dann das Beste aus deinem Leben machst, **wenn du an dir selbst arbeitest, um die Menschen zu lieben,** anstatt ständig darum zu werben, daß die Menschen dich lieben. Alles, was du tun mußt, ist dein Herz öffnen. Dann kannst du frei im Melodrama des Lebens handeln — und wahrhaftig echt sein. **Du brauchst dir nicht die Angelegenheiten anderer zu eigen zu machen, du brauchst nicht alles zu tun, was sie wollen, du brauchst dich nicht isoliert zu fühlen, auch wenn sie ärgerliche Dinge zu dir sagen und du brauchst**

nicht „nachzugeben", wenn du weißt, daß das nicht klug wäre. DU KANNST ES LERNEN, „NEIN" ZU SAGEN, OHNE DICH ISOLIERT ZU FÜHLEN.

Lassen wir uns nicht dazu hinreißen, Macht an uns selbst auszuüben, wo wir gerade lernen, es anderen gegenüber nicht zu tun. Während wir den Umgang mit unseren machtbezogenen Suchtzwängen lernen, können wir uns selbst gegenüber liebevoll und teilnahmsvoll sein und uns selbst akzeptieren, auch wenn wir aus der Macht unseres trennenden Selbst heraus handeln. Wir können uns selbst akzeptieren, auch wenn wir einen anderen aus unserem Herzen verstoßen, nur weil wir unseren eigenen Willen durchsetzen wollen. Wir sind nicht „schlecht", wenn wir suchthaften Machtwünschen gehorchen. Es ist nur einfach nicht der effektivste Weg, uns selbst und andere zu lieben. Es gibt eine geschicktere Ebene als die Art von Macht, die dem Kampf zwischen Subjekt und Objekt im Dschungel entspricht. Doch wollen wir damit einverstanden sein, wo wir uns gerade befinden — und Nutzen ziehen aus den Lehren, die uns das Leben für unsere Bewußtseinserweiterung bietet.

VERZÖGERTE HANDLUNGEN

Der **Neunte Pfad** schlägt vor, daß du dir selbst vertrauen und frei handeln kannst, wenn du dich im

Zentrum der Liebe befindest. Nehmen wir aber an, daß du dich nicht im Zentrum der Liebe befindest. Was ist, wenn deine suchthaften Forderungen Angst, Frustration oder Wut auslösen? In dieser Situation empfiehlt der **Neunte Pfad**: „. . . ich vermeide es nach Möglichkeit zu handeln, wenn ich emotional aufgebracht bin . . .“. (Der Begriff „nach Möglichkeit“ umfaßt Ausnahmen, wie zum Beispiel Notfälle. Vergiß den **Neunten Pfad**, wenn dein Haus in Flammen steht! Handele entschlossen und schnell, auch wenn du emotional aufgebracht bist).

Wenn du auf jemanden aggressiv und verärgert reagierst, schaffst du ein riesiges Melodrama zwischen dir und der Person. Es ist sicher nichts Ernsthaftes (das vergißt man allzu oft!) — doch es hat Konsequenzen. Du mußt nicht nur mit deinen Gefühlen von Entfremdung und Getrennheit fertig werden, sondern auch mit der verärgerten Reaktion des anderen — sofern sie / er nicht fest im Zentrum der Liebe ist und sich nicht in deine Schwierigkeiten verwickeln läßt.

Etwas, das als einfache Sache angefangen hat, (und an dem vielleicht ein Suchtzwang von dir beteiligt war) kann sich zu einem belebten Melodrama ausweiten, in dem ihr beide mit einem halben Dutzend eurer Suchtzwänge in Berührung kommt. Wenn du die Situation dazu benutzt, dein Bewußtsein zu erweitern, ist diese Gelegenheit, die **Pfade** zu üben, ein Geschenk des Himmels. Und sie hält dich auch „am Kochen“.

Wenn wir anfangen, mit unseren Zwängen umgehen zu lernen, wollen wir die Dinge vielleicht vereinfachen. Wir finden es vielleicht besser, weniger Aufregung in unserem Leben zu schaffen. Der „Schock“, der wie im Dschungel in unserem Nervensystem und unserem Körper entsteht, wenn unsere suchthaften Forderungen ausgelöst werden, hilft uns nicht, die geschickteste Reaktion auf die komplexen Situationen unseres vielschichtigen gesellschaftlichen Lebens zu finden. Gerade dann fangen wir an, den **Neunten Pfad** zu benutzen, um **eine bewußte Verzögerung** einzulegen, damit wir die Möglichkeit haben, die **Pfade** zu benutzen, anstatt automatisch mit unseren suchthaften Programmen zu reagieren.

Als Lernende auf dem Weg zur Bewußtseinserweiterung wünschen wir uns vielleicht **einen Abstand zwischen uns und unseren Lebenssituationen zu schaffen.** Mit seiner Hilfe können wir bewußt unsere suchthaften Forderungen erkennen, die Verzerrungen sehen, die sie in unsere Wahrnehmungen hineinbringen und uns der Getrenntheit bewußt werden, die durch unsere suchthaften, automatischen Verhaltensmuster entstehen. Wenn wir unsere Handlungen verzögern, erhält unsere grundlegende innere Weisheit die Möglichkeit, Einfluß zu nehmen, während wir uns die **Pfade** wiederholen. Mit Hilfe des **Neunten Pfades** gewähren wir uns selbst einen kurzen Zeitraum, in dem wir die innere Arbeit leisten, die wir benötigen, um die Blindheit zu überwinden, die wir vorübergehend durch unsere Suchtzwänge erfahren.

Wenn wir eine Menge Ärger-Energie in unser Umfeld haben einfließen lassen, **werden wir immer noch von verärgerten, aufgebrachten Menschen umgeben sein, auch wenn wir uns selbst aus der Umklammerung unserer Suchtzwänge befreit haben.** Wenn wir uns Zeit nehmen, die **Pfade** anzuwenden, hilft uns das, die Berg- und Talfahrt zu vermeiden, die wir schaffen, wenn wir unsere suchthaften Forderungen voll ausleben. Während wir mehr Geschick bei der Anwendung der **Pfade** entwickeln, können wir es zunehmend vermeiden, „in die Luft zu gehen“ und Suchtzwänge in anderen Menschen auszulösen, die unser Melodrama noch komplizierter machen.

Obwohl sich unsere Diskussion hauptsächlich mit der Verzögerung unserer suchthaften Machtreaktionen auf eine Situation beschäftigt hat, ist der **Neunte Pfad** ebenso nützlich, wenn wir Suchtzwänge der Sicherheit oder Sinnesbefriedigung erleben. In der Panik von Sicherheitssüchten und in der „Dringlichkeit“ von Sinneszwängen schaffen wir weitere Probleme für uns selbst. Eine vernünftige Verzögerung, die uns die Möglichkeit bietet, unsere Suchtzwänge zu handhaben, kann uns dabei helfen, unser Geschick zu erhöhen, damit wir das Beste aus unserem Leben machen können.

DIE ZWICKMÜHLE

Durch den **Neunten Pfad** gerätst du in einen interessanten Konflikt mit dem **Siebten Pfad**. Dieser sagt dir, daß du dich wahrhaftig allen Menschen gegenüber öffnen sollst dadurch, daß du deine innersten Gefühle mitteilst. Der **Neunte Pfad** rät dir, es zu vermeiden zu handeln, wenn du emotional aufgebracht bist. Was machst du also, wenn du auf den ärgerauslösenden Knopf gedrückt hast und dich selbst dazu bringst, Ärger gegen jemanden zu richten? Teilst du ihm deinen Ärger mit, oder hältst du deine ärgerlichen Worte zurück, um dir selbst die Möglichkeit zu geben, an deinem Suchtzwang zu arbeiten?

Mißbrauchen sollten wir den Gedanken des **Neunten Pfades** aber nicht: „. . . ich vermeide es nach Möglichkeit, zu handeln . . ." als Ausrede dafür, daß wir nicht an uns selbst arbeiten — oder um etwas zu unterdrücken. Eine Verzögerung von zehn Minuten oder einer Stunde kann nützlich sein, um deine innere Arbeit zu leisten. Wenn du aber deine echten Gefühle einen ganzen Tag lang nicht ausdrückst, könntest du diese Gelegenheit verpassen, dich weiterzuentwickeln. Du könntest eine Scheinfassade errichten, die dich davon abhält, wahrhaftig Liebe, Frieden und Glück in deinem Leben zu genießen. Also laß dir Zeit, um deine innere Arbeit zu leisten. Manchmal mußt du jedoch auch „einen Punkt machen“ und deinem Verstand mitteilen, daß er genug Zeit gehabt hat, diesen Zwang zu handhaben. Benutze dann den **Siebten Pfad**, um deine Gefühle und Suchtforderungen der betroffenen Person mitzuteilen.

Meiner Erfahrung nach gibt es viele suchtbehaftete Situationen, in denen die Verzögerung, die im **Neunten Pfad** vorgeschlagen wird, hilfreich ist. Ich habe es aber auch erlebt, daß ich nicht in der Lage war, mit einer suchthaften Forderung in einem angemessenen Zeitraum und mit meinem verfügbaren Geschick innerlich fertig zu werden. Wenn ich dann den **Siebten Pfad** anwandte und mich aufrichtig den Menschen gegenüber öffnete, merkte ich, daß meine Illusion der Getrenntheit oftmals geradezu dahinschmolz — und ich mich wieder warm und dem anderen nahe fühlte und bereit war, Liebe zu geben.

DIE WEISHEIT, DIE VON DER LIEBE AUSSTRÖMT

Der **Neunte Pfad** macht uns auch deutlich, warum wir angemessener handeln können, wenn wir unsere Handlungen etwas verzögern, um an einer suchthaften Forderung zu arbeiten. Er weist darauf hin, daß wir, wenn wir emotional aufgebracht sind, uns selbst die „Weisheit . . . die von Liebe und erweitertem Bewußtsein ausgeht" vorenthalten. Bedingungslose Liebe, die nichts suchthaft fordert, läßt Weisheit in unsere Gedanken und Taten einfließen. Wie wir gesehen haben, ist Weisheit nicht in den feinsinnigen Analysen unseres Verstandes zu finden, auch nicht in den sentimentalen nachsichtigen Gefühlen unseres Herzens.

Weisheit ist immer eine Mischung aus Kopf und Herz. Wenn du deine Suchtzwänge in Präferenzhaltungen umwandelst, wirst du dich selbst und andere vollkommener lieben. Durch diese Liebe weißt du dann, was zu tun ist, **um vollkommen das, „was ist", in deinem Leben mit deinen Bedürfnissen und Wünschen in Einklang zu bringen.** Dies ist dann die Form, die Weisheit im Hier und Jetzt deines Leben für dich annimmt.

Du wirst wissen, daß du weißt — und es ist ein Gefühl von „das war's", das keinerlei Beweis benötigt. Stellt sich dieses Gefühl nicht ein, haben vielleicht deine suchthaften Forderungen verhindert, daß du weise alle Faktoren in Einklang miteinander brachtest. Vielleicht verleihst du der Ablehnung mancher Dinge zuviel Nachdruck (Widerstand), hängst zu sehr an manchen Dingen (Anklammern) oder übersiehst manche Dinge (Nichtbeachtung). Suchtforderungen stören die Ausgeglichenheit des Verstandes und erzeugen Gedanken und Handlungen, die uns durchs Leben stolpern und straucheln lassen.

Der **Neunte Pfad** gibt dir einen deutlichen Hinweis darauf, wie du deinen Bio-Computer so bedienen kannst, daß er dich in Einklang mit der Weisheit bringt, die in deinem Innern liegt. Er sagt dir, daß Weisheit erstens durch Liebe und zweitens durch erweitertes Bewußtsein entsteht. Dein Verstand ist unglaublich weise. Doch diese Weisheit ist blockiert. Es ist, als ob wir einen großen Schatz besitzen — doch wir können uns seiner nicht bemächtigen. Es ist, als ob wir eine helle Lampe besitzen, doch sie wird durch unsere suchthaften Forderungen verdeckt, so daß wir in einer dämmrigen, halbdunklen Welt leben. Wir sind so sehr damit beschäftigt, unsere Suchtzwänge von Sicherheit, Sinnesbefriedigung und Macht auszuleben oder uns gefühlsmäßig oder intellektuell mit ihnen auseinanderzusetzen, daß in unserem Bewußtsein kein Platz ist für die feineren Abstufungen unserer grundlegenden Weisheit oder intuitiven Klarheit. Unsere Gedanken und Handlungen sind so trennend, daß sie uns daran hindern, das Beste aus unserem Leben zu machen. Uns fehlt die Feineinstellung, mit deren Hilfe wir das weise Maß zwischen zuwenig und zuviel finden könnten.

FAKTOREN EINES ERWEITERTEN BEWUSSTSEINS

Die Worte „erweitertes Bewußtsein" im **Neunten Pfad** beziehen sich nicht auf einen exaltierten, weggetretenen oder trancehaften Geisteszustand. Stattdessen bedeutet „erweitertes Bewußtsein“ einfach nur, daß wir nicht mit Widerstand, Anklammerung oder Nichtbeachtung auf Dinge reagieren, die in Betracht gezogen werden und in unsere Gedanken und Handlungen einbezogen werden müssen. Wie Joseph Goldstein hervorhebt, kann ein erweitertes Bewußtsein als **ein ausgewogenes Verhältnis zwischen sieben geistigen Faktoren betrachtet werden:**

1. **Aufmerksamkeit:** Klares Bewußtsein dessen, „was ist“, anstelle des Nichtbeachtens oder Nichtbeachtenwollens wichtiger Aspekte des Hier und Jetzt.
2. **Weisheit:** Ausgewogenheit aller Faktoren des Kopfes und des Herzens, so daß eine geschickte und teilnahmsvolle Reaktion auf das Leben entsteht anstelle einer verwirrten, unangemessenen Reaktion, die daher stammt, daß manchen Faktoren zuviel und manchen zuwenig Beachtung geschenkt wird. Weisheit berücksichtigt das Gesamtbild.
3. **Energie:** Energische Teilnahme am Spiel des Lebens anstelle eines faulen und trägen Herangehens an dieses Spiel.
4. **Begeisterung:** Interesse zeigen und sich faszinieren lassen vom Leben anstatt ein gelangweiltes, tumbes und apathisches Gefühl an den Tag zu legen.

5. **Besonnenheit:** Ruhe, Gelassenheit und innerer Friede anstelle eines hektischen, bedrohten und allzu gefühlsbetonten Umgangs mit dem Hier und Jetzt.
6. **Konzentration:** Fähigkeit, den Verstand darauf zu richten, was der Moment bringt, anstatt wie ein Schmetterling umherzuflattern, der sich mit einer Situation nie lange genug beschäftigt, um die angemessene Reaktion zu finden.
7. **Gleichmut:** Ausgeglichene Einschätzung der Spiele des Lebens als nicht persönlich bedrohend, anstatt die Dinge als folgenschwer zu betrachten und als Unheil, das immer hinter der nächsten Ecke lauert.

Wenn diese sieben Faktoren **gleichzeitig** zum Tragen kommen, besitzt dein Verstand ein „erweitertes Bewußtsein". Das bedeutet, daß der Verstand sein höchstmögliches Potential in Handlung umsetzt. Wenn alle sieben Faktoren in einem ausgewogenen Verhältnis zueinander stehen, kannst du dir das Maximum an Lebensfreude verschaffen und gleichzeitig das tun, was für die Wechselwirkung mit deinem Umfeld am passendsten wäre.

Nach und nach rüstest du dich, um der großen Herausforderung, die das Leben bietet, entgegenzutreten — der Aufgabe, dich von dir selbst zu befreien. Es ist das Retten des wunderbaren essentiellen Wesens, das du bist, vor den trennenden geistigen Gewohnheiten, die du dir im Laufe der Vergangenheit zugelegt hast. Es hilft dir, über das Bild, das du von dir selbst hast, hinauszusehen, so daß das, was du wirklich bist, in den Vordergrund treten kann. Es ist eine Neugestaltung deiner Programmierung.

Du überschreitest das Gebilde einer Persönlichkeit, die so tauglich ist wie die meisten anderen auch — die jedoch nicht genug Geschick besitzt, um ein Leben voller Liebe und Glück zu schaffen. Du beginnst, deine Beweggründe neu zu konstruieren, die in der Vergangenheit fast ausschließlich mit den suchthaften Forderungen deines trennenden Selbst nach mehr Sicherheit, mehr Sinnesbefriedigung und mehr Macht beschäftigt waren — was sich als ein Faß ohne Boden erweist.

Unsere Erforschungen des vereinten Selbst eröffnen uns die Möglichkeit, unser Leben umzuwandeln. Wir machen eine innere Entwicklung durch von Armut zu Reichtum, wenn wir lernen, unsere suchthaften Forderungen abzuschwächen und unsere Liebe zu verstärken. Wir beginnen zu erkennen, daß dies nicht nur die Erfüllung unseres eigenen Lebens ist, sondern die einzige Möglichkeit, wie wir unsere dringenden politischen, gesellschaftlichen und wirtschaftlichen Konflikte überwinden können, um eine Welt voller Hilfsbereitschaft, Harmonie und Liebe zu schaffen. Wir retten nicht nur uns selbst — wir leisten auch unser Teil, um die Welt zu retten!

TEIL V

Die Entdeckung des bewußten Gewahrseins

ZEHNTER PFAD

***I**ch beruhige unablässig meinen rastlos suchenden, rationalen Verstand, damit ich die subtileren Energien wahrnehmen kann, die mich befähigen, mit allem, was mich umgibt, eins zu werden.*

13

Den Verstand zur Ruhe bringen

Der Verstand ist — wie das Feuer — ein wertvoller Diener, aber ein grausamer Herr. Die **Zwölf Pfade** sollen uns dabei behilflich sein, unseren Verstand zu meistern, so daß wir unser Leben auf die bestmögliche Weise erfahren können. Und unseren Verstand beherrschen heißt, unsere Suchtzwänge meistern, die unser Fühlen, Denken, unsere Worte und unser Handeln verzerren können.

So wie unsere anderen Sinne wie „Freunde" dabei behilflich sind, uns zu orientieren, so sind auch unsere logisch-intellektuell-rationalen Funktionen gleichsam „freundschaftlich" ausgerichtet.

Unser Verstand gestaltet eingehende Sinnesempfindungen, ausgewählte Informationen unseres Erinnerungsvermögens und unseres Bedürfnissystems, so daß wir (hoffentlich) was hier und jetzt ist einsetzen können, um unsere Wünsche an das Leben zu erfüllen. Aber wie gesagt: außer in der Wissenschaft, wo er sich neutralen Labormessungen unterwirft, ist unser Verstand kaum an uneigennützigen „Wahrheiten" interessiert. Der Intellekt konzentriert sich anhand unserer innersten Überzeugungen (die falsch sein können) und unserer suchthaften Forderungen (die oftmals nicht zweckmäßig sind) darauf, uns im Umgang mit dem Hier und Jetzt zu helfen. Er produziert einen endlosen Gedankenfluß, der uns vernünftig klingende Gründe für unser Fühlen, Denken, Sprechen und Handeln liefert. Unser Verstand triumphiert häufig im Spiel um „Recht haben" und ist der Verlierer auf der Ebene der zwischenmenschlichen Liebe.

LIEBE IM SPIEL GEGEN RECHT / UNRECHT

Je mehr du tatsächlich „recht" hast (und ein anderer wirklich im „Unrecht" ist), je wahrscheinlicher wirst du eine subjektive Realität schaffen und darin leben, die deine Gesamteinsicht beschränkt und dich in dem Dschungel-Bewußtsein von „ich gegen die anderen" gefangenhält. Geht dein Verstand den subtilen Hinweisen deines „Herzens“ oder deiner intuitiven Weisheit nicht nach, **läßt sich für ihn seine „Verirrung“** und die damit einhergehende unnötige Isoliertheit, fehlende Kooperationsbereitschaft und grenzenlose Verwirrung **nur sehr schwer feststellen.** Er wird nicht einsehen, daß er eine Lebenssituation dadurch unnötig schwierig oder unerträglich macht. **Gerade wenn du besonders „recht“ hast, wirst du vielleicht die „falschesten Dinge“ tun, die dich dann dir selbst entfremden.**

Andererseits wird dein Verstand wahrscheinlich immer dann, wenn du dich im „Unrecht“ befindest, die besten und überzeugendsten Entschuldigungen zum „sofortigen Abruf“ parat haben, so daß du dich vermutlich völlig im „Recht“ fühlst, wenn du vollkommen im „Unrecht“ bist. Wenn du dann von Menschen umgeben bist, die dies auch noch unterstützen (selbstverständlich deine „wahren“ Freunde), wirst du wohl unvermeidlich mit jemandem, den du für im „Unrecht“ befindlich hältst, ein suchtbehaftetes, trennendes Bewußtsein heraufbeschwören. Carole Lentz, Direktorin des Cornucopia-Zentrums, beschreibt dies so: „Wenn du eine Suchtforderung ablaufen läßt und ein Freund an deinen trennenden, suchtartigen Gefühlen noch mitwirkt, glaubst du, die Wahrheit gefunden zu haben!“

Wenn du das nächste Mal unnachgiebig auf deiner Auffassung beharrst, versuch dir einmal klarzumachen, wie sehr du dich mit deiner ständig größer werdenden Getrenntheit selbst bestrafst. Liebe ist wichtiger, als von jemandem Zustimmung zu erzwingen. Dein Leben läßt sich mit zwischenmenschlicher Liebe hundertmal besser gestalten als in dem Beharren darauf, „recht zu haben". **Es gibt nichts Wichtigeres als Liebe.** Selbst „recht" zu haben und den anderen ins „Unrecht" zu setzen mag in alltäglichen Kompromißsituationen in Ordnung sein, darf aber nicht dazu führen, einen anderen Menschen vollkommen aus deinem Herzen auszuschließen. Das Spiel um Recht und Unrecht kann dich als getrenntes Selbst gefangen halten.

Wenn du jemanden liebst, obwohl er / sie sich im Unrecht befindet (und dich vielleicht im Unrecht erscheinen lassen will), kannst du dennoch nach dem fragen, was du haben willst. Du kannst auch tun, was du willst, sogar laut schreien und auf den Tisch hauen kannst du, denn du brauchst ihre Zustimmung oder Bestätigung nicht. **Schließe aber niemals einen Menschen aus deinem Herzen aus.** Erhalte trotz des Melodramas, das ihr beide aufführt, eine Herzensbeziehung zu ihm aufrecht. **Selbst dann, wenn der andere dies nicht tut.**

Versuche dich von deiner suchthaften Forderung zu lösen, daß die Menschen gerecht und vernünftig zu sein haben, sie dir Recht geben und auf halbem Wege entgegenkommen müssen. Du wirst dein Leben stärker von der höheren Warte des vereinten Selbst genießen können, und das Leben wird für dich aus freudvollen Erlebnissen bestehen, statt eine bloße Aneinanderreihung schwerwiegender Probleme zu sein. Die anderen werden sich aus ihren eigenen Suchtzwängen leichter lösen können, wenn du sie weiterhin im Herzen liebst. Ein guter Testfall für deine Fähigkeit, vorbehaltlos zu lieben, wäre es, jemanden vor die Tür zu setzen, ohne ihn auch nur eine Sekunde lang aus deinem Herzen zu verbannen!

Überlege, wie es dir in deinem Leben ergangen ist mit deiner Frau, deinem Mann, deinen Kindern, Eltern, Geliebten, Freunden und Geschäftspartnern. Welche der folgenden Aussagen kannst du anhand deiner eigenen Lebenserfahrungen bestätigen?

Liebe ist wichtiger als das kostbare Bild, das du von dir präsentierst. Liebe ist wichtiger als Geld und Normen. Liebe ist wichtiger als recht zu haben, wichtiger als Leistung. Liebe ist wichtiger als Schlafen und wichtiger als Sex. Liebe ist wichtiger als Pünktlichkeit und wichtiger als Durchsetzungsvermögen. Liebe ist wichtiger als Unabhängigkeit oder gutes Essen. Liebe ist wichtiger als Menschen, die deinen Idealvorstellungen entsprechen, und wichtiger als deine Pläne. Liebe ist wichtiger, als Zeit für sich allein zu haben, und wichtiger als deine Karriere und Gesundheit. Liebe ist wichtiger als dein Stolz und dein Prestige, wichti-

ger als schlank zu sein. LIEBE IST WICHTIGER ALS ALLES ANDERE!

Wenn Liebe für dich wichtiger als alles andere in deinem Leben wird, verbesserst du tatsächlich auch die Chancen all die anderen Ziele in deinem Leben zu erreichen. Du kannst auch weiterhin Energie für deine Zielsetzungen verwenden. Aber deine beständige Liebe in den alltäglichen Lebenssituationen wird ihre Erwiderung in Form größerer Hilfsbereitschaft und verstärkter Kooperation — und Zuwendung und Liebe — dir gegenüber finden. Deine Mitmenschen werden tiefes Vertrauen zu dir entwickeln, wenn sie erkennen, **daß dir bewußt ist** , daß du bei der Durchsetzung deiner Ziele mehr verlierst als gewinnst, wenn du dabei vergißt, im Innern an deiner Liebe zu dir selbst und zu deinen Mitmenschen zu arbeiten.

Wenn du klar erkannt hast, daß Liebe dir im Leben mehr als alles andere hilft, bist du bereit für einen beschleunigten Weiterentwicklungsprozeß. Ab dann wirst du innerlich daran arbeiten, deine emotional begründeten suchtbehafteten Programme und innersten Überzeugungen zu handhaben, die dich automatisch wieder in Konflikt geraten lassen mit deinem neu erworbenen Wissen um die grundlegende Bedeutung der **„bedingungslosen Liebe aller — einschließlich deiner selbst“**, und dies selbst (oder gerade) dann, wenn sie deinen Idealvorstellungen nicht entsprechen. Du erwirbst die Fähigkeit, loszulassen und kannst dir sagen: „Ich nehme, was mir das Leben bieten mag, wenn ich mehr liebe und weniger fordere. Das genügt. Ich bin mir des hohen Preises bewußt, den ich für blockierte Liebe und Kooperationsbereitschaft zahlen muß. Ich brauche nicht mehr zu fordern, als die anderen, die mich lieben — und mich als „wir“ wahrnehmen —, mir **von sich aus** zu geben bereit sind“.

Wenn du einmal diese innere Arbeit leistest, wird dir dein Leben höchstwahrscheinlich — ohne jede Anstrengung — mehr geben, als du vermutlich brauchst und von dem du annahmst, du hättest es „aufgegeben“. Wir können aus dem Überfluß schöpfen. Das Leben würde bestens funktionieren, wenn wir es nicht ständig davon abbrächten, indem wir nach immer mehr verlangen und immer weniger Liebe zu geben bereit sind.

DAS RASTLOSE SUCHEN

Der **Zehnte Pfad** beginnt mit den Worten: „Ich beruhige unablässig, meinen rastlos suchenden, rationalen Verstand“. Hast du bemerkt, wie dein Verstand unaufhörlich einen Gedanken nach dem anderen hervorbringt? In der Psychoanalyse wird dies „freie Assoziation“ genannt. Im Wachzustand ist das Gehirn in ständiger Tätigkeit; sogar im Schlaf reproduziert es deine suchthaften Forderungen aktiv in Form von Träumen und kann nur im Tiefschlaf abschalten. Ein unaufhörlicher Gedankenstrom läuft ab. Im **Zehnten Pfad** wird dies das rastlose Suchen des rationalen Verstandes genannt.

Wenn dir bewußt wird, daß die Welt nicht in eine deiner Idealvorstellungen paßt, ist das rastlose Suchen deines Verstandes dem in den Stromschnellen tobenden Wasser vergleichbar: brodelnd, trügerisch, schnell — und gefährlich vom Standpunkt eines reibungslosen Lebensablaufs aus betrachtet. Strömt das Wasser hinter den Stromschnellen in das breite, ruhige Flußbett, ist es immer noch in Bewegung — aber es ist nicht mehr so turbulent. Dem entspräche analog hierzu auf der Ebene des Verstandes das Umgehen mit Präferenzhaltungen. Er ist auch weiterhin ohne Unterlaß auf der Suche, hat dabei jedoch einen entspannteren Rhythmus angenommen — und stellt von der Ausgeglichenheit der Wahrnehmung her keine Gefahr mehr dar.

Wenn wir in dieser Analogie weiter fortfahren, wird das Wasser beim Einfließen in den ruhigen See immer langsamer und kommt beinahe vollkommen zum Stillstand. Dementsprechend wird unser Geist nicht mehr von Suchtzwängen oder auch anspruchsvollen Vorlieben getrieben. Vielleicht können wir dann ein paar Augenblicke feststellen, in denen unser andauernder Gedankenfluß zur Ruhe kommt. Unsere Sinne übermitteln uns weiterhin optische und akustische Signale.

Und wir machen die wundervolle Erfahrung, daß wir mit unserem Körperinneren und -äußeren einfach vollkommen in Einklang stehen, ohne Anspannung durch Verlangen oder die schnelle Reihenfolge von Worten, die unseren inneren Frieden beeinträchtigen.

Im täglichen Leben ist unser Geist auch weiterhin aktiv mit Denken beschäftigt, denn schließlich kann ein Leben ohne zusammenhängendes Denken nicht unser Ziel sein; das wäre völlig unrealistisch. Wir können uns jedoch, indem wir suchthafte Forderungen in Präferenzhaltungen umwandeln, bewußter darüber werden, daß unser Verstand an manchen Stellen schweigt, und lernen, für einige Augenblicke unseren inneren Gedankenfluß beliebig zu unterbrechen. Dieses innere Bewußtsein des Einklangs mit dem „Jetzt" ohne Ablenkung durch endlose Worte stellt den Anfang der Beherrschung unserer Verstandestätigkeit dar.

In zahlreichen Bewußtseinslehren wird auf Meditation zurückgegriffen, um den rastlos suchenden Verstand Ruhe finden zu lassen. Entsprechend dem Konzept der Gelebten Liebe verwenden wir „aktive Meditation". In der Hektik des Alltagslebens arbeiten wir daran, **unsere Suchtzwänge zu handhaben** oder sie in Präferenzhaltungen umzuwandeln. Unsere Suchtforderungen führen dazu, daß unser Bewußtsein Widerstand leistet, sich an Dinge anklammert, oder sie ignoriert, und rufen dadurch Störungen hervor. Wenn wir es weiterhin begrüßen, an unserem Leben im Hier und Jetzt arbeiten zu können, werden wir allmählich lernen, es vorzuziehen, daß unser melodramatisches Leben in einer bestimmten Richtung verläuft — aber im Grunde genommen werden wir uns bewußt, daß es ein Melodrama und nicht wirklich ist. Aus der höheren Warte unseres gesamten Lebens können wir alles gleichmütig betrachten. Unser Bewußtsein kommt zur Ruhe, indem wir Suchtforderungen in Präferenzhaltungen umwandeln und eine zunehmende innere Ruhe und inneren Frieden finden.

DIE SUBTILEREN ENERGIEN

Der **Zehnte Pfad** sagt dir, daß du zur Wahrnehmung der subtileren Energien in der Lage sein wirst, wenn dein rastlos suchender Verstand Ruhe findet. Dies bezieht sich nicht auf die metaphysischen Daseinszustände jenseits des normalen Lebens. Wenn du Suchtzwänge ablaufen läßt, ist dein Bewußtsein unablässig hektisch auf der Suche, weil es viel zu verlieren oder zu gewinnen glaubt. Was der **Zehnte Pfad** jedoch besagt, ist einfach, daß dein Bewußtsein Ruhe findet, wenn du die Welt von Präferenzhaltungen her wahrnimmst. Seine Tätigkeit gleicht eher sanften Wellen, die gegen ein Boot plätschern, als den stürmischen Wogen, von denen es hin- und hergeschleudert und möglicherweise zum Kentern gebracht wird.

Um festzustellen, inwieweit du mit den subtileren Energien um dich herum in Einklang stehst, schließe jetzt sofort deine Augen und beschreibe dir, was sich in dem Zimmer um dich herum befindet. Wenn du einmal mit mehreren Menschen zusammen bist, schließe deine Augen und beschreibe den Bewußtseinszustand, in dem sich jeder von ihnen befindet. Hast du wirklich Augenkontakt mit ihnen gehabt, ihre Körpersprache verstanden oder wahrgenommen, was sie dir über ihre Worte hinaus mitteilen? **Oder bist du so auf deine eigenen Gedanken fixiert, daß du andere Menschen kaum wahrnimmst?**

Du brauchst kein Medium oder für übersinnlicher Wahrnehmung begabt zu sein, um dich mit den subtileren Energien in deiner Umgebung in Einklang zu bringen. Du verschaffst dir einfach ausreichende Pausen zwischen deinen Suchtzwängen, so daß diese dich nicht länger bedrängen können. **Nimm mit allen Kräften wahr, was die Welt dir unablässig von sich mitteilt. Du mußt es dir nur bewußt machen.**

EINS-WERDEN

Dem **Zehnten Pfad** zufolge ist die Wahrnehmung der subtileren Energien gekrönt durch das Eins-Werden mit der gesamten Umwelt. „Eins-Werden" ist hier nicht wörtlich und körperlich gemeint. Die Moleküle deines Körpers werden nicht mit denen eines anderen oder mit denen von Bäumen, Fahrzeugen oder Sofas verschmelzen. Eins-Werden beinhaltet eine Überschreitung der Definition zwischen dem „Ich“ und dem „nicht mehr Ich“. Aufgrund dieser Erfahrung entwickelst du ein teilnehmendes, intuitives Gefühl dafür, daß alles „außerhalb deines Körpers“ nur ein Teil deiner Selbst ist. Die Erfahrung „ich gegen dich“ schwindet. In dem Maße, wie die Suchtzwänge, aus denen die Illusion des isolierten Selbst entsteht, den Verstand immer weniger beherrschen, kann die Erfahrung des Eins-Werdens sich ausbreiten.

Dieses intuitive (im Gegensatz zum rationalen, zerebralen oder intellektuellen) Wissen ist Voraussetzung dafür, daß dein wunderbarer Verstand ein immer größeres Wissen um die Dinge in dir und um dich herum erwerben kann. Und wenn dein Ego nicht gerade trennende Programme ablaufen läßt, verlieren deine Körperschranken an Bedeutung, und du kannst dein vereintes Selbst in wesentlich stärkerem Maße erfahren. Nur wenn Menschen oder Situationen nicht als bedrohlich empfunden werden, können sie aus dem Geist der Einheit heraus erfahren werden.

DIE DINGE GESCHEHEN LASSEN

Ich will immer wieder nachdrücklich betonen, daß all das in diesem Kapitel (sowie auch in allen anderen Kapiteln dieses Buches) beschriebene automatisch eintritt, wenn du kontinuierlich daran arbeitest, **deine Suchtzwänge in Präferenzhaltungen umzuwandeln.** Versuchst du deinen Verstand zu zwingen, ruhig zu werden oder zu einer Wahrnehmung der subtileren Energien zu gelangen, oder eins zu werden, so wird das nicht befriedigend funktionieren. In dem Maße, in dem du deine Suchtzwänge ablegst und deine Liebe verstärkst, wird dies deinem Bewußtsein auf ganz natürliche Weise gelingen.

Es wird dir helfen, dir Notizen zu machen, um zu wissen, wo du stehst und was dich als nächstes erwartet. Desgleichen kannst du dir der in diesem Kapitel beschriebenen Inhalte einfach bewußt sein, sie zu den Vorgängen in deinem Verstand in Beziehung setzen und jeden kurzen Augenblick besonders erfassen, wenn erstens dein rastlos suchender Verstand für einen Augenblick Ruhe findet, zweitens deine Wahrnehmung der subtileren Energien zunimmt, und, drittens das Erlebnis des Eins-Werdens dich durchdringt.

Zu Anfang wird dies vielleicht nur für Sekunden geschehen. Wenn du diese Augenblicke nicht wahrnimmst, verlangsamt sich deine Weiterentwicklung. Bringst du dich in Einklang mit diesen kurzen Erfahrungsmomenten, unterstützt du auf diese Weise bewußt die Funktionsstrukturen deiner Geistestätigkeit, so daß sie in Zukunft viel leichter verfügbar werden.

Vergiß niemals, daß Bewußtseinserweiterung nur ein Spiel ist, daß du mit dir selbst — und der Welt — spielst. Das bist in Wirklichkeit nicht du — denn hinter all den körperlichen und geistigen Aktivitäten und deinen melodramatischen Interaktionsspielen mit deiner Umwelt und den Menschen um dich herum liegt das Wesentliche — dein bewußtes Gewahrsein — **der Teil deiner selbst, der um sein Bewußtsein weiß.** Dein Innerstes ist der Teil von dir, der urteilsfrei erkennt, welche Informationen dein Ego und dein Verstand an dein Bewußtsein weitergeben. Jenseits allen Selbstbewußtseins ist es jener Teil deiner selbst, der weder gut noch schlecht, weder im Recht noch im Unrecht, gerecht oder ungerecht, echt oder unecht ist und auf den auch kein anderes Gegensatzpaar zutrifft — sondern der einfach und still . . . ist.

ELFTER PFAD

Ich bin mir ständig bewußt, aus welchem der Sieben Bewußtseinszentren ich schöpfe, und ich fühle, wie meine Energie, Wahrnehmungsfähigkeit, Liebe und mein innerer Frieden wachsen, indem ich alle Bewußtseinszentren weit öffne.

14
Deine Weisheit einschalten

Nach den Grundsätzen der Gelebten Liebe gehen wir von sieben Motivationszentren aus, wirksame Hilfsmittel, mit denen wir tiefere Erkenntnisse über unsere Bedürfnissysteme gewinnen, die unser Denken bestimmen und daher ständig Kontrolle über unsere Handlungen ausüben. Diese Motivations- oder Bewußtseinszentren fungieren als Filter bei der zielgerichteten Verarbeitung der von uns aufgenommenen Sinneseindrücke, der Auswahl von Gedächtnisdaten und dem Strom von Gedanken.

Wir haben bereits verschiedentlich darauf hingewiesen, daß die Motivationszentren Sicherheit,

Sinnesbefriedigung und Macht im Hinblick auf ein Überleben im Dschungel vervollkommnet und von unseren Vorfahren seit Jahrmillionen eingesetzt wurden. Obwohl uns heutzutage wohl kaum die Gefahr droht, von wilden Tieren gefressen zu werden, neigt unser Gehirn dazu, aus normalen Alltagssituationen bedrohliche Überlebenssituationen zu machen. Durch den automatischen Rückgriff auf diese drei ersten Zentren schaffen wir unbewußt die für das getrennte Selbst charakteristische Dschungelmentalität.

Die Motivationszentren Sicherheit, Sinnesreiz und Macht halten uns in der Illusion gefangen, daß das Leben ein ständiger Kampf „ich gegen die anderen“ ist. Unsere Sinneswahrnehmungen und Informationen aus dem Gedächtnisspeicher werden verdreht zu der begrifflichen Trennung zwischen dem Ich und den anderen. Gerade dies läßt das getrennte Selbst so solide und echt erscheinen! **Da die Programmierung des getrennten Selbst selbstbestätigend ist, hält uns die Illusion gefangen, daß diese Getrenntheit eben zum Leben gehört — statt daß wir uns bewußt darüber werden, daß sie durch die Mechanismen unseres Verstandes zustande kommt.**

Die folgenden sieben Motivations- oder Bewußtseinszentren werden in diesem Kapitel erläutert:

Getrenntes Selbst

1. **Das Sicherheitszentrum**
2. **Das Sinnesreizzentrum**
3. **Das Machtzentrum**

Vereintes Selbst

4. **Das Zentrum der Liebe**
5. **Das Zentrum der Fülle**
6. **Das Zentrum des bewußten Gewahrseins**
7. **Das Zentrum kosmischen Bewußtseins**

DAS SICHERHEITSZENTRUM

Das erste der „Dschungelzentren" ist das Sicherheitszentrum. Es löst Angst als vorrangige Emotion aus, wenn sich die Dinge nicht unseren suchthaften Sicherheitszwängen entsprechend entwickeln. Damit in Zusammenhang stehende, durch Sicherheitszwänge ausgelöste Emotionen sind: Kummer, Anspannung, Schuld, Nervosität, Grauen, Schrecken, Enttäuschung, Schmerz, Panik, Verwirrung, Traurigkeit, Verlegenheit, Scham, Gram, Furcht, Einsamkeit, Hilflosigkeit, Verzweiflung, Zweifel, Mitleid und Eifersucht. Wenn unsere Süchte diese Emotionen in uns auslösen, schaffen wir in uns Illusionen tiefster Getrenntheit und Entfremdung. Unsere Erlebnismöglichkeiten und Beziehungen zu den Menschen um uns herum sind auf ein bloßes Subjekt-Objekt-Verhältnis reduziert, wobei die

Menschen für uns zu Objekten werden, die wir im Hinblick auf unser Sicherheitsbedürfnis zu manipulieren suchen. Wenn wir von unseren suchtartigen Sicherheitszwängen beherrscht werden, haben für uns einzig und allein die Menschen Bedeutung, die für uns eine Bedrohung darstellen, und diejenigen, die uns helfen können. Alle anderen werden von uns als unwichtig ignoriert.

In puncto Lebensfreude ist ein Leben in Angst, Sorge und Anspannung tatsächlich am Tiefstpunkt angelangt. Andauernde Angst und Sorge setzen uns psychosomatisch zu und sind der Auslöser für Krankheiten und Nervenzusammenbrüche. Obwohl das Sicherheitszentrum große Energiestöße aussenden kann (wie bei der Flucht vor einem Tiger), blockiert es langfristig den natürlichen Energiefluß. Unsere Sicherheitsängste reduzieren unsere Lebendigkeit auf ein Minimum — oder vielmehr sogar auf den Nullpunkt. Charakteristisch für unser Leben werden Elend, Unglücklichsein und der Gedanke: „Was soll das alles?“. Wir erkennen also, daß Sicherheitsängste in uns nur ein Minimum an Energie freisetzen und echte Verbindung zu anderen Menschen stark verringern — wir reihen uns unter die „lebenden Toten“ ein. Wenn wir uns Sorgen machen, können wir 12 Stunden am Tag schlafen und dennoch müde sein.

Unser Verstand enthält die Weisheit, uns mit

niedriger Energie zu versorgen, wenn wir uns unsicher fühlen. Wenn uns suchthafte Sicherheitszwänge dominieren, haben wir nur minimale Klarheit und Wahrnehmung. Würden in einem solchen Zustand hohe Energien in uns freigesetzt, könnten wir so viele trennende Illusionen ausleben, daß wir unser Melodrama drastisch komplizieren würden. Wie weise doch unser Verstand ist, daß es uns in Augenblicken stärkster Illusionen nur mit ganz geringen Energiemengen versorgt!

SICHERHEIT SCHAFFEN

In unserer Umwelt drohen uns für Körper und Geist echte Gefahren, und wir müssen darauf reagieren können. Wenn wir nicht Sicherheits-Filme ablaufen lassen würden, würden wir dann nicht vor ein Fahrzeug laufen und überfahren werden? Wie schaffen wir Sicherheit im Leben ohne die Ängste, die unsere suchthaften Sicherheitsprogramme auslösen. Sind wir denn nicht wirklich vorsichtiger, wenn wir uns fürchten? Um grundlegend an unseren Sicherheitssüchten arbeiten zu können, ist es unbedingt erforderlich, daß wir diese gerechtfertigten Fragen eindeutig beantworten können.

Den Lebewesen, die unsere Vorfahren waren (und unsere Erbanlagen mit Erfolg über Jahrmillionen von Generation zu Generation weitergegeben haben), stand unser äußerst fähiges menschliches Großhirn nicht zur Verfügung. Ihr Verstand war nicht in der Lage, das Verhältnis zwischen Ursache und Wirkung zu begreifen, welches wir uns heute im Dienst unserer Sicherheit „blitzartig" bewußt machen können. Verfügten wir heute über die gleichen geistigen Anlagen wie unsere Vorfahren vor 50 Millionen Jahren, wären auch wir gezwungen, zur Bewußtmachung von Angst das Sicherheitszentrum als Warnsystem einzusetzen, um vielleicht bei Gefahr völlig die Flucht zu ergreifen.

Wir wollen untersuchen, warum Bewußtheit ein besserer Schutz ist als suchthafte Furcht. Stell dir vor, du willst eine vierspurige, stark befahrene Durchgangsstraße überqueren. Das könnte genauso tödlich für dich sein wie eine Begegnung mit einem Löwen im Dschungel. In dem Maße jedoch, in dem dein Nervensystem Angstsignale in dir auslöst (verbunden mit Herzklopfen und jenen bekannten, durch Angst ausgelösten Beklemmungs- und Notgefühlen), **bist du stärker gefährdet** beim Überqueren der Straße. Als Mensch liegt deine größte Überlebenschance in dieser Situation nicht in der Aktivierung ängstlicher Sicherheitszwänge. Statt dessen stehst du auf dem Bürgersteig und versuchst, den an dir vorbeirauschenden Verkehrsstrom in aller Ruhe immer stärker wahrzunehmen. Du wirst feststellen, daß Fahrzeuge gruppenweise auftauchen und du kannst völlig entspannt sein, während du auf die auf allen Fahrstreifen gleichzeitig entstehenden Lücken wartest. Erscheint dir der Abstand zwischen den Fahrzeugen groß genug, wirst du vollkommen unbeschadet, ohne dabei die geringste Angst zu empfinden, die Straße überqueren können. **Du kannst also völlig ohne eine suchthafte Sicherheitsprogrammierung auskommen, indem du deiner Umwelt aufmerksam begegnest und deinem durch Erfahrung gewonnenen Wissen vertraust.**

Nehmen wir ein anderes Beispiel. Auf halber Flugstrecke fängt das rechte äußere Triebwerk des Flugzeugs Feuer. Hättest du dann gerne einen Piloten, der sein Sicherheitszentrum stark aktiviert? Würdest du wollen, daß sein Herz rast und ein Adrenalinstoß in seinen Kreislauf jagt? Befändest du dich in größerer Sicherheit, wenn Angst das Bewußtsein des Piloten beherrschte? Wäre ein von Angst überkommener Pilot tatsächlich in der Lage, durch gründliches, rasches Eingreifen die größtmögliche Kontrolle über eine solche Situation zu gewinnen?

Oder würdest du lieber mit einem Piloten fliegen, der den Ausbruch des Feuers am Triebwerk feststellt und unverzüglich sämtliche in einem solchen Fall erprobten Feuerbekämpfungsmaßnahmen in Angriff nehmen läßt? Mit einem Piloten, der dem Flugingenieur ruhig die Anweisung zum Abschalten der Treibstoffzufuhr zum Triebwerk gibt und mit absoluter Kontrolle über die Situation die Feuerlöscheinrichtung in Gang setzt? Würdest du dich nicht lieber einem mutigen Piloten anvertrauen, der ohne in Panik zu geraten den Funker anweist, den nächsten Flughafen von dem Notfall und eurer unmittelbar bevorstehenden Landung zu informieren — und dann über Lautsprecher die Passagiere ruhig und sachlich genauestens über die Vorfälle und die von ihm angeordneten Maßnahmen in Kenntnis setzt?

Mit anderen Worten: selbst in solchen Situationen tatsächlicher Lebensgefahr bietet Sicherheitsprogrammierung aus dem Dschungel samt Zittern und Angst einem erwachsenen Menschen das Geringste an möglicher Sicherheit. Dennoch vermittelt das Sicherheitszentrum uns permanent die Illusion, daß **Angst die angemessene Reaktion auf viele unserer Lebenssituationen darstellt.** Die geschickte Anwendung der Pfade kann dir helfen, über diese Grenzen des Sicherheitszentrums hinauszugehen.

DAS SINNESREIZZENTRUM

Unsere suchtbehaftete Programmierung kann uns kompulsiv handeln lassen, wenn Nahrung oder Sex in Aussicht stehen. Aber solche automatischen, zwanghaften Reaktionen auf diese eigentlich genüßlichen Sinnesmöglichkeiten zerstören die gesamte Ausgewogenheit, was uns letztlich noch weniger wirkliche Freude verschafft, als wir überlicherweise hätten. Suchtartiges Verlangen in Bezug auf Nahrung oder Sex (oder jeden anderen sinnlichen Genuß) können uns ständig in Getrenntheit von uns selbst und anderen halten. Aus der Perspektive des vereinten Selbst sind Nahrung und Sex dazu da, uns im klugen Umgang damit Genuß zu verschaffen. Unsere Suchtzwänge lassen uns fordernd, heißhungrig und gierig werden, und schaffen uns ein Gefühl des Mangels, obwohl uns zum Glücklichsein eigentlich nichts fehlt. Sie verhindern unsere Lebensfreude. Dadurch werden wir immer unbeholfener anstatt geschickter, so daß wir suchtartig Widerstand, Anklammerung und Nichtbeachtung in unseren Handlungen, Emotionen und in unserem Denken ausleben.

In dieser Darstellung des Sinnesreiz-Zentrums sprechen wir über Nahrung und Sex, aber die gleichen Überlegungen gelten selbstverständlich auch für jeden anderen sinnlichen Genuß, den wir entweder suchthaft suchen — oder vermeiden. Solche weiteren Sinnesreizsüchte können alles Mögliche sein, wie Musik, Sonnenuntergänge, heißes oder kaltes Klima, ein weiches oder hartes Bett, körperliche Schmerzen, die Sucht nach dem „high" sein wie nach dem Genuß von Drogen usw. Wenn unsere Sinnesreize uns motivieren, wird unser Erfahren des Lebens — selbst wenn es suchtbehaftet ist — verglichen mit dem Einfluß des Sicherheitszentrums nicht so bedrückend verlaufen. Aber dennoch setzen wir uns Gefühlen wie Frustration, Enttäuschung, Langeweile, Überdrüssigkeit, Eifersucht, Schmerz und Kummer aus, die uns Getrenntheit bescheren.

Im allgemeinen wird in uns ein stärkerer Energiefluß stattfinden, wenn unser Bewußtsein reizbestimmt statt sicherheitsbestimmt ist. Wir mögen uns sagen, daß wir müde sind. Sobald sich jedoch eine interessante Gelegenheit in puncto Nahrungsaufnahme oder Sex bietet, verschwindet unsere Müdigkeit oft auf wundersame Weise! Unser Sinnesreizbewußtsein verschafft uns auch Kontakte zu einer größeren Anzahl von Menschen. Obwohl es sich immer noch auf der Subjekt-Objekt-Ebene bewegt, hält das Sinnenreizzentrum wesentlich mehr Lebensfreude als das Sicherheitszentrum für uns bereit.

Wenn unsere Genußsüchte befriedigt werden, können sich unsere Lebenserfahrungen freudvoll gestalten. Leider ist dieser Genuß jedoch nicht von Dauer, denn wenn wir Glück durch Sinnesempfindungen schaffen wollen, **werden diese immer weniger befriedigend, wenn sie ohne Abwechslung und zu häufig wiederholt werden.**Es ist die Natur unseres Nervensystems, daß wir uns irgendwann mit jedem Sinnesreiz langweilen können — und sei er noch so genüßlich. Sinnesempfindungen sind daher keine zuverlässige **Grundlage** unseres Lebensglücks, denn unser Verstand reagiert darauf

auf die Dauer mit Lustlosigkeit, Abstumpfung, Übersättigung und Langeweile. Sinnesreize können unsere Lebensfreude verstärken, **aber etwas stabileres muß die Basis bilden, wenn wir Menschen kontinuierliche Lebensfreude genießen wollen.**

Wie beim Sicherheitszentrum ist es für unsere Bewußtseinserweiterung ein Riesenschritt vorwärts, zu erkennen, daß es darum geht, mit den suchthaften Reizforderungen, die unseren Verstand versklaven, umgehen zu lernen oder sie in Präferenzhaltungen umzuwandeln. Das soll aber keinesweg heißen, daß wir Nahrung und Sex aus unserem Leben verbannen sollen. Wir wollen uns von den suchthaften Forderungen danach befreien — nicht von Nahrung oder Sex.

Sex als Vorliebe oder Präferenz kann uns zum Beispiel zu größerer Lebensfreude verhelfen; Sex als Sucht ist jedoch eine tickende Zeitbombe. Anstatt die Dinge geschehen zu lassen, versuchen wir sie zu erzwingen. Menschen behandeln wir als Objekte — als „ihn“ oder „sie“, nicht als „wir“. Suchtzwänge machen es uns noch schwerer, diesen genüßlichen Aspekt des Lebens mit Klugheit zu erfassen. Wir vergessen, daß uns Sex ganz normal zugänglich ist und einzig und allein unsere Suchtzwänge dies erschweren. Das Problem ist also nicht die sexuelle Aktivität, sondern vielmehr unsere suchthaften Motivationszwänge, die uns andauernd Frustration, Entfremdung und Getrenntheit schaffen lassen können. Sie lassen uns andere Menschen in trennender Weise behandeln.

DAS MACHTZENTRUM

Da die Nahrungsmenge im Dschungel begrenzt ist, kann nur eine begrenzte Anzahl von Tieren auf einem Quadratkilometer leben. Jedes Tier wird das Territorium, das es zum Überleben braucht, gegen Eindringlinge verteidigen. Ein Löwe wird dazu mehr Raum benötigen als ein Affe, aber unabhängig von ihrer jeweiligen Größe stecken die meisten Tiere ihr Territorium ab und entwickeln Machttechniken zu seiner Verteidigung.

In unserem zivilisierten Leben haben wir ähnlich starke Besitzgefühle entwickelt. Unser Herrschaftsanspruch (in Kombination mit unserem Sicherheitsbewußtsein) führt sogar dazu, daß wir ein Anrecht auf einen anderen Menschen erheben: „Dies ist mein Partner; laß die Finger davon oder es kommt zum Kampf zwischen uns“. Die vom Machtzentrum automatisch ausgelösten trennenden Gefühle sind: Zorn, Groll, Verdruß, Gereiztheit, Haß, Frustration, Wut, Feindseligkeit, Tobsucht, Entrüstung, Angewidertsein, Ungeduld, Eifersucht, Verachtung und ähnliches.

Die drei trennenden Bewußtseinszentren kannst du nach Belieben gleichzeitig aktivieren. Wird beispielsweise deine Kreditkarte gestohlen, kann dein

Machtzentrum Wut- und dein Sicherheitszentrum Angstgefühle auslösen. Wendet sich dein Partner jemand anderem zu, treten augenblicklich das Sicherheits-, Sinnesreiz- und Machtzentrum in Aktion — und entfesseln einen dreifach verstärkten Eifersuchtsausbruch!

Wie bei dem Sicherheits- oder Sinnesreizzentrum hält uns das Machtzentrum in der Illusion des getrennten Selbst gefangen. Wir betrachten unser Leben als „einen Kampf zwischen mir und dem Rest der Welt. Alle wollen in mein Territorium eindringen, und ich muß sie ständig abwehren". Wenn wir unbewußt unserem Gedächtnisspeicher, den von uns aufgenommenen Sinneseindrücken und Gedanken diesen „Konfliktstempel" aufdrücken, schaffen wir oft die Illusion der Getrenntheit als selbsterfüllende Prophezeiung. Wenn wir anderen Menschen den Kampf ansagen, um „unser Territorium" zu schützen, erwidern diese meistens den Kampf. Das beweist dann, daß wir von Anfang an recht hatten — das Leben ist tatsächlich ein Kampf ums Überleben. So erhält unsere Illusion den Anschein von „Wirklichkeit".

Interessanterweise läßt sich feststellen, daß die meisten uns trennenden Emotionen in Verbindung mit unseren diversen suchthaften Programmierungen von Anfang bis Ende unangenehm sind. Jedoch ist die erste Emotion aus dem Machtzentrum Wut — ein Gefühl, das beim Auslösen angenehm sein kann und zeitweilig Lust vermittelt, wenn es sich um „gerechten Zorn“ handelt. Auf die Dauer aber wird das Adrenalin in unserer Blutbahn „schal“, da es für seinen ursprünglichen Zweck der Vorbereitung auf Kampf oder Flucht nicht verwendet wurde. Wenn unser Nervensystem uns permanent in diesem Dritten Bewußtseinszentrum gefangenhält, werden wir viel leichter anfällig für solche psychosomatischen Erkrankungen wie Magengeschwüre, Bluthochdruck, Migräne und nervenbedingte Anspannung.

Der Sinn von Macht ist, uns größere Sicherheit und innere Ruhe zu verleihen, aber unglücklicherweise erweist sie sich als Bumerang, wenn sie zu einem Suchtzwang wird. Kein Millionär verfügt über einen solchen Reichtum, daß er frei von unglücklich machenden suchthaften Forderungen leben könnte. Selbst ein Mensch mit umfassendem Wissen (und sogar zwei Doktortiteln) ist anfällig für unangenehme suchthafte Programmierungen, und ein Mensch mit einem hohen sozialen Status, wie ein berühmter Filmstar oder der Präsident eines weltweiten Konzerns, kann durch Wut, Frustration und Angst unglücklich sein.

Wir fangen langsam an zu begreifen, daß sich das Gefühl der „Zufriedenheit“ nicht aufrechterhalten läßt, wenn unsere Motivation hauptsächlich von Sicherheits-, Sinnesreiz- und Machtsüchten angetrieben wird. Behalte dabei bitte immer vor Augen, daß hier nicht unser tatsächliches Handeln angesprochen ist, sondern unsere inneren Beweggründe, die für das Erfahren unserer selbst und unserer Welt ausschlaggebend sind. Um unser Leben in vollem Umfang genießen zu können, müssen wir den Sprung ins Zentrum der Liebe vollziehen.

DAS ZENTRUM DER LIEBE

Die Sicherheits-, Sinnesreiz- und Machtzentren funktionieren wie gesagt bereits seit Jahrmillionen. Wir nehmen das, „was ist", durch diese Bewußtseinszentren wahr und richten unser Denken und Handeln nach einem bestimmten, festgelegten Muster daran aus. Da wir diese suchthaften Energien seit vielen Millionen Jahren produzieren, halten wir sie für angemessen und normal — und betrachten sie fälschlicherweise als „menschliche Natur". Wir werden innerlich an uns arbeiten müssen, wenn wir darüber hinausgehend ein befriedigenderes Zusammenleben verwirklichen wollen.

Sicherheits-, Sinnesreiz- und Machtsüchte schaffen fortwährend das Chaos des getrennten Selbst des Dschungels. In dem Maße, zu dem wir lernen, unsere Suchtzwänge immer stärker in Präferenzhaltungen umzuwandeln, allen Menschen uneingeschränkt Liebe entgegenzubringen — einschließlich unserer selbst (oder vor allem uns selbst) — und uns immer mehr für unser Handeln im Leben verantwortlich fühlen, **eröffnet sich uns die Möglichkeit, dieser automatisch einsetzenden Dschungel-Programmierung des Verstandes endlich zu entkommen.** Wenn wir mit Hilfe der **Zwölf Pfade** innerlich an uns arbeiten, können wir unsere Energie zunehmend durch das Bewußtseinszentrum der Liebe fließen lassen.

DIE BEFREIUNG VOM DSCHUNGEL-BEWUSSTSEIN

Für unser Dschungel-Bewußtsein ist es normal, immerzu zwischen den Bewußtseinszentren Sicherheit, Sinnesreiz und Macht hin- und herzuschalten. Dennoch gelingt uns gelegentlich ein rascher Blick ins Zentrum der Liebe, wenn wir auch überwiegend von dschungelähnlichen Bewußtseinsinhalten erfüllt sind. Aber dieser Einblick ist immer nur eine Kostprobe, da wir weiterhin auf Verstandesebene von unseren Suchtzwängen abhängig sind, die immer dann aktiviert werden, wenn irgend etwas nicht unseren festgefügten Vorstellungen entspricht. Viele entschlossene und kluge innere Anstrengungen sind notwendig, wenn wir unser Leben in allen seinen Variationen im Zentrum der Liebe leben wollen. Die **Pfade** sind die Präzisionsinstrumente, die uns behilflich sein können, allmählich diese innere Arbeit zu leisten.

Beim Übergang vom Bewußtseinszentrum Sicherheit zum Sinnesreizzentrum, und von dort zum Machtzentrum, **erhöhen wir zu einem gewissen Grad unseren Energiefluß und unsere Lebensfreude und verstärken die wahre Verbindung zu anderen Menschen.** Am stärksten jedoch erfahren wir dies beim Übergang von den drei suchtbehafteten Zentren zum Zentrum der Liebe. Im Zentrum der Liebe verzettelt sich deine Energie nicht permanent zwischen den jeweiligen Suchtzwängen. Obwohl du körperlich sehr aktiv sein kannst, verspürst du im Herzen einen tiefen, inneren Frieden — inmitten der Aktivität eine innere Ruhe. Da du deine Energie nicht in körperlicher Anspannung oder Sorgen vergeudest, empfindest du nie ein Erschöpfen deiner innersten Energiequellen.

Deine Interaktion mit anderen Menschen erfährt eine dynamische Wendung beim Übergang vom Dschungelbewußtsein zur ersten Ebene des vereinten Selbst — die wir das Zentrum der Liebe nennen. Hier werden die harten Grenzen der Trennung zwischen dir und anderen allmählich aufgelöst. Da deine Energie und Denkprozesse nicht länger darauf verwendet werden müssen, die durch Sicherheits-, Sinnesreiz- und Machtsüchte geschaffene, unergründliche Leere zu füllen, wirst du dir deiner überschüssigen Energie bewußt, die du nun nach außen auf andere Menschen und auf die Umwelt zu fließen lassen kannst.

Dabei wirst du einen solchen Reichtum erfahren, daß du immer mehr Energie, Liebe, Zeit,

Hilfs- und Kooperationsbereitschaft und materielle Dinge verschenken kannst, ohne wieder etwas davon zurückzuerwarten, zurückhaben zu wollen oder zu müssen. Du fühlst dich wie ein Stromkabel, das einen Teil der Lebensenergie an die richtige Stelle weiterleitet. Frei von Abgründen des selbstsüchtigen, unzulänglichen getrennten Selbst können deine Begeisterung und Energie in das freudige Spiel einfließen, der Welt in deiner eigenen Weise Liebe widmen zu können und ihr zu dienen.

Das ist für den selbstsüchtigen Verstand nun ziemlich neu, denn bislang hatte er immer im Geiste Buch darüber geführt, was er verschenkt hatte, um dann dafür sogleich oder in der Zukunft etwas von gleichem oder sogar höherem Wert zurückverlangen zu können. In dem Maße, wie du dich von deinen kleinlichen Bedürfniszwängen an Sicherheit, Sinnesbefriedigung und Macht dir selbst und deiner Umwelt gegenüber unabhängig machen kannst, spürst du ein riesiges Energiepotential frei werden, **das du mit größter Befriedigung an andere verschenken kannst.** Deine Beziehungen zu anderen Menschen sind nicht länger durch ein starres Subjekt-Objekt-Verhältnis gekennzeichnet, auf Ausbeutung und Tauschhandel aus; statt dessen bekommst du ein offenes Herz und offene Hände und bist fähig zu geben, ohne dir über „Geben" und „Nehmen" Gedanken zu machen. Dies bedeutet echte Verbindungen mit anderen, die kooperativ zusammenarbeiten, um das Leben für jeden schöner zu gestalten. Und das hilft uns auch, uns gewissenhafter um den einzigen Planeten zu kümmern, den wir haben.

Du solltest die vorstehenden Kapitel nicht lesen und beschließen, daß du großzügiger und liebevoller **sein müßtest**. Es wäre grundverkehrt, dir zukünftige Meilensteine deiner Weiterentwicklung vorzustellen und dann möglichst sofort dorthin gelangen zu wollen. Mach keine Geschenke, die du dir momentan emotional nicht leisten kannst. Und lehne dich nicht selbst ab, weil du deine eigenen Normen des Liebens nicht erfüllst — denn auch das wäre eine Suchtforderung.

Vergiß nicht, daß du dich nicht dazu zwingen mußt, irgend etwas von dem zu sein, was in diesem Buch besprochen wird. Du erfährst das Zentrum der Liebe nicht, wenn du dich selbst dazu zwingen willst oder dich selber aburteilend betrachtest. Alles wird sich dir in seiner eigenen vollkommenen Weise offenbaren, wenn du allmählich anhand der Zwölf Pfade deine suchthaften Forderungen handhaben lernst, um sie dann schließlich in Präferenzhaltungen umzuwandeln. Im Verlauf dieses Wachstums wirst du ganz von selbst die Liebe freisetzen, die du jetzt in deinem Herzen verschlossen hältst.

LIEBE IST AN KEINE FORM GEBUNDEN

Liebe ist ein Phänomen des Herzens. Liebe ist keine hilfreiche Tat, obwohl dich deine Liebe anderen Menschen auf vielfältige Art helfen lassen kann. Laß nicht dein Ego Liebe zu Machtzwecken mißbrauchen, wie bei: „Wenn du mich wirklich liebtest, würdest du . . .". Da Liebe an keine Form gebunden ist, könnte dies stimmen oder auch nicht. Untersuche deine Herzensgefühle daraufhin, ob **du** liebst. Überwinde alle suchthaften Zwänge, die **dich** Trennung empfinden lassen. Je weiter dein Bewußtsein wächst, desto mehr Energie wirst du in Liebe und Dienst am Nächsten fließen lassen. Auch hier laß dich nicht von Formen verleiten. **Liebe ist das Gefühl von Offenherzigkeit. Es ist eine motivierende Energie.** Du kannst Liebe nicht durch Taten beweisen. **Liebe IST einfach.**

Was verändert sich mit dem Beginn deines Lebens im Zentrum der Liebe, wenn es nicht unbedingt dein Handeln ist? Nehmen wir einmal an, du würdest Obst und Gemüse verkaufen. Du könntest hierzu vor allem vom Sicherheitszentrum motiviert sein. Du könntest dir einreden, daß du das einzig und allein für Geld machst, um deine Rechnungen bezahlen zu können. Oder des Geldes wegen, damit du dir solch herrliche Genüsse wie eine gute Stereoanlage, ein breites, beheiztes Wasserbett, exquisite Speisen oder intime Essen in erotisch-attraktiver Begleitung leisten kannst. Dann würdest du vom Sinnesreizzentrum motiviert sein. Oder du siehst deine Arbeit als eine Möglichkeit, dir über dein Geschäft für Frischobst und -gemüse als das größte und beste in der Stadt Ansehen zu verschaffen. Falls dies deine vorrangige Motivation ist, kommt sie unserer Meinung nach vom Bewußtseinszentrum der Macht, daß sich mit Stolz, Geld, Macht und anderen Manifestationen des Erfolges befaßt.

Betreibst du deinen Obst- und Gemüsehandel hauptsächlich aus dem Grunde, deinen Mitmenschen wertvolle Nahrungsmittel zu möglichst niedrigen Preisen zugänglich machen zu können, käme deine Motivation aus dem Zentrum der Liebe. Deine Geschäfte könnten dir im Leben immer noch genügend Sicherheit, Genuß und Macht verschaffen — vielleicht genießt du es ja, deine Rechnungen bezahlen und dir Dinge kaufen zu können und angesehen zu sein. Aber dies wären nur Nebenprodukte, die dir automatisch zukommen, wenn sich deine Energie vor allem in Liebe und Dienst am Nächsten verströmt.

Dein jeden Tag vom Zentrum der Liebe her motiviertes Handeln wird sich in den meisten Fällen (aber nicht immer) kaum von den Dingen unterscheiden, die du früher unter dem Einfluß der anderen Bewußtseinszentren gesagt oder getan hättest. Du zahlst immer noch deine Stromrechnungen, wischst den Boden, versuchst, deine Kunden zufriedenzustellen, und arbeitest jeden Tag viele Stunden lang. Der grundlegende, von den verschiedenen Bewußtseinszentren initiierte Unterschied liegt in deiner inneren Erkenntnis und der von dir verspürten Zufriedenheit. Als Motivationsgrundlage verschaffen dir Liebe und Dienst am Nächsten ein ungemein größeres Lebensglück als das egoistische Streben nach **deiner** Sicherheit, **deinem** Genuß und **deiner** Macht (einschließlich **deines** Prestiges, **deines** Stolzes und **deines** sichtbaren Erfolges).

Wenn deine Energie also vom Zentrum der Liebe aus strömt, ist es nicht unbedingt erforderlich, daß du die Anstellung oder den Beruf wechselst — wenn du nicht gerade Leute dabei ausbeutest. **Du machst ganz einfach Liebe und Dienst am Nächsten zu deiner vorrangigen Motivation. Dies kann dir eine wesentlich größere Befriedigung und Freude an deiner Arbeit vermitteln.** Und dazu brauchst du nicht einmal eine Gehaltserhöhung — bekommst aber vielleicht trotzdem eine!

DIE VORZÜGE DES ZENTRUMS DER LIEBE

Vom Zentrum der Liebe aus hast du nun die Möglichkeit, dich an deinem Leben ständig (oder doch zumindest fast ständig) erfreuen zu können. Durch deine Energie, die vor allem in Liebe und Dienst für andere fließt, erfährst du dein Leben zunehmend als eines der suchtfreien Liebe, denn es hängt immer einzig und allein von dir ab, ob du jemanden bedingungslos liebst oder nicht. In dem Maße, in dem du ein von Liebe motiviertes Bewußtsein entwickeltst, verliert das Verhalten der anderen für deine eigene Erfahrung von Liebe seine Bedeutung. Du kannst jemanden sogar dann lieben, wenn du sein/ihr Handeln nicht billigst. **Du brauchst keine Genehmigung, um zu lieben** — du tust es einfach. Das geht selbst dann, wenn du zu jemandem keine emotionale Beziehung hast — die brauchst du nicht zum Lieben. **Aber du würdest dir selbst weh tun, wenn du deine eigene Liebe zu irgendeinem anderen Menschen zerstörst.** (Hier wäre der richtige Moment, um die sieben Aspekte im Abschnitt „Die Misere, die wir selbst schaffen" in Kapitel 4 wiederaufzugreifen.)

Gleichgültig, ob andere Menschen fähig sind, deine Liebe anzunehmen und sie zu erwidern, **du wirst ihnen immer Liebe entgegenbringen können.** Deine Programmierung auf Liebe hin macht es **dir** immer leichter, die Schranken des getrennten Selbst zu durchbrechen und die anderen zu lieben, **gleichgültig, was sie sagen oder tun.** Vermeide deshalb, suchthaft zu verlangen, daß andere deine Liebe schätzen oder überhaupt annehmen. **Wenn, falls und sowie sie dazu fähig sind, werden sie sich deiner Liebe im Zuge ihrer Weiterentwicklung öffnen.**

Endlich beginnst du, die Kontrolle über die wesentlichen Faktoren für ein frohes und glückliches Leben zu erlangen. Die Lebensregel „mal gewinnen — mal verlieren“ (nach der das getrennte Selbst lebt) wird im Zentrum der Liebe immer hinfälliger. Du machst immer häufiger die Erfahrung, daß du „dazugewinnst“ — **denn bereits durch deine Liebe schaffst du die Erfahrung, im Spiel des Lebens zu gewinnen.**

Selbst wenn du beim Schachspielen „verlierst“, kannst du gleichzeitig auch immer ein Spiel gewinnen, das zu spielen sich lohnt — **das Spiel, alles zu genießen.** Wenn du Schach nicht durch den Filter des Sicherheits- oder Machtdenkens erlebst, kannst du **ALLES LIEBEN.** Das getrennte Selbst will das Spiel gewinnen, um seine Domäne auszubauen; für das vereinte Selbst bedeutet Schach das freudvolle Zusammensein mit einem anderen Menschen — und das Glück darüber hängt nicht davon ab, ob der andere matt gesetzt werden kann! Du kannst dich entspannen. Du erfährst, daß du die Welt nicht jeden Schritt des Weges bekämpfen mußt.

DAS ZENTRUM DER FÜLLE

Wenn du dein Leben aus dem Zentrum der Fülle heraus erfährst, spürst du, daß alles, was du zum Glücklichsein im Leben brauchst, im Überfluß vorhanden ist. Es ist da, ohne daß du dich dafür anstrengen mußtest. Alles ist im Überfluß vorhanden, indem du nichts anderes tust, als mehr zu lieben und weniger zu fordern. Du bist reich und wirst immer reicher an echten Werten: Energie, Wahrnehmungsvermögen, Erkenntnis, Weisheit, Liebe, Freude, Glück und Lebenssinn. Und weder das Finanzamt noch Katastrophen können für deinen wahren Reichtum eine Gefahr darstellen — denn den bewahrst du sicher vor den Schwankungen des Alltagslebens in deinem Innern.

Ich habe die Erfahrung gemacht, daß der Übergang in das Zentrum der Fülle einfach anfängt, nachdem du eine Zeitlang im Zentrum der Liebe gelebt hast, wo deine Energie in die Liebe und den Dienst am anderen fließt. **Du liebst die anderen nicht, weil sie es verdienen oder brauchen, sondern einfach, weil sie da sind.** Durch deine recht konstante Ausstrahlung von Liebe finden die Menschen um dich herum zu dem Teil ihrer selbst, der die Liebe ist — und das gibt ihnen ein wirklich wunderbares Gefühl. Du ermöglichst ihnen den Zugang, die Verbindung, zu ihrem eigenen Grundstock an Liebe! Anstatt dich als ein „anderer" zu sehen, begreifen sie dich zunehmend als „wir". Sie erwidern dann die Liebe, zu der du ihnen den Zugang verschafft hast; allmählich siehst du dich von Menschen umgeben, die dir Liebe und Teilnahme entgegenbringen.

So schaffst du aus der bedingungslosen Liebe in dir selbst heraus **eine Welt von liebevoller Energie um dich herum.** Deine Hilfsbereitschaft, deine hilfreichen Ratschläge, dein selbstloses Geben, deine Ehrlichkeit, dein Verzicht auf trennende Suchtzwänge, deine Teilnahme, Offenheit, dein Vertrauen und immer tiefer gehendes Gefühl der Liebe **strahlen von den Menschen um dich herum auf dich zurück.** Du lebst in einer Welt voll Freigebigkeit und Hilfsbereitschaft, die du mit deiner Energie aus Liebe geschaffen hast. Das ist die Erkenntnis, die du aus dem Zentrum der Fülle gewinnst.

Ein Aspekt des überreichen Lebensangebots besteht darin, daß dir die Möglichkeit gegeben wird, deine Suchtzwänge zu erkennen und zu lernen, geschickt mit ihnen umzugehen. Du wirst anerkennen lernen, daß ihr beide, das Universum und du, unglaublich gut Lebenssituationen schaffen könnte, die dir bei der Überwindung deiner Suchtzwänge helfen. Meistens ignorieren wir solche Situationen und versuchen statt dessen, sie oder die Menschen um uns herum zu verändern. Indem wir uns immer stärker mit dem Zentrum der Fülle in Einklang bringen, „begrüßen wir die Gelegenheit" — wie der **Dritte Pfad** es uns sagt —, die das Leben uns zur Weiterentwicklung bietet.

Menschen, die aus diesem Bewußtseinszentrum schöpfen, erinnern uns mit kosmischem Humor daran, daß man sehr genau wissen sollte, was man will — man könnte es ja bekommen. Das Leben wird von uns als Inbegriff der Fülle oder als „Füllhorn" erfahren, das dir seinen übergroßen Reichtum ohne Mühe deinerseits zukommen läßt. Du kannst meistens „die Dinge einfach geschehen lassen“, anstatt sie erzwingen zu wollen. Vielleicht wirst du nach etwas fragen oder Energie aufwenden müssen, um das zu erhalten, was du lieber hättest, aber dir wird immer bewußter, daß du vom Leben wirklich alles bekommst, was du brauchst — und auch was du dir mit Vorliebe wünschst. Und das setzt immer mehr von deiner Energie frei, die du sonst darauf verwendet hättest, dein getrenntes Selbst zu schaffen und seine angeblichen Bedürfnisse zu befriedigen. Allmählich klingt die von deinen Süchten, die deine Getrenntheit auslösen, verursachte Gedankenflut ab: du schaffst zunehmend die Erfahrung der „magischen“ Welt des vereinten Selbst.

DAS ZENTRUM DES BEWUSSTEN GEWAHRSEINS

Ein kurzer Rückblick: Die Bewußtseinszentren Sicherheit, Sinnesreiz, Macht, Liebe und Fülle stellen Methoden dar, dich selbst zu motivieren. Sie sind funktionelle Filter bei der Gestaltung deiner Erfahrung des Lebens. Die ersten fünf Bewußtseinszentren könnten dich die Erfahrung schaffen lassen, daß es im Melodrama deines Lebens etwas zu verlieren und zu gewinnen gibt.

Das Sechste Zentrum der Gelebten Liebe, das Zentrum des bewußten Gewahrseins, unterscheidet sich von den vorgenannten Zentren. Bei den ersten fünf Bewußtseinszentren betrachtest du die Ereignisse des Lebens aus einer bestimmten Perspektive heraus. Nehmen wir einmal an, du hättest gerade jemanden kennengelernt. Dann überprüft das Sicherheitszentrum, ob er / sie eine Bedrohung für dich darstellt oder zu deiner Sicherheit beiträgt. Das Sinnesreizzentrum überprüft das Potential an sinnlichem Lustgewinn, das Machtzentrum sagt dir, inwieweit er / sie Bereiche berührt, die dein Verstand verteidigt, das Zentrum der Liebe übermittelt dir einen positiven, liebenswerten Eindruck von diesem neuen Freund, und das Zentrum der Fülle läßt dich diesen Menschen als Teil des Reichtums der Welt, in der du lebst, erfahren. Aus dem Zentrum des bewußten Gewahrseins heraus betrachtet oder bewertet dein Bewußtsein diesen Menschen jedoch keineswegs von einer zweckbestimmten Perspektive her. Zielsetzung dieses Bewußtseinszentrums ist es, Dinge zweckfrei zu betrachten!

Das Sechste Zentrum stellt demnach eine **Methode** unbefangener Beobachtung dar — im Gegensatz zur Hervorhebung eines zweckgerichteten **Inhalts**. Bewegst du dich auf der Ebene des bewußten Gewahrseins, sind deine Sinne einfach wach für bedeutende Impulse aus dir selbst oder von außerhalb. Du vermeidest Reaktionen in Form von festgefügten Meinungen, abschätzenden Wertsystemen, Kategorien von „ich gegen die anderen", Zustimmung zu oder Kritik an den von deinem Bewußtsein wahrgenommenen Sinneseindrücken. Statt dessen stellt sich dein Verstand ganz auf Wahrnehmung ein. Er ist ein unparteiischer, vorurteilsfreier Beobachter der Vorgänge — ein unbeteiligter Zeuge. Du genießt Abläufe wie im Kino — bist aber nicht persönlich in sie verstrickt!

Im Kino bleibt unser Bewußtsein oft minuten- oder stundenlang in diesem Zentrum. Im Saal ist es dunkel, so daß wir unsere ungeteilte Aufmerksamkeit auf die Leinwand richten können. Solange der Film nicht eine unserer suchthaften Forderungen auslöst, nehmen wir einfach ohne zu reagieren durch Zuschauen auf. Normalerweise reagieren wir nicht auf die Vorgänge mit „Das ist ein guter Kerl" oder „Wie konnten sie so etwas Schreckliches tun". Wir lassen einfach alles herein. Wir sind auf Aufnahme — nicht auf Reaktion — eingestellt. Wir genießen das Melodrama vor uns auf der Leinwand als passive Beobachter. In dem Augenblick, indem wir uns bewußt durch Bewertungen oder Meinungen mit dem Geschehen identifizieren, gehen wir vom Zentrum des bewußten Gewahrseins in ein anderes über.

Es ist interessant festzustellen, daß wir uns durch das Zentrum des bewußten Gewahrseins tatsächlich am gesamten Spektrum des menschlichen Lebens erfreuen können. Wir genießen und erfreuen uns nicht nur an den Vergnügungen der Leinwandhelden, sondern empfinden ebenso mit bei einer dramatischen Kampf- oder sogar einer Sterbeszene. Im eigenen Leben würden wir uns mit den Rollen, die da gespielt werden, identifizieren — und würden in dem Fall normalerweise Emotionen auslösen, die uns isolieren und unsere Freude blockieren.

Das Sechste Zentrum ermöglicht uns, das Melodrama unseres Lebens aus der richtigen Perspektive zu betrachten, zu handeln, ohne uns damit zu identifizieren oder emotional daran mitzuwirken. Wir können uns jederzeit auf die Ebene des Bewußt-Seins versetzen, da das Sechste Zentrum ein Zentrum der Methode ist, und nicht eines mit einem spezifischen Inhalt. Du kannst dein Leben ständig aus dem Zentrum des bewußten Gewahrseins heraus führen — und nur feststellen, was geschieht — gleichgültig, welche Gefühle oder welches Melodrama du zur Zeit durchlebst. Du mußt deinen Verstand nur entsprechend einstellen und kannst das durch Übung immer weiter verbessern. Manche Menschen scheinen für diese Bewußtseinshaltung eine geradezu natürliche Begabung zu haben.

Trotz hartnäckiger suchthafter Forderungen kannst du dir das Sechste Zentrum zu eigen machen und wirst aus diesem Wissen heraus besser mit ihnen umgehen können. Du kannst möglicherweise in den ersten fünf Zentren ein Melodrama hervorrufen — und dieses in deinem Bewußtsein gleichzeitig aus der Perspektive des bewußten Gewahrseins beobachten!

Aus der Perspektive des bewußten Gewahrseins kommst du zu einer nicht-beurteilenden Wahrnehmung dessen, „was ist". Du entwickelst allmählich **die Fähigkeit, die Dinge realistisch zu sehen — anstatt verzerrt aus der Perspektive des getrennten Selbst** — und dir einen Gesamtüberblick über alles zu verschaffen, und somit genau dadurch zu der Gelassenheit und Weisheit zu gelangen, die hinter den Wechselfällen des Lebens verborgen liegt.

DAS ZENTRUM KOSMISCHEN BEWUSSTSEINS

Das Zentrum kosmischen Bewußtesins stellt — so weit wir es erfassen können — die höchsten Funktionen des menschlichen Verstandes dar. Menschen, die ihren Verstand aus diesem Zentrum heraus handhaben, sind äußerst selten. Aber schließlich ist meisterhaftes Können immer eine Rarität — geniale Komponisten wie Bach, Beethoven oder Brahms treten auch nur vereinzelt in Erscheinung. In diesem Zentrum sind dem Verstand fast keine Grenzen mehr gesetzt. Da er Widerstand, Anklammerung und Nichtbeachtung hinter sich gelassen hat, erfährt und handelt er in jeder Lebenssituation aus einer Weisheit heraus, über die die meisten von uns glücklich sein würden, wenn wir sie sogar erst in später Einsicht erlangen könnten. Die Trugbilder unserer suchthaften, trennenden Forderungen gehören der Vergangenheit an. Man lebt ohne Getrenntheit in bedingungsloser Liebe und voller Mitgefühl für uns alle und unsere menschlichen Situationen. Gleichzeitig arbeitet der Verstand konstant im Sinne der sieben geistigen Faktoren, die in Kapitel 12 beschrieben sind.

Im Siebten Bewußtseinszentrum identifiziert sich der Verstand nicht mehr mit der Verarbeitung von Erfahrungen nach dem trennenden Schema „ich gegen die anderen“ und setzt dafür auch keinerlei Energie mehr frei. Auch geht er über die Liebe hinaus in ein „Eins-Sein“. Obwohl Liebe eine wunderschöne Erfahrung ist, gibt es in ihr dennoch ein gewisses Element von Getrenntheit, von Subjekt und Objekt. Während die Aussage „ich liebe dich“ einen gewaltigen Fortschritt gegenüber dem dschungelhaften „ich gegen dich“ beinhaltet, hat sie dennoch einen Unterton von Getrenntheit in sich. Ein von kosmischem Bewußtsein geleiteter Verstand gelangt über die Aussage „ich liebe dich“ hinaus zu der Erkenntnis „ich bin du“. Etliche Schranken des getrennten Selbst müssen überwunden werden, um die Erfahrung „ich liebe dich“ machen zu können. Die Erkenntnis „ich bin du“ allerdings verlangt die Überwindung sämtlicher trennender Schranken.

Wir sollten diesen Aspekt noch genauer betrachten. Ein ständig aus dem Zentrum der Liebe oder der Fülle schöpfender Verstand **schafft reichhaltige Erfahrungen an Glücklichsein** — und läßt Energie vor allem in Liebe und Dienst am Nächsten strömen. **Wir müssen also nicht die höchste Stufe des kosmischen Bewußtseins anwenden um ein Ideal zu schaffen, das uns irgendwie Unzufriedenheit mit unserem eigenen Leben empfinden läßt.**

Wir sollten meines Erachtens um diese höchste Erkenntnisstufe wissen, auf der unser Verstand frei von allen suchthaften Forderungen sein, mitfühlend verstehen und uneingeschränkt Liebe geben kann. Es wäre jedoch unrealistisch, dich in den Glauben führen zu wollen, daß du diese Stufe jemals ganz erreichen wirst. Meiner Meinung nach müssen wir uns, wenn wir unser Leben genießen wollen, unbedingt über die Motivationszwänge eines Sicherheits-, Sinnesreiz- und Machtzentrums hinausarbeiten. Und glücklicherweise ist es praktisch völlig realisierbar an uns zu arbeiten, um aus den Bewußtseinszentren der Liebe, der Fülle und des bewußten Gewahrseins heraus zu leben. Das ist bereits ein riesiger Gewinn. Ich genieße mein Leben, und im allgemeinen befinde ich mich in diesen Bewußtseinszentren — mit einem gelegentlichen Abrutscher ins Machtzentrum. Ich lebe nicht im Siebten Zentrum. Bleiben wir also realistisch — und gehen wir mit uns selbst behutsam um.

Der bedeutende Schritt ins Zentrum des kosmischen Bewußtseins setzt eine relativ suchtfreie Erziehung im Säuglings- und Kindesalter voraus, die die Entwicklung des getrennten Selbst einschränkt, und kann darüber hinaus kontinuierliches Bemühen und Übung erfordern. Es gibt auch keine Abkürzung dorthin, und niemand kann es dir abnehmen oder für dich tun. Wenn es uns aber gelingt, bis ins Zentrum der Liebe zu gelangen und unseren Kindern dieses Bewußtsein weiterzugeben, werden einige von uns vielleicht unsere Kinder oder Enkelkinder diese höchste Bewußtseinsstufe erreichen sehen.

DAS VEREINENDE BEWUSSTSEIN

Kosmisches Bewußtsein wird somit als vereinende Bewußtheit erkennbar. Wir erleben Fahrzeuge, Bäume oder auch Steine nicht als getrennt von uns selbst — sie sind einfach „wir'. Auf der Verstandesebene ist uns unsere unterschiedliche Körperlichkeit vollkommen bewußt, aber unsere **emotionale Wahrnehmung** dessen, was unser Selbst ist und was nicht, verliert an Schärfe und Bedeutung. Die meisten Menschen bekommen in diese Bewußtseinsebene nur kurze Einblicke. Ist uns einmal unser diesbezügliches Bewußtseinspotential klar, sind für uns auch einige wenige Augenblicke bereichernd und wertvoll, in denen uns unser Verstand spontan einen flüchtigen Blick in die wunderbare Welt des kosmischen Bewußtseins gestattet.

Charakteristisch für die raschen Erkenntnisblitze aus dem kosmischen Bewußtsein, die einige von uns zuweilen verspüren, ist die Erkenntnis der Einheit anstelle von Getrenntheit. Du kannst das Gefühl erfahren, in der Mitte des Universums zentriert zu sein. Du betrachtest die Menschen und Dinge um dich herum mit dem Wissen um die ursächlichen Zusammenhänge und Wechselwirkungen ihrer Entfaltung, Interaktion und Weiterentwicklung. Du kannst ein unglaubliches Potential verspüren, alles zu schaffen, was du möchtest. Du kannst einen Einklang mit deinem Leben erfahren, der eine neue Dimension der Harmonie und des Eins-Sein darstellt, weitgehender als bei allen bisherigen Bewußtseinszentren. Und dann fällt wieder der Vorhang des getrennten Selbst, und die Erkenntnis des Eins-Sein verschwindet aus deinem Bewußtsein, wo dein Ego bereits wieder energisch mit der Verteidigung oder Vergrößerung seiner Territorien beschäftigt ist.

VIER UNSCHÄTZBARE JUWELEN

Dem **Elften Pfad** zufolge sollen wir uns bewußt darüber sein, aus welchem der sieben Bewußtseinszentren wir schöpfen. Dieses Wissen kann uns vordergründig präsent oder hintergründig bewußt sein. Dann zählt der **Elfte Pfad** im einzelnen vier wertvolle Erfahrungen auf, die sich mit jedem unserer Schritte auf ein höheres Bewußtseinszentrum hin vertiefen. Er verheißt uns Steigerungen von „Energie, Wahrnehmungsfähigkeit, Liebe und innerem Frieden".

Bei genauer Betrachtung dieser vier Gewinne erkennen wir, daß diese unser eigentliches Ziel im Leben sind. Unser ganzes Leben lang haben wir nach diesen vier schwer faßbaren, aber tief befriedigenden Erkenntnissen gesucht, indem wir das Melodrama um uns herum ständig umorganisierten und neu strukturierten. **Jetzt stellen wir fest, daß unsere Handhabung des Verstandes uns diese Erfahrungen letztendlich verschafft.** Durch bewußten Abzug von Energie vom getrennten Selbst und demzufolge größeren Energiefluß in das vereinte Selbst können wir unsere Lebensfreude wirksam steigern.

DAS ÖFFNEN ALLER BEWUSSTSEINSZENTREN

Der letzte Teil des **Elften Pfades** bezieht sich auf das Öffnen „aller Bewußtseinszentren". In einem fortgeschrittenen Wachstumsstadium wird unsere Trennung zwischen Begriffen wie „niedrigeres" und „höheres" Zentrum mit seiner Andeutung von „schlechter" und „besser" überflüssig.

Alles ist immer vorhanden — das, „was ist" in

deinem Leben, wie du darauf in Wort und Tat reagierst und die inneren Erfahrungen, die du in deinem Leben schaffst. Das Bewußtseinszentrum, in dem du dich befindest, wird davon bestimmt, worauf sich dein Verstand konzentriert. Es ist wie mitten im geschäftlichen Treiben einer Stadt zu sein — wobei dein Wahrnehmungsvermögen jedoch nur einen Bruchteil davon erfaßt. Den geistigen Filter, durch den du diesen Teilbereich wahrnimmst, bezeichnen wir als dein Bewußtseinszentrum.

Das vereinte Selbst hat keine Probleme mit Sicherheit, Sinnesreizen und Macht, und diese Aspekte unseres Lebens sind ohne Suchtforderungen eigentlich ganz einfach zu gestalten. Man ist sich der Sicherheitsaspekte im Leben bewußt — aber immer auch bereit, das, „was ist" im Leben, gefühlsmäßig zu akzeptieren. Das vereinte Selbst ist sich auch der Sinnesreizaspekte bewußt, wozu Nahrungsaufnahme und Sex gehören, und kann diese ohne Trennung zu schaffen genießen. Sie gehören einfach mit zu der Fülle, die uns das Leben anbietet. Auch von Macht kann das vereinte Selbst auf uneigennützige Art Gebrauch machen, da sie aus der Perspektive gesehen eine höhere Stufe der Liebe darstellt. Wenn Sicherheits-, Sinnesreiz- und Machtsüchte **nicht mehr den zentralen Antrieb deines Bewußtseins bilden**, kannst du alle Bewußtseinszentren in einer Weise öffnen, die dich **alles lieben läßt.**

Vorsicht ist immer bei der Einschätzung der Bewußtseinszentren anderer geboten. Unser feines Empfinden für die Zentren des vereinten Selbst ist besonders störanfällig. Wenn du dich vor allem auf der Ebene des Machtzentrums befindest, wirst du das Handeln anderer Menschen vornehmlich nach den Gesichtspunkten Macht, Stolz, Prestige- und Vorteilsgedanken im Sinne von „ich gegen die anderen" auslegen. Du kannst das tatsächliche Handeln eines Menschen, der hauptsächlich aus dem Zentrum der Liebe heraus agiert, völlig mißverstehen. Ähnliche Fehleinschätzungen können einem Verstand unterlaufen, der die Welt vor allem aus dem Sicherheits- oder Sinnesreizzentrum heraus wahrnimmt.

Der **Elfte Pfad** ist ein weiteres wichtiges Hilfsmittel, das uns den Zugang zu unserem tieferen, intuitiven Wissen eröffnet. Im Verlauf unserer zunehmenden Bewußtwerdung bringt er — wie eine Stimmgabel — allmählich unser inneres „Wissen" in Schwingungen — von dem wir in unserem Alltagsleben noch keinen praktischen Gebrauch machen. In Kombination mit den anderen **Pfaden** eröffnet der **Elfte Pfad** uns die Möglichkeit, die eher bedrückenden und unwirksamen Programmierungen des getrennten Selbst hinter uns zu lassen und zu einer befriedigenderen, vereinten Arbeitsweise unserer beachtlichen „Bio-Computer" zu finden.

ZWÖLFTER PFAD

Ich nehme alle Menschen einschließlich meiner selbst als erwachende Geschöpfe wahr, die hier ihr angestammtes Recht auf die höheren Bewußtseinsebenen der grenzenlosen Liebe und des Eins-Seins verwirklichen wollen.

15
Unsere Reise hin zum Erwachen

Wir sind alle Teile einer Übertragungskette von Erbanlangen und Kulturinhalten, die sich über Jahrmillionen zurückerstreckt. Aus Mikroorganismen, die im Urschlamm irgendwann in der richtigen Zusammensetzung aus Aminosäuren entstanden, entwickelten wir uns im Zuge der Evolution über Entwicklungsstadien von Wassertieren, Amphibien und Landtieren zu den komplexen Organismen, die wir heute sind. Auf ähnliche Weise evolvierte auch unser kulturelles Erbe ganz allmählich zu unserer heutigen reichen Kulturvielfalt.

Die Betrachtung unserer genetischen Fort- und kulturellen Weiterentwicklung in Perspektive gesehen läßt uns zufrieden mit unserem langen Weg aus den Ozeanen der Urzeiten sein. Ein Blick auf das Leben um uns herum (hast du die Nachrichten heute mitbekommen?) bringt uns ständig in Erinnerung, daß wir uns sowohl individuell als auch kollektiv in der Übergangsphase von dem in der Getrennheit gefangenen Bewußtsein zum ganzheitlichen vereinten Selbst befinden.

Der nächste Schritt in unserer kulturellen Weiterentwicklung besteht in der Erkenntnis, daß sich die Probleme von Krieg, Politik, Wirtschaft, Kapital, Arbeit, der Herstellung und Verteilung von Waren und Dienstleistungen und der liebenden Zuneigung zu unserer Umwelt **nur dadurch lösen lassen, daß wir den Übergang von der Bewußtseinsebene des getrennten Selbst zu der des vereinten Selbst vollziehen.** Solange wir uns wie Tiere um das angeblich begrenzte Futter streiten, werden wir weiterhin Konflikte, Feindseligkeit und Gewalt schaffen. Lassen wir unsere Energie jedoch uneigennützig zunehmend in gegenseitige Liebe und Unterstützung fließen, werden wir zu der Erkenntnis gelangen, daß es für alle politischen und gesellschaftlichen Probleme offensichtliche Lösungen gibt, die wir intuitiv entdecken und verwirklichen können. Also sind unsere eigenen Suchtzwänge die Ursache für Chaos überhaupt, das Teil unserer langen Reise hin zum Erwachen ist. Das Prinzip der Gelebten Liebe beschleunigt diesen schmerzhaften Entwicklungsprozeß aus der Getrenntheit hin zu einer Einheit kooperierender Brüder und Schwestern.

DER GLOBALE BEWUSSTWERDUNGSPROZESS

Nach dem **Zwölften Pfad** nehmen wir „alle Menschen einschließlich unserer selbst als erwachende Geschöpfe wahr". Wie aber können wir die Menschen als im Erwachen befindliche Geschöpfe ansehen, wenn die meisten sich ihrer Bewußtseinserweiterung nicht bewußt sind oder sich dagegen sträuben? Jeder von uns erhält in Form ständiger Lebenserfahrungen die „Lehren", daß unsere Suchtzwänge Ursache von Entfremdung und Getrenntheit sind. Das Leben erteilt uns diese „Lehren", obwohl wir sie vielleicht gar nicht vernehmen oder verstehen. Ein frühes Stadium unseres Prozesses des Erwachens besteht darin, genügend Chaos und Unglück zu schaffen, (was wir wirklich hervorragend können!) bis wir uns allmählich dafür öffnen, mit unserem Verstand und unserem Leben wirksamere Wege zu gehen.

Zweifelsohne schaffen heutzutage vier Milliarden Menschen auf der Erde ausreichend Getrenntheit, Entfremdung und Unglück, um uns für ein rascheres Wachstum reif sein zu lassen! Der wirkliche Durchbruch findet statt, wenn wir uns die Getrenntheit, das Unglück und das Leid in unserem Leben ehrlich vor Augen halten, denn das allein öffnet uns den Weg zu der Einsicht, daß unsere trennenden Verhaltensweisen als Glücksbringer nicht funktionieren. Wenn wir uns das erbärmliche Melodrama, das wir selbst verfassen, erst einmal bewußt vor Augen führen, werden wir uns sinnvollere Möglichkeiten zur Gestaltung der Abläufe auf unserem Planeten Erde einfallen lassen.

Der **Zwölfte Pfad** besagt interessanterweise nicht, daß wir erwachte Wesen sind. Nehmen wir das zur Kenntnis. Wir sind nicht erwacht — aber wir sind dabei, zu erwachen. Wenn du erwacht wärst, würdest du dieses Buch vermutlich gar nicht lesen; und wahrscheinlich auch dann nicht, wenn du dich nicht auf der Reise hin zum Erwachen befinden würdest. Wenn wir von uns selbst als „erwachend“ sprechen, bezieht sich dies auf unsere gesamten Fortschritte bei der Umwandlung von Suchtzwängen in Präferenzhaltungen. Auch ist es hilfreich, jede einzelne Suchtforderung im Hinblick auf Erwachen zu betrachten.

DREI PHASEN DES WACHSTUMS

Anhand von drei verschiedenen Phasen können wir das jeweilige Stadium einer Sucht bei der Umwandlung in eine Präferenzhaltung bestimmen. (Diese Phasen unterscheiden sich von den drei Intensitätsgraden von Süchten — auf der Handlungs-, Gefühls- und Verstandesebene —, die wir in Kapitel 10 besprochen haben.) Es sind die unbewußte Phase, die Phase des Erwachens und die bewußte Phase.

In der **unbewußten Phase** überläßt du dich deiner suchtbehafteten Programmierung, ohne daß dir dies bewußt ist und ohne daß du überhaupt von einer solchen Programmierung weißt. So kannst du einem Freund die Schuld dafür geben, daß er „dich wütend macht", weil er den von dir ausgeliehenen Staubsauger nicht wiederbringt. Unbewußt glaubst du, daß dieses Melodrama — und nicht deine einprogrammierten Suchtzwänge — die Ursache deiner Probleme ist.

In der **Phase des Erwachens** kannst du dieses Suchtprogramm ausleben — mit der ganzen Palette an Furcht, Zorn, Eifersucht und was sonst noch alles dazugehört — und dennoch dir ständig bewußt sein, daß du völlig unter diesem Zwang stehst. Du erkennst, daß eben dieser suchthafte Zwang in deinem Kopf für deine emotionale Erfahrung verantwortlich ist und es deshalb keinen Sinn hat, der Umwelt für deine „Misere" die Schuld zuzuschieben. In diesem Stadium wirst du einerseits Ärger per Knopfdruck auslösen, wenn dein Freund dir den Staubsauger nicht zurückbringt, aber andererseits auch klar erkennen, daß dein suchthaftes Fordern der unmittelbare und eigentliche Auslöser für deinen Ärger ist.

In dem Abschnitt „Umgang mit deinen Suchtzwängen" in Kapitel 8 haben wir die drei praktischen Schritte beschrieben, die diese innere Arbeit im System der Gelebten Liebe charakterisieren. Wenn du einen deiner Suchtzwänge nach diesen Maßstäben überprüfst, kannst du sicher sein, daß **du dich in diesem Fall in der Phase des Erwachens befindest.**

In der **bewußten oder erwachten Phase** hast du die Suchtforderung in eine Präferenzhaltung umgewandelt. Die Welt kann diesen Suchtzwang nicht mehr auslösen. Du neigst in solchen Situationen nicht länger dazu, trennende emotionale Erfahrungen zu schaffen. In der bewußten Phase betrachtest du, „was ist", und erlebst als Präferenzwunsch, daß dein Freund dir den Staubsauger zurückbringt, bevor du ihn wieder benutzen willst. Aufgrund der Präferenzhaltung brauchst du dich nicht damit abzufinden, daß dein Staubsauger verliehen ist, und kannst deinen Freund bitten, ihn dir zurückzugeben. Hast du innerlich gründlich an dir gearbeitet und wirklich eine Präferenzhaltung geschaffen, wird deine Liebe zu deinem Freund nicht schwanken. Du wirst kein Gefühl des Getrenntseins empfinden, ob du deinen Staubsauger nun prompt zurückbekommst oder nicht. Du kannst alles liebevoll und teilnehmend aus der Perspektive des „wir“ auf der langen Reise hin zum Erwachen sehen — statt in trennenden Illusionen stecken zu bleiben.

DER ERWACHTE ZUSTAND

Erwacht sein bedeutet bewußtes Handeln im Leben. Du spielst intuitiv auf optimale Weise mit. Erwacht sein bedeutet auch, dir in den Kulissen des Melodramas die Panorama-Perspektive zu bewahren, die der intuitiven Liebe und Weisheit in dir entstammt. Es bedeutet, daß, obwohl du die Verantwortung für dich selbst zu tragen bereit bist, dir bewußt ist, daß unser aller Gegenwart und Zukunft und die unserer Nachkommen untrennbar verflochten ist mit dem Wohlergehen und der Gesundheit (in geistigem und körperlichem Sinne) aller anderen Wesen auf der Welt.

Du bist keineswegs so abgesondert und ungebunden, wie dein getrenntes Selbst es dich glauben machen möchte. Die Gedanken und Handlungen von Menschen auf der anderen Halbkugel oder aus dem Nachbarhaus haben tiefgreifende Auswirkungen auf dein Leben. Wir sitzen alle im selben Boot.

Wenn du erwacht bist, wird die Trennungslinie zwischen dir und anderen durchsichtig. **Du hast die Vorstellung, daß du in einer Welt mit sich weiterentwickelnden Menschen lebst, die irgend-**

wann einmal ihre ständigen Konflikte beilegen werden. Du hast gelernt, den Verstand so gut zu gebrauchen, daß dein Fühlen, Denken, Reden und Handeln von Zusammenarbeit, Liebe und Unterstützung anderer geprägt sind. Du kannst das Dschungelbewußtsein hinter dir lassen, samt dem Leitmotiv: „Ich will alles, was ich kriegen kann. Zum Teufel mit den anderen. Meine Interessen haben Vorrang."

Während deines Erwachens spürst du ein Schutzschild, das dich immer umgibt, während deine Energie dein Selbst zu durchströmen beginnt. Das bedeutet, daß Lieben besser schützt als rationelle Überlegungen — obwohl wir mit wachsendem Bewußtsein weder auf das eine noch auf das andere allein angewiesen sind. Ein Zusammenleben mit Menschen, die dich in Liebe als „wir" und nicht „die" betrachten, bietet einen wesentlich besseren Schutz als alle Alarmanlagen, Pistolen, Gewehre oder Atomwaffen. Wahre Sicherheit und echter Schutz lassen sich durch ein Ausleben der Verfolgungsangst des getrennten Selbst nicht erreichen. Nur das vereinte Selbst mit seiner Liebe und Hilfsbereitschaft kann uns den bestmöglichen Schutz wirklich gewähren. Und nur das Bewußtsein des vereinten Selbst kann uns befähigen, eine Erfahrung des Lebens zu schaffen, die von tiefer und dauerhafter Befriedigung ist.

ANTEILNAHME UND BEHUTSAMKEIT

Im Alltagsleben bedeutet „alle Menschen einschließlich meiner selbst als erwachende Geschöpfe wahrzunehmen", ihnen mit Anteilnahme und Güte zu begegnen. Es bedeutet gefühlsmäßig zu akzeptieren, wo wir uns befinden, weil wir uns dort befinden. Das ist, „was ist". Anstatt uns selbst gegenüber kritisch, aburteilend und zynisch zu sein, können wir mitfühlend und verständnisvoll diesen Wachstumsprozeß in uns wirken sehen. Meistens verläuft er eher im Zick-Zack als mit einem großen Satz vorwärts. Charakteristisch für unsere Entwicklung sind Erinnern und Vergessen, fortwährendes Erinnern und Vergessen.

Es kommt darauf an, es dem Bewußtsein des getrennten Selbst nicht zu gestatten, unser Selbstwertgefühl anzutasten, wenn wir straucheln, und statt dessen aus dem Bewußtsein des vereinten Selbst heraus solche Fehler als Teil unseres Entwicklungsprozesses zu begrüßen, uns immer dann wieder aufzurichten, wenn wir stolpern, und die Lehre begreifen, die das Leben uns anbietet **(Dritter Pfad)**. Und wenn wir es nicht beim ersten oder zweiten Mal begreifen sollten, lernen wir, daß es in Ordnung ist zu stolpern, bis wir genügend gelernt haben. Fehler über Fehler zu machen, läßt sich nicht vermeiden während wir den Umgang mit dem Leben lernen.

Manchmal werden wir aufgrund unserer Ungeschicktheit oder unserer „Fehler“ selbstkritisch oder befangen. Wir lernen dadurch, daß sich unsere trennenden Suchtforderungen nur weiter verstärken, wenn wir uns vom Verstand „strafen“ lassen, indem er uns ständig Unwürdigkeit, Hoffnungs- und Hilflosigkeit empfinden läßt. Als erwachende Geschöpfe können wir alles würdigen und alles lieben lernen. **Wir müssen gefühlsmäßig nicht die Vorstellungen von Vollkommenheit akzeptieren, die unser Verstand uns nahelegt.** Wir können realistisch bleiben: **akzeptieren und lieben wir uns und andere so, wie wir sind und sie selbst sind — oder auch nicht sind.** Wir können begreifen, daß auch die anderen den Weg zur Bewußtseinserweiterung eingeschlagen haben — manche kriechen langsam, andere wiederum „joggen“ förmlich. Wir alle müssen Fehler machen, Enttäuschungen einstecken, vergessen und uns wieder erinnern — das alles gehört zu dieser Reise.

Von einem Panorama-Blickwinkel aus gesehen sind also unsere „Umleitungen“ einfach **ein Teil der Strecke von dort, wo wir sind, hin zu dem Bewußtsein der Liebe und des Eins-Seins.** Nehmen wir an, wir wollen von San Francisco nach New York reisen. Laut Straßenkarte geht das einfach über die Autobahn „Interstate 80“. Jemand in einem Flugzeug könnte jedoch feststellen, daß wegen schwerer Schneefälle ein riesiger Umweg in Wyoming erforderlich ist. **Für jemanden mit ei-**

nem Panorama-Blickfeld stellt dieser Umweg einfach einen Teil der gesamten Reise dar. Aber unser Verstand läßt uns ungeduldig und verärgert werden, denn er hängt suchthaft an einer Vorstellung, wie Straßen beschaffen sein sollten. Und so fängt Unglücklichsein an.

Indem wir uns selbst und andere als erwachende Geschöpfe sehen, erkennen wir, daß jedermann und alles sich in einem Entwicklungsprozeß befindet. Wir sind keineswegs starr und unbeweglich, auch wenn es manchmal ganz so aussieht. Durch Liebe, Verständnis und unter den richtigen Umständen können Menschen sich wirklich ändern. Hoffnungslose Fälle gibt es nicht — auch wir selbst sind keiner. Ungeachtet aller unserer heutigen Süchte ist Veränderung immer möglich. Wir müssen an unserem eigenen Verstand arbeiten, um immer mehr Liebe in unserem Leben zu schaffen, denn Liebe öffnet unsere Herzen und hilft uns, den Mut zu finden, uns von unseren suchthaften Programmierungen zu lösen. Wir können nur immer wieder betonen, daß wir den paradiesischen Zustand, „die höheren Bewußtseinsebenen der grenzenlose Liebe und des Eins-Seins“, nur dadurch erreichen, daß wir unsere Suchtzwänge abbauen und unsere Liebe stärker werden lassen.

UNSER GEBURTSRECHT

Die zweite Aussage des **Zwölften Pfades** besagt,

daß wir hier sind, um Anspruch auf unser Geburtsrecht zu erheben. Worin besteht dies? In unserem Anrecht als Menschen auf das Schaffen und Genießen der „höheren Bewußtseinsebenen der grenzenlosen Liebe und des Eins-Seins". Und warum können wir dies als unser angestammtes Recht ansehen?

Wir „entdecken" die Erfahrung von Liebe und Eins-Sein als einen **Naturzustand**, der vom menschlichen Verstand hervorgerufen wird, nachdem er von allen Dschungelprogrammen befreit ist. Denn wir müssen nicht erst lernen, Liebe und Eins-Sein zu schaffen. Wir müssen vielmehr aufhören, das zu tun, was uns daran hindert, **die natürliche menschliche Tendenz zu gegenseitiger Liebe** zu aktivieren.

Es ist so, als würde das Licht der Liebe und des Eins-Sein schon immer in uns leuchten, nur haben wir es dermaßen verdeckt, daß nur wenige Lichtstrahlen nach außen dringen können. Unser Geburtsrecht ist ein Juwel, das wir schon immer besaßen. Da wir aber so sehr damit beschäftigt sind, unseren vermeintlichen Persönlichkeitsrollen entsprechend zu leben, **können wir nicht entdecken, welch schöne Wesen wir wirklich sind. Und so beklagen wir ständig unsere Verarmung und unseren Mangel an allem — anstatt einfach das großartige Geburtsrecht in Anspruch zu nehmen, das wir bereits besitzen.**

EINE DIFFERENZIERTERE WERTSKALA

Eine differenziertere Wertskala als praktischer Wegweiser zu Liebe und Eins-Sein könnte sich für uns als durchaus hilfreich erweisen. Wir wollen einmal unser gesamtes Wissen über ethische oder moralische Wertvorstellungen wie Redlichkeit oder Unredlichkeit, Hilfsbereitschaft oder Verweigerung von Hilfe, Töten oder Nichttöten durch eine einzige, unkomplizierte Wertskala ersetzen. Im unteren Skalenbereich befinden sich diejenigen Gedanken und Handlungen, die unser Gespaltensein, unsere Trennung, Entfremdung und Dualität, deren Auslöser unsere Programme des getrennten Selbst sind, noch verstärken. Im oberen Skalenbereich sind jene Gedanken und Handlungen, die automatisch eintreten, wenn vereinende Programme in uns ablaufen.

WERTSKALA DES BEWUSSTSEIN

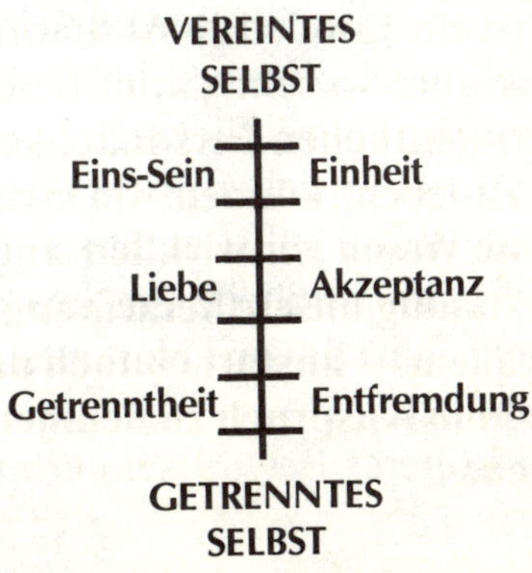

Nimm bitte zur Kenntnis, daß diese Wertskala deine Programme betrifft, und nicht die der anderen. Nehmen wir einmal an, daß dein Chef einen Suchtzwang auslebt und wütend auf dich ist. Er ist darauf fixiert, dir gegenüber ständig Gefühle von Getrenntheit und Entfremdung zu vermitteln. Du würdest diese Skala mißbrauchen, wenn du deinen Chef danach beurteilen würdest. Überprüfe dich statt dessen erst einmal selbst. Fühlst **du** dich isoliert und entfremdet, wenn er dir Vorwürfe macht? Akzeptierst und liebst **du** deinen Chef, selbst wenn er dich weder akzeptiert noch liebt? **Du** mußt versuchen, dich im oberen oder mittleren Bereich der Wertskala zu halten, besonders dann, wenn dir bewußt wird, daß Leute um dich herum nach Programmen des getrennten Selbst agieren.

Dies ist eine extrem feinfühlige Skala ethischer und moralischer Wertvorstellungen. Sie ist differenzierter als das normale Register der Gebote und Verbote, das Leute daran hindern soll, sich gegenseitig weh zu tun, wenn ihr Bewußtsein weitgehend von den Dschungelzentren geleitet wird. Solange jedoch Menschen ihre Sicherheits-, Sinnesreiz- und Machtsüchte ausleben, sind die Gebote „du sollst nicht lügen, du sollst nicht stehlen, du sollst nicht töten" usw. nützlich, um uns als Einzelne und als Gesellschaft davon abzuhalten, uns gegenseitig zu zerreißen.

Wenn wir höheres Bewußtsein erlangen, erweisen sich diese formellen Moralvorschriften gegenüber unserer weitaus differenzierteren Wertskala als wenig hilfreich, denn alles sinnvolle an den Moralgrundsätzen ist automatisch Teil der Wertskala des Bewußtseins. Stielst du etwas und betrachtest dich dann innerlich selbst, so stellst du fest, daß du ein Programm deines getrennten Selbst auslebst — und dich damit am unteren Ende der Skala befindest.

Auf der Bewußtseinsebene der Liebe gäbe es niemanden zu bestehlen. Du kannst einzig und allein von „den anderen" stehlen, und die kreiert dein Verstand nicht mehr — sondern nur noch „wir". Wenn dein Verstand keine isolierenden Schranken der Trennung mehr errichtet, kannst du dich niemals so bedürftig oder abgesondert fühlen, daß du einen anderen Menschen bestehlen würdest. Nur die Sicherheits-, Sinnesreiz- oder Machtsüchte des getrennten Selbst könnten jemals einen Diebstahl veranlassen — und im Zentrum der Liebe hast du diese bereits weit hinter dir gelassen.

Diese neue Wertskala ist ein Teil unseres Anrechts auf „die höheren Bewußtseinsebenen der bedingungslosen Liebe und des Eins-Seins" und stellt eine bedeutende moralische Weiterentwicklung dar. Die Gebote, ethischen Regeln oder Vorschriften, die wir so dringend brauchen, um unsere dschungelartigen Sicherheits-, Sinnesreiz- und Machtsüchte zu entschärfen, werden von uns als von außen aufgezwungen erfahren — unsere Kriege und Gefängnisse zeigen nur zu deutlich, welch geringen Beitrag sie beim Aufbau einer gemeinschaftlichen Gesellschaft leisten.

Vorschriften und Gebote werden nicht als Teil unserer selbst erfahren, und man sagt sich selbst mehr oder weniger: „Dies ist die Gesellschaft, und dies sind die Dinge, die gute Leute nicht tun. Ich will nicht für schlecht gehalten werden, also befolge ich diese Regeln besser oder tue wenigstens so als ob“. Verhaltensregeln werden deshalb eher als etwas erfahren, das „die anderen“ „uns“ aufzwingen. Menschen befolgen den Buchstaben des Gesetzes — und nicht die Absicht dahinter.

Vorschriften als moralischer Wertmaßstab führen oftmals zu Schuldgefühlen oder zu Selbstablehnung. Die hier von uns als Teil unseres Erwachens beschriebene Wertskala wird uns nicht von außen auferlegt, auch nicht von innen aufgezwungen. Denn in ihrer höchsten Form richten wir uns nicht danach nur um uns selbst gegenüber besser dazustehen. Wenn wir unseren Verstand lehren, das Dschungelbewußtsein des getrennten Selbst zu überwinden und Realitäten aus dem Programm des vereinten Selbst des Zentrums der Liebe heraus zu schaffen, **bestimmt statt dessen naturgemäße Weisheit unser Handeln.**

So hat ein Geschäftsmann, der vom Zentrum der Liebe motiviert wird, keine ausbeutende

Subjekt-Objekt-Haltung mehr im Hinblick auf möglichst billigen Einkauf und teuren Verkauf. Statt dessen praktiziert er nun Liebe und Dienst an seinen Brüdern und Schwestern durch den Einkauf qualitativ hochstehender Waren, richtige Warenauszeichnung und den Verkauf zu einem angemessenen Preis, so daß er trotzdem im Geschäft bleiben und seinen fairen Lebensunterhalt davon bestreiten kann. Wenn wir allen Menschen gegenüber eine solche Haltung entgegenbringen, brauchen wir nicht auf von außen aufgezwungene Moralvorschriften zurückzugreifen. Unsere Gedanken und Handlungen sind automatisch auf die höheren Bewußtseinsebenen im Bereich der Wertskala ausgerichtet, da es in unserer Wahrnehmung niemanden mehr gibt, der auszubeuten oder auszunutzen wäre. Wir sind alle Brüder und Schwestern — eine große Familie im „wir".

Aus dieser geschwisterlichen Haltung heraus läßt sich durchaus ein gutgehendes Geschäft aufbauen, denn die Menschen werden die Ausstrahlung begreifen, daß du dein Geschäft aus Liebe und um zu dienen betreibst. Sie werden dir Vertrauen entgegenbringen und gern bei dir kaufen.

LIEBE UND EINS-SEIN

Wir haben bei der Erörterung des **Elften Pfades** darauf hingewiesen, daß es in der Liebe noch einen leichten Ansatz von Subjekt-Objekt-Verhalten gibt. Hier stehst du — und dort der Mensch, den du liebst. Da herrscht noch eine gewisse Trennung — wenn auch nur schleierartig. In der vereinenden Erfahrung sind trennungsbedingte Wahrnehmungsgrenzen weitgehend verschwunden, und die Illusion der Getrenntheit zwischen dir und anderen wird von deinem Verstand nicht fortgesetzt.

Es ist soviel wichtiger, in welcher Hinsicht du anderen ähnlich bist, als inwieweit du dich von ihnen unterscheidest. In allen wichtigen Dingen im Leben ist dir klar, daß du genauso wie andere Menschen bist — du hast ein menschliches Herz, das empfindet, und bist ein gelegentlich stolpernder Reisender auf dem langen Weg des Lernens, wie ein Menschenleben geschaffen werden kann, das erfüllt ist von Energie, Weisheit, Liebe, Freude, Glück und Sinn.

Alle anderen Menschen befinden sich ebenfalls auf dieser Reise. Die meisten von ihnen haben in gewissen Bereichen einen Vorsprung dir gegenüber oder aber liegen hinter dir zurück — was jedoch inzwischen bedeutungslos geworden ist. Es werden keine trennenden Vergleiche mehr gezogen. Was sich dem vereinten Selbst offenbart, beginnt bereits, die Schönheit und Reichhaltigkeit deines Erfahrens zu steigern.

Im Verlauf dieses Lernprozesses, in dem du deinen Verstand wirksamer handhabst, um dein Leben immer erfüllter zu gestalten, wirst du entdecken, daß der ganze Kram wie Geld, Sex, Beziehungen und „Erfolg“, immer noch da ist. Jetzt aber sind diese Dinge für dich Teile des Spiels des Lebens statt Lebenszweck zu sein.

Der Sinn des Lebens, das wir jetzt verwirklichen, beinhaltet zu lernen, unsere Suchtzwänge abzubauen und unsere Liebe zu verstärken, so wie wir es nach dem Prinzip der Gelebten Liebe formulieren:

Sinn unseres Lebens ist es, uns
von allen suchtartigen Fallen zu befreien,
um so EINS zu werden mit der
Unendlichkeit der GELEBTEN
LIEBE

TEIL VI

Dein Beitrag zur Verwirklichung

Es kommt darauf an, deine Suchtzwänge abzubauen und deine Liebe zu verstärken. Sich dies einfach nur zu wünschen, ist ungefähr so wirksam wie der bloße Wunsch, körperlich stärker zu sein. Tägliche Übungen und Wiederholungen sind notwendig, um deinen Verstand zu befähigen, seine suchthaften Forderungen zu verringern und die Fähigkeit zu bedingungsloser Liebe zu verstärken.

16
Die Anwendung der Zwölf Pfade

Die **Pfade** sind Werkzeuge, die dir helfen können, deinen Verstand zu meistern. Sie helfen dir, deine automatisierten Dschungelprogramme durch menschliche Programme zu ersetzen, mit denen du wirksamer leben und deine wirklichen Ziele erreichen kannst. Du kannst von der Aussicht auf die Dinge, die dir wahres Glück verschaffen sollen, nie genug bekommen — und dennoch realisierst du es nicht: Sicherheit, Sinnesreize, Macht, Geld, Luxus, Ansehen im Leben, Stolz, wenn du dich mit anderen vergleichst, materieller Besitz usw., deiner Meinung nach die Erfüllung überhaupt, sind in Wirklichkeit nur ungeschickte, gesellschaftsorientierte Strategien, um „genug" zu bekommen, „genug" zu haben und „genug" zu sein. Die von dir wirklich angestrebten, befriedigenden Lebenserfahrungen sind größere Energie, Einsicht und Wahrnehmungsvermögen, Einklang mit deiner intuitiven Weisheit, Liebe zu dir selbst und zu anderen, Freude, Glück, innerer Frieden und das Gefühl, daß dein Leben einen Sinn hat. Nur sie sind ganzheitlich befriedigend — und genug.

Das verstandesmäßige Erfassen der **Zwölf Pfade** ist nur ein erster Schritt in diese Richtung. Der zweite Schritt ist der Entschluß, dich mit einem qualitativ reduzierten Leben nicht zufrieden zu geben. Das heißt entschlossen sein, an dir zu arbeiten, um den enormen Unterschied zu verwirklichen, den die **Zwölf Pfade** in deinem Leben machen können. Wenn du malen lernen würdest, wären dein Erlernen der Grundlagen der Malerei und deine Entschlossenheit, ein guter Maler zu werden, nur die ersten Schritte. Dann heißt es üben, üben und nochmals üben. Und ohne unzählige Übungsstunden wirst du nie die Fertigkeiten entwickeln, die du brauchst, um in deinem Leben eine wirkliche „Umkehr" zu bewirken.

AUSWENDIGLERNEN DER PFADE

Willst du ernsthaft an der Anwendung der **Zwölf Pfade** arbeiten, ist der erste Schritt, sie auswendig zu lernen. Die meisten von uns haben eine starke Programmierung dagegen; wir hassen Auswendiglernen. Seit wir es in der Schule tun mußten, haben sich viele von uns geschworen, niemals wieder etwas auswendigzulernen. Hinsichtlich einer solchen suchtartigen Antipathie mußt du eventuell in diesem Bereich an dir arbeiten. Denn du kannst die **Zwölf Pfade** tagtäglich nur dann mit größtmöglicher Wirkung anwenden, wenn du sie sowohl bewußt als auch unbewußt verinnerlicht hast.

Der erste Schritt ist also das Auswendiglernen der **Zwölf Pfade**, damit du sie **Wort für Wort hersagen kannst, wenn du emotional aufgebracht bist.** Wenn du wirklich entschlossen bist, die **Zwölf Pfade** zur Verbesserung deines Lebens anzuwenden, wirst du es schaffen. Du tust es ja für dich — also lerne sie nicht oberflächlich auswendig, so daß du sie nur mühsam und „ungefähr" aufsagen kannst. Ein solch lückenhaftes Lernen wird nur dazu führen, daß dein trennendes Selbst sie schnell „überfährt", wenn du sie wirklich einmal brauchst. Lernst du sie nur zum Teil auswendig, besteht die Gefahr, daß du Teilsätze vergißt, Worte verwechselst oder dich einfach nicht daran erinnerst, wenn du dich in einem Dilemma befindest. Oder du fängst an, sie dir herzusagen, und wirst abgelenkt, bevor dein Verstand die einsichtigen Hinweise daraus enthalten hat, die er benötigt.

Wenn du entspannt und deiner sicher bist und alles in deinem Leben nach deinen Vorstellungen verläuft, brauchst du die **Zwölf Pfade** nicht. **Aber du brauchst sie, wenn du Druck verspürst.** Und dann weißt du sie nicht mehr, wenn du sie nicht gründlich auswendig gelernt hast. Um hier sicherzugehen, kannst du sie in Gegenwart eines Freundes hersagen, der dich auf jedes vergessene Wort aufmerksam machen kann. Um sie ganz zu verinnerlichen, laß es deinem Ego nicht durchgehen, ein einziges Wort oder einen Buchstaben zu vergessen oder zu verwechseln. Arbeite daran, bis du sie schnell aufsagen kannst, **auch wenn du befangen oder aufgeregt bist.** Dann erst werden sie wertvolle Werkzeuge für deine innere Arbeit.

Aus dem Arbeitsbuch „The Methods work . . . if you do!" hier zehn Ratschläge, die dir beim Auswendiglernen der **Pfade** helfen können:

1. Lerne sie nacheinander auswendig (pro Tag oder Woche vielleicht einen).
2. Arbeite mit jemandem zusammen.
3. Verteile überall in deinen Räumen Kopien, um sie häufig sehen und lesen zu können: auf dem Kühlschrank, im Badezimmer (mit einer Plastikhülle in der Dusche), beim Telefon usw.
4. Lerne sie wort- und satzweise auswendig: „ich", „ich befreie", „ich befreie mich" usw.
5. Sprich sie auf ein Tonband, das du dir vor dem

Zubettgehen, morgens vor dem Aufstehen sowie mehrmals am Tag anhörst.

6. Untermale sie mit Musik.
7. Steck sie dir in die Tasche oder binde sie dir ums Handgelenk.
8. Stelle jeden **Pfad** zeichnerisch dar.
9. Sag dir zentrale Begriffe stichwortartig auf: „Ich befreie mich . . . suchthaftem Verlangen“. „Ich erkenne . . . trügerische Version.“
10. Lies sie laut vor dem Zubettgehen, morgens vor dem Aufstehen sowie mehrmals am Tag.

Schaffst du dir beim Auswendiglernen Frustration, so erfährst du ein suchtgeprägtes Programm. Übernimm anhand des **Fünften Pfades** die Verantwortung für diese Erfahrung. Mit Hilfe des **Sechsten Pfades** kannst du deine suchthafte Einstellung zum Auswendiglernen dann vollkommen akzeptieren. Hab Geduld und sei nachsichtig mit dir selbst — aber lerne sie irgendwann auswendig.

Vielleicht hilft es dir, eine Kopie der **Zwölf Pfade** eine Weile bei dir zu tragen, nachdem du sie auswendig gelernt hast. Wenn du sehr aufgebracht bist, wirst du sie vielleicht zeitweilig „vergessen“. Sie anzusehen wird deine Aufmerksamkeit wieder darauf konzentrieren, so daß du den einen oder anderen **Pfad** erkennst, der genau paßt. Du findest die Texte der **Pfade** am Ende des Kapitels 3.

DREI GRUNDSÄTZLICHE METHODEN

Wir empfehlen drei grundsätzliche Methoden bei der Anwendung der **Zwölf Pfade** als Hilfen beim Abbau deiner Suchtzwänge und bei der Verstärkung deiner Liebe:

1. **Sprich alle Zwölf Pfade langsam und meditativ vor dich hin.** Wenn du **das einfach machst,** wirst du dadurch verstärkt die innere Weisheit in deinem Unbewußten erfahren, die du aufgrund deiner vorprogrammierten Suchtzwänge hast brachliegen lassen. **Sag sie dir einfach auf, sobald dir bewußt wird, daß du aufgeregt bist oder dich isoliert fühlst.** Zögere nicht und höre nicht auf. Vielleicht hilft es dir, sie dir zwei- oder dreimal oder sogar noch öfter vorzusagen, wenn du wirklich unter einem starken Suchtzwang stehst.
2. **Wähle einen oder zwei Pfade, die in der jeweiligen Situation geeignet sind, und sag sie dir immer wieder auf.** Vergiß nicht, daß es zu einer bestimmten Situation keinen richtigen oder falschen Pfad gibt. Nimm dir einfach einen oder mehrere vor, denen du dich zu der Zeit besonders offen gegenüber fühlst. Vielleicht möchtest du auch einen Zähler dabei verwenden. Nehmen wir einmal an, du verlangst, daß dein Vermieter die Miete nicht erhöht. Dein Ziel ist also, diese suchthafte Forderung in eine Präferenzhaltung umzuwandeln, so daß du dies mit ihm in einer vereinigenden Atmosphäre besprechen kannst. Du könntest hier beispielsweise

mit dem **Dritten** und **Vierten Pfad** arbeiten. Sag dir diese beiden **Pfade** jeweils hundertmal auf und benutz dabei den Zähler zur Kontrolle. Mach dir das Aufsagen der **Pfade** nicht zu einer „Pflicht“, denn das könnte deinen Verstand Selbstablehnung hervorrufen lassen, wenn du die angestrebte Anzahl nicht erreichst.

3. **Sprich deine Forderung abwechselnd mit den Zwölf Pfaden aus.** Das ist eine der wirkungsvollsten Methoden der Anwendung der **Pfade**. Doch zuvor mußt du den Suchtzwang, um den es bei dir geht, in Worte fassen. Mach dir genau klar, was du in diesem Augenblick an dir selbst, an anderen Menschen oder am Leben selbst anders haben möchtest. Als eine Möglichkeit, deine suchthafte Forderung exakt festzustellen, könntest du dir einen Wundergeist vorstellen, der alle deine Wünsche erfüllt. **Genau was würdest du dir jetzt wünschen? Dies ist deine suchthafte Forderung. Sei präzise — nicht verallgemeinern.**

Formuliere deine Forderung folgendermaßen: „Ich wähle das Gefühl von . . . . . (an dieser Stelle setze das dich trennende Gefühl ein), weil ich wähle, suchtartig zu fordern, daß . . . . . (setze hier deine Forderung ein)“.

Nach der dritten Methode sagst du also deine suchthafte Forderung abwechselnd mit den Zwölf einzelnen Pfaden auf.

Zum Beispiel:
„Ich wähle das Gefühl von Gereiztheit und Frustration, weil ich suchthaft verlange, daß Bob nicht vergessen hat, die Karten zu kaufen."

„Ich befreie mich von meinem suchthaften Verlangen nach Sicherheit, Sinnesreiz und Macht, das mich dazu treibt, Situationen in meinem Leben mit Gewalt kontrollieren zu wollen, und dadurch meine innere Gelassenheit zerstört und mich davon abhält, mich selbst und andere zu lieben."

„Ich wähle das Gefühl von Gereiztheit und Frustration, weil ich suchthaft verlange, daß Bob nicht vergessen hat, die Karten zu kaufen."

„Ich erkenne, wie meine bewußtseinsbeherrschenden Süchte meine trügerische Version der sich ständig wandelnden Welt mich umgebender Menschen und Situationen hervorrufen."

„Ich wähle das Gefühl von Gereiztheit und Frustration, weil ich suchthaft verlange, daß Bob nicht vergessen hat, die Karten zu kaufen."

„Ich begrüße die Gelegenheit, die mir die Erfahrung jedes einzelnen Moments bietet (auch wenn dies schmerzlich ist), mir der Süchte bewußt zu werden, die ich umwandeln muß, um von meinen roboterhaften, emotionalen Verhaltensmustern befreit zu sein."

Fahr in diesem Sinne weiter fort, bis du mit allen **Zwölf Pfaden** fertig bist. Dann betrachte die Erfahrung, die du schaffst. Fühlst du dich nach wie vor aufgebracht, wiederhole den Vorgang ein- bis zweimal — oder sogar noch öfter. Als Alternative hierzu kannst du deine suchthafte Forderung abwechselnd mit einem oder mehreren **Pfaden** hersagen, die sich diesbezüglich besonders eignen.

RATSCHLÄGE FÜR DEINE INNERE ARBEIT

Unterliegst du einer suchthaften Forderung, so bringt dich jede Minute, die du in Anwendung der **Zwölf Pfade** nach den oben dargestellten drei Methoden verbringst, einen kleinen Schritt deinem Ziel näher, Herr über deinen eigenen Verstand und deine eigenen Erfahrungen zu werden. Selbst wenn es dir in dem Moment nicht spürbar sein sollte, bist du dabei, ein Fundament für dein Wachstum zu bauen — Wachstum von Beständigkeit und Wert. Die **Zwölf Pfade** sind völlig transportabel. Wenn du sie einmal auswendig gelernt hast, sind sie immer bei dir. Du kannst sie jederzeit und überall anwenden.

Wenn du ungeduldig wirst und rascher Ergebnisse verlangst, als du sie erreichst, **arbeite daran wie an einer Suchtforderung.** Du kannst die **Zwölf Pfade** dabei wie im vorigen Beispiel verwenden:

„Ich wähle das Gefühl von Ungeduld und Enttäuschung, weil ich suchthaft verlange, daß die **Zwölf Pfade** schneller ihre Wirkung zeigen, als sie es tun."

„Ich befreie mich von meinem suchthaften Verlangen nach Sicherheit, Sinnesreiz und Macht, das mich dazu treibt, Situationen in meinem Leben mit Gewalt kontrollieren zu wollen, und dadurch meine innere Gelassenheit zerstört und mich davon abhält, mich selbst und andere zu lieben."

„Ich wähle das Gefühl von Ungeduld und Enttäuschung, weil ich suchthaft verlange, daß die **Zwölf Pfade** schneller ihre Wirkung zeigen, als sie es tun."

— UND MACH WEITER SO.

Erwarte nicht, daß die **Zwölf Pfade** dein Erfahren des Zorns oder der Sorge augenblicklich in Einsicht und Liebe umwandeln. **Du kannst nicht jahrzehntelang Suchtzwänge anwenden und dann die Zwölf Pfade ein paarmal hersagen und erwarten, daß sich deine Suchtprogramme auf der Stelle in nichts auflösen.** Die **Zwölf Pfade** können ziemlich rasch bei leichteren Suchtzwängen Wirkung zeigen. Auf „schwere Brocken" allerdings, wo Beziehungen, Sex, Geld, Stolz, Prestige, Kontrolle und Selbstablehnung im Spiel sind, wirst du wahrscheinlich Monate an innerer Arbeit verwenden müssen, bis du damit **umzugehen** lernst. Vielleicht benötigst du sogar Jahre, bis du einige Suchtzwänge so aufgearbeitet hast, daß du sie in Präferenzhaltungen umwandeln kannst. **Es kann aber auch durch blitzartige Einsicht geschehen!**

Richte deine Aufmerksamkeit auf die Zielsetzung der **Zwölf Pfade** — und nicht darauf, deine dich trennenden Gefühle loszuwerden. Arbeite an der Ursache (deinen Suchtzwängen), nicht an Symptomen (deinen Gefühlen der Getrenntheit). Sag die **Zwölf Pfade** immer wieder auf — vielleicht solange, wie du dich aufgebracht fühlst.

Nimm auch geringe Fortschritte wahr — schätze sie und freue dich darüber. Die **Zwölf Pfade** anzuwenden ist einfach — aber nicht leicht. **Aber schließlich ist es noch schwerer, dein ganzes restliches Leben mit deinen Suchtzwängen verbringen zu müssen.**

SUCHTVERSTRICKUNGEN

Um unsere Fassung ist es endgültig geschehen, wenn wir mehrere Dinge gleichzeitig fordern. Solche Geisteshaltungen nennen wir „Suchtverstrickungen". Unser Verstand kann bis zu ein bis zwei Dutzend **sich gegenseitig nährende** suchthafte Forderungen enthalten. Es macht daher vielleicht wenig Unterschied, einen der Zwänge in einem solchen Gewirr aufzulösen, denn dieser spezielle Bereich unseres Verstandes ist inzwischen hart wie Granit geworden. Es ist Schwerarbeit, das abzubauen, und kann Jahre dauern.

Um an einer solcher Verstrickung zu arbeiten, schreibe zunächst einmal alle deine Suchtforderungen auf — und betrachte sie als Ganzes. Beachte, wie sehr sie einander stützen und den gesamten Suchtbereich festigen. Dann greif dir den momentan stärksten Suchtzwang in deinem Leben heraus und arbeite mit den **Zwölf Pfaden** daran. Mit anderen Worten: teile und überwinde! Nimm dir immer jeweils einen Suchtzwang vor, aber arbeite deine Liste einen nach dem anderen langsam durch.

Die Zwänge abzubauen, aus denen sich diese gesamte Verstrickung zusammensetzt, ist ebenso schwierig, wie einen Tisch mit ein bis zwei Dutzend Beinen zum Umkippen bringen zu wollen. Selbst wenn du ein oder zwei Beine absägst, wird der Tisch immer noch stabil sein. Aber arbeite dennoch an deinen Zwängen, sooft dir das Leben Gelegenheit dazu bietet. Schließlich bist du mit diesem Sucht-Knäuel nicht auf die Welt gekommen; du hast es dir ohne es zu wissen einprogrammiert. Mit Geduld und Geschick kannst du es in den Griff bekommen. Entwickle nicht die geistige Vorstellung, daß Bewußtseinserweiterung sich immer innerhalb weniger Sekunden oder Minuten herbeiführen läßt. Bei einem ganzen Haufen miteinander verzahnter Suchtzwänge wirst du eventuell einen Monat lang an einer Suchtverstrickung arbeiten wollen, die dein Leben unglücklich macht. Du kannst auch lernen, während deiner täglichen Routine daran zu arbeiten.

Sei dir aber wirklich klar darüber, ob du einen Suchtzwang in eine Präferenzhaltung umwandeln willst. Oder willst du dir nur die Menschen um dich herum zurechtbiegen oder schlicht und einfach nur keine Furcht und Frustration und keinen Ärger mehr verspüren? Vergiß nicht, daß deine suchthaften Forderungen die Ursache, und deine trennenden Gefühle die Wirkung sind. Versucht dein Verstand, die Wirkung zu beseitigen, ohne auf die Ursache einzugehen? Das kann er natürlich, indem er deine Gefühle unterdrückt — aber dadurch wird der Dreck nur unter den Teppich gekehrt, und du mußt zusehen, wie du damit fertig wirst. Überprüfe also nochmals genau deine Bereitschaft, deine Suchtzwänge abzubauen.

Dein Verstand wird nicht einen einzigen Suchtzwang in eine Präferenzhaltung umwandeln, wenn du diesen nicht ehrlich loszulassen bereit bist. Du kannst deinem Verstand nichts vormachen. Du mußt wirklich loslassen wollen — **nicht nur loslassen wollen wollen.** Du mußt selbst von einem Suchtzwang ablassen wollen — und nicht nur, um anderen gegenüber besser dazustehen oder um deinen eigenen Idealvorstellungen zu genügen.

Und wenn du an einem Suchtzwang festhalten willst, auch wenn dir bewußt ist, daß er deine Isolation und dein Unglücklichsein verursacht? Das ist in Ordnung; tu es. Dann mußt du dich auch weiterhin mit dem Suchtzwang und dem damit verbundenen Ärger und den Furcht- und Eifersuchtsgefühlen u. ä. abfinden. Aber tue es bewußt. Das heißt, nimm auch im Unglücklichsein wahr, daß eben dieser Suchtzwang Ursache deiner schlechten Gefühle ist. Nach Möglichkeit durchbrich die Illusion, daß deine Umwelt dir diese Erfahrungen bereitet. Dies wäre ein geeigneter Moment, die Kapitel 2 und 3 wieder zu lesen.

Dein Verstand wird dein Freund werden und dich bei der Änderung deiner Programmierung unterstützen, wenn du dir im großen und ganzen darüber klar bist, daß deine suchthaften Forderungen die unmittelbare und eigentliche Ursache deines Unglücklichseins sind — und du bereit bist, etwas dagegen zu unternehmen. Du wirst bei jedem Suchtzwang anfangen, Fortschritte zu machen, wenn dein Verstand begreift, daß die Sucht das eigentliche Problem ist, **und du fest entschlossen bist, den Suchtzwang unter Kontrolle zu bekommen.**

Wenn du von einem Suchtzwang abläßt, **läßt du nichts los, das sich lohnt, weiter zu haben, sondern du beseitigst die Grundlage deines Unglücklichseins.** Deine Suchtzwänge drehen sich meistens um Dinge, von denen du meinst, sie besitzen oder haben zu müssen — es geht gewöhnlich nicht um Dinge, die du tatsächlich besitzt. Wenn etwas wirklich dir gehört, hättest du vermutlich keine Berührung mit einem Suchtzwang! Du gibst also lediglich etwas auf, was dich leiden macht, und keinesfalls etwas Wertvolles!

WENIGER VERLANGEN UND MEHR LIEBE GEBEN

Über lange Strecken meines Lebens habe ich mir immer wieder eingeredet, daß ich irgendwie gereizt, verdrießlich, aufgebracht oder verärgert reagieren müsse, wenn meine Lebensgefährtin nicht das täte, was ich von ihr wollte. Wie sonst sollte ich sie so zurechtbiegen, daß ich das Leben mit ihr genießen konnte? Ich war in meiner suchthaften, trennenden Haltung gefangen. Auf diese Art und Weise habe ich zwei Ehen hinter mich gebracht. Und dann erkannte ich, wie ich nach dem Prinzip der Gelebten Liebe viel mehr Liebe geben konnte.

Ich gehe nun von dem Grundprinzip des vereinten Selbst aus, was mir zu einem wesentlich freudvolleren Leben verholfen hat, und versuche, das Bestmögliche aus einer Beziehung zu machen. Entspricht ein Mensch, mit dem ich zusammenlebe, in irgendeiner Hinsicht nicht meinen suchthaften Forderungen, arbeite ich an mir, **an der Handhabung meiner Suchtzwänge.** Ich mache mir immer wieder klar, daß ich etwas, was ich von ihr möchte, entweder bekomme oder auch nicht bekomme, wenn ich ihr dies deutlich mache, ohne jedoch Druck auf sie auszuüben, und sie auch weiterhin liebe. (!) Wenn ich es bekomme, toll; wenn nicht, dann weiß ich, daß ich trotzdem genug zum Glücklichsein habe **(Vierter Pfad). Wenn ich bedingungslos liebe, bin ich mit dem zufrieden, was**

das Leben mir geben kann. Auf den Rest kann ich verzichten.

Manchmal kann die Person, zu der ich eine Beziehung habe, mir nicht alles an Liebe geben, was ich mir wünsche. Es ist mir jedoch heute klar, daß der Preis zu verlorengegangener Liebe viel zu hoch ist, wenn ich konstant das Tonband laufen lasse: „Entweder richtest du dich nach mir — oder ich liebe dich nicht“. Statt dessen wird Liebe größer durch tiefreichende innere Ehrlichkeit und Kommunikation und dadurch, daß ich deutlich nach dem frage, was ich haben möchte. Die Menschen im Cornucopia-Zentrum drücken das so aus:

Frage nach dem, was du haben willst,
genieße das, was du bekommst.
An einer Differenz dazwischen mußt du arbeiten.

Ich habe festgestellt, daß ich bei geringeren Forderungen und größerer Liebe nicht unbedingt alles bekomme, was mein Verstand sich in einer Beziehung wünscht. Aber nachdem ich nun jahrelang versucht habe, meine Beziehungen durch vermehrte Forderungen und/oder weniger Liebe zum Funktionieren zu bringen, betrachte ich diese trennende Haltung nun als eine ziemlich ungeschickte Form der Lebensführung. Meiner Erfahrung nach gewinne ich hundertmal mehr Lebensfreude (und wahrscheinlich doppelt so viel, wie ich eigentlich haben wollte) dadurch, daß ich aus dem vereinten

Selbst heraus weniger verlange und mehr Liebe geben kann.

Laßt uns also mit der Verwirklichung anfangen! Du wirst dich nicht weiterentwickeln, wenn du dies nur herbeiwünscht, darüber nachdenkst oder dich diesbezüglich mit anderen vergleichst. Du wirst durch deine Arbeit an dir selbst in deinen tatsächlichen Lebenssituationen diese unglaubliche Umwandlung deiner selbst, deiner Beziehungen zu anderen und deines Leben bewirken. Das verheißen dir die **Zwölf Pfade.**

Der Volksmund sagt: „Gleich getan ist viel gespart." Da du erntest, was du gesät hast, kannst du beim automatischen Abspulen deiner Sicherheits-, Sinnesreiz- oder Machtsüchte rechtzeitig mit Hilfe der ***Zwölf Pfade*** *eingreifen. Das kann den Unterschied zwischen einem freudvollen und bewußten Leben voller Liebe aus dem vereinten Selbst heraus und einem abgesonderten Leben voller Kampf, Isolation und Entfremdung machen. Es ist die Wahl zwischen dem Himmel oder der Hölle in deinem Leben.*

17
Ergebnisse ernten

Der Schlüssel zu raschen Ergebnissen bei der Steigerung deiner Lebensfreude mit Hilfe der **Zwölf Pfade** liegt darin, sie sofort nach dem Auslösen einer suchthaften Forderung anzuwenden. Wenn du deinen Verstand erst ein Problem herumwälzen läßt, gibst du ihm die Gelegenheit, die emotionalen Impulse auszulösen, die deinen Herzschlag beschleunigen und Adrenalin in deinen

Kreislauf pumpen. Sind dein Körper und Verstand dadurch erst einmal in Schwung geraten, können die **Zwölf Pfade** nicht die von dir erwünschte rasche Veränderung deiner Erfahrung herbeiführen.

Es ist deshalb wichtig, daß du **in dem Augenblick, in dem dein Suchtzwang ausgelöst wird,** mit der Anwendung der **Zwölf Pfade** anhand einer der drei im vorherigen Kapitel beschriebenen Methoden beginnst. Untersuchen wir einmal eine hypothetische Situation, in der ein suchthafter Impuls automatisch nach klassischer Dschungelmanier ablaufen kann. In der graphischen Darstellung findet der Impuls bei 0 Sekunden statt (siehe die Grafik „Erfahrung ohne Anwendung der Pfade"). Nehmen wir einmal an, daß zu diesem Zeitpunkt jemand zu dir sagt: „Ich finde dich blöd." Im allgemeinen gehen wir auf soetwas ein (indem wir automatisch mit Zorn oder Anspannung reagieren), wenn wir nicht sehr gekonnt an uns selbst arbeiten.

Sobald du diese Worte vernommen hast, aktivieren die Neuronenketten des limbischen Systems des Gehirns andere Neuronen, die erstens dich in erhöhte körperliche Spannung versetzen, zweitens deinen Herzschlag beschleunigen (durch Ausschüttung von Adrenalin in den Kreislauf), drittens das emotionale Gefühl von Zorn auslösen und viertens das Verteidigungsministerium deines rationalen Verstandes auf den Plan ruft. Der Verstand erhält Impulse, die besten Strategien zu ent-

Erfahrung ohne Anwendung der Pfade

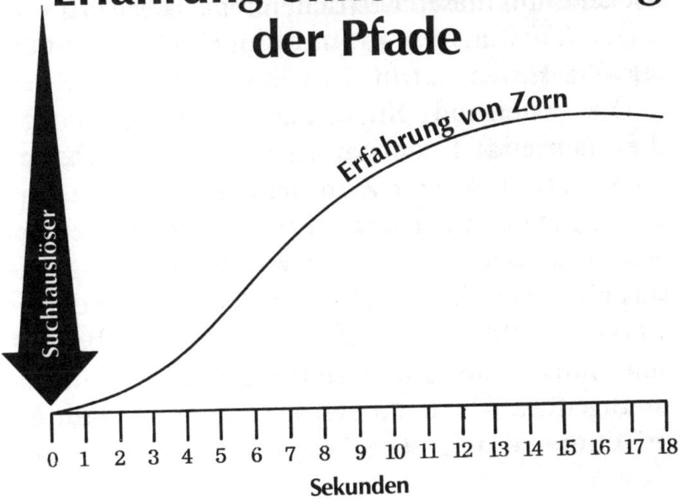

Wenn die Pfade wirksam angewendet werden

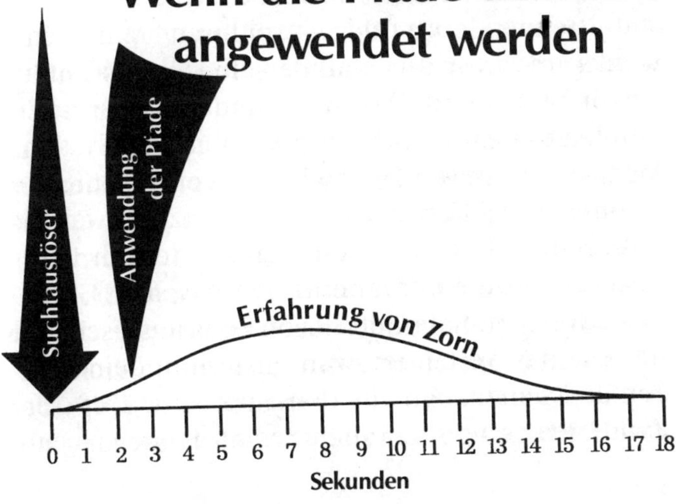

wickeln, um diesen Menschen ins Unrecht zu versetzen und ihm / ihr auf traditionelle Subjekt-Objekt-Weise weh zu tun.

Die ansteigende Kurve der oberen Grafik gibt die wachsende Intensität physischer und emotionaler Gefühle wieder. Zu beachten ist, daß die Kurve in den Sekunden, nachdem der Impuls das Nervensystem erreicht hat, weiter ansteigt. Dies ist natürlich nur ein hypothetisches Beispiel. Bei einem starken Suchtzwang setzen sich körperliche Anspannung, emotionale Gefühle und verstandesmäßige Recht-Unrecht-Denkschablonen über viele Minuten — manchmal sogar über Jahre — fort.

DEINE WAHL

Betrachten wir nun, was geschehen kann, wenn du die **Zwölf Pfade** rasch anwendest, um vereinende statt trennende Gefühle auszulösen. Wir gehen wiederum davon aus, daß derselbe Suchtstimulus bei dir bei Sekunde 0 einwirkt und daß du zwei Sekunden später die **Zwölf Pfade** als geistiges Instrumentarium anwendest, wie im vorhergehenden Kapitel beschrieben (siehe hierzu die Grafik „Wenn die Pfade wirksam angewendet werden"). Beachte, daß die Kurve deiner emotionalen Gefühle auch einige Sekunden nach Einsatz der **Pfade** noch weiter ansteigen kann, aber allmählich wieder abflacht, wenn der Verstand mit Hilfe der **Zwölf Pfade** von der suchthaften Forderung abläßt. Und das extreme Notsignal „Lebensgefahr“ wird dein Nervensystem wohl nicht auslösen.

Am Beispiel der Grafik wird gezeigt, wie dies funktionieren kann, wenn du einiges an Geschick in der Anwendung der **Zwölf Pfade** entwickelt hast. Erwarte jedoch nicht, daß dir dies auch gleich von Anfang an so gelingt. Das Loslassen eines Suchtzwanges verlangt langes Training deines Verstandes.

DER URSPRUNG DES GETRENNTSEINS

Es ist wichtig, daß du den Unterschied zwischen der Unterdrückung von Gefühlen und der Umprogrammierung einer suchthaften Forderung klar verstehst. Wenn du deine emotionalen Gefühle unterdrückst, schränkst du deine Reaktion auf eine Suchtforderung mit Hilfe eines Recht-Unrecht / gut-schlecht-Schemas ein, das aber nicht auf den Abbau des Suchtzwangs hinwirkt, sondern vielmehr das „Ersticken“ deiner emotionalen Reaktionen bewirkt.

So können die **Pfade** dich von der Unterdrückung deiner Gefühle über den Ausdruck dieser Gefühle bis hin zur Umprogrammierung deiner suchthaften Forderungen führen. An diesem Punkt hast du dann die Ursache des Problems beseitigt. Dein Verstand wird keinen Anlaß mehr haben, Gefühle des Getrenntseins zu unterdrücken oder zu äußern.

Es ist von elementarer Wichtigkeit für deine Bewußtseinserweiterung, daß du Gefühle des Zorns, der Angst, Frustration, Eifersucht usw. zuläßt. Mit anderen Worten, es kommt darauf an, die Suchtzwänge (Ursache) auszuschalten, nicht die dadurch hervorgerufenen Gefühlsäußerungen (Wirkung) ersticken zu wollen. Das Gefühl der Wut verbergen oder nicht ausdrücken zu wollen hieße, auf einem Topf mit kochendem Wasser einen Deckel festzuschrauben — es wird zur Explosion kommen! Es ist das Behandeln von Symptomen bei Nichtbeachtung des eigentlichen Problems — der Sucht.

Dadurch, daß du mit dem Einsatz der **Zwölf Pfade** zwischen Suchtstimulus und automatischer Reaktion deines Verstandes intervenierst, werden deine physischen und psychischen Probleme geringer. Am Anfang deines praktischen Umgangs mit dem Prinzip der Gelebten Liebe wirst du vielleicht Minuten oder sogar Stunden brauchen, bevor du dich an die **Zwölf Pfade** überhaupt erinnerst. Ein starker Suchtzwang kann dich in eine Situation nach der anderen einsteigen lassen, statt daß du sie bewußt als Teile des Melodramas deines Lebens erkennst.

Lehne dich nicht selber ab, wenn das passiert — du bist schön, liebenswert und zu großer innerer Kraft fähig. Du bist vollkommen. Es ist einzig und allein deine suchtbehaftete Programmierung, die in Präferenzhaltungen umgewandelt werden muß, um deine Erfahrung des Lebens grundlegend zu verändern. Du wirst feststellen, wenn du die **Pfade** Monat für Monat gekonnt anwendest, daß du immer rascher in Aktion treten kannst. Und je schneller du sie anwendest, desto besser wird das Ergebnis sein. Aber es ist egal, wie lange du dazu brauchst — auf jeden Fall gilt: „Besser spät als nie“.

Wenn uns etwas wichtig ist, leiden wir früher oder später deswegen. Wenn uns aber nichts wichtig ist, schaffen wir Langeweile und öde Leere in uns. Das Bewußtsein ist der schmale Grat, auf dem wir des Lebens Spiel betreiben — wohl wissend, daß es die Eigenart des Lebens ist, daß wir manchmal gewinnen und manchmal verlieren. Wir spielen unsere Rollen in diesem Melodrama, als hingen unsere Leben davon ab. Aber hinter all dem — da sind wir — und betrachten alles mit heiterer Gelassenheit. Das befreit uns vom Unglücklichsein — und verleiht uns begeisterte Lebendigkeit.

18 Die Umwandlung deines Lebens

Die Lebensrealität ist Grundlage für die Wissenschaft des Glücks. Glücklichsein verstärkt sich in dem Maße, als, zum einen, suchthafte Forderungen abnehmen und, zum anderen, die Liebe zu sich selbst und zu anderen zunimmt. Je mehr Suchtzwänge du hast, desto weniger Liebe wirst du empfinden. Süchte sind offensichtlich die „Bazillen“, die die Hauptrolle bei jener „Erkrankung“ des Verstandes inne haben, die wir „Unglücklichsein“ nennen.

Wir befinden uns in einer schlimmen Lage. Aufgrund unserer Suchtzwänge steht uns lebenslanges Unglücklichsein bevor. Das heißt nicht, daß wir nicht gelegentlich Genuß erfahren werden. Aber kurz darauf macht uns unsere suchtgeprägte Programmierung wieder anfällig für das Schaffen von ausgedehntem Unglücklichsein in unserem Leben. Es geht zu wie in einer Achterbahn — immer auf und ab.

Wie können wir aus der Achterbahn aussteigen? Wir schaffen Glücklich- oder Unglücklichsein im Leben je nachdem, ob wir suchthafte oder präferenzorientierte Programmierung benutzen, um das, „was ist“, in unserem Leben zu erfahren. Hier liegt der Schlüssel zur Umwandlung unserer gesamten Erfahrung des Lebens.

Wir sind mit nur einigen wenigen Forderungshaltungen — wie nach Nahrung oder Wärme — auf die Welt gekommen. Im Heranwachsen steigern wir unsere Forderungen nach einer erstaunlichen Vielzahl von Dingen gewaltig. Die Kurve der „suchthaften Forderungen“ der oberen Grafik „Üblicher Lebensverlauf“ zeigt den Anstieg der Kurve unserer programmierten Suchtzwänge von

Üblicher Lebensverlauf

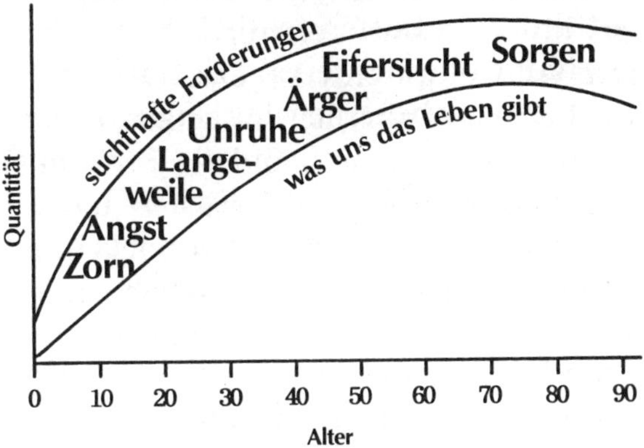

Das sinnvoll gehandhabte Leben

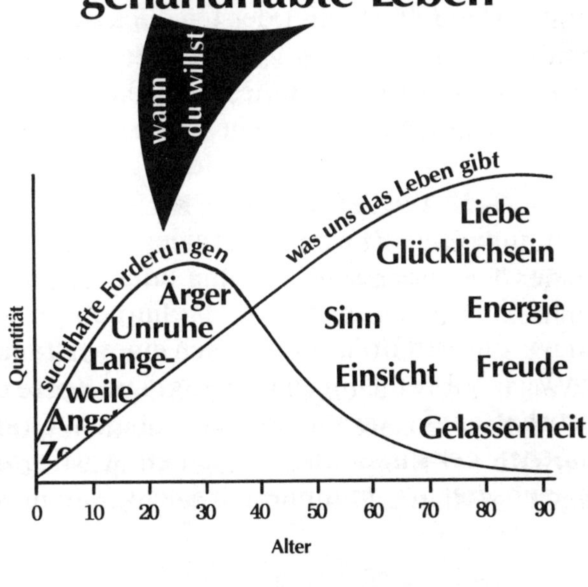

einem niedrigen Ausgangspunkt bei unserer Geburt bis hin zu schwindelerregenden Höhen im weiteren Verlauf unseres Lebens. Der Maßstab, den die Leute um uns herum setzen („mit den Nachbarn Schritt halten"), und die uns vom Fernsehen geschaffenen Bedürfnismuster suggerieren dem Verstand unaufhörlich auf verlockende Weise: „Wenn du das bloß hättest, wärest du glücklich." Und unsere Forderungshaltungen steigen raketenartig in die Höhe!

Die Kurve unserer suchthaften Forderungen flacht kurz nach dem Erreichen des mittleren Alters ab und sinkt im höheren Alter allmählich. Das bedeutet lediglich, daß du mit 90 Jahren wahrscheinlich nicht mehr das gleich große suchthafte Verlangen nach Geld und Sex äußern wirst wie mit 50 Jahren! Zu beachten ist dabei, daß die Kurve unserer suchthaften Forderungen im Verlauf unseres gesamten Lebens konstant hoch verläuft.

WIE WIR MÄNGEL ENTSTEHEN LASSEN

Und nun kommt die Tragödie! Und sie liegt nicht an einer der beiden Kurven selbst, sondern an dem beachtlich unterschiedlichen Verlauf der Kurve unserer „suchthaften Forderungen" und der Kurve „Was uns das Leben gibt". **Wichtig festzuhalten ist, daß diese letztere Kurve im allgemeinen ständig unterhalb der Kurve unserer „suchthaften Forderungen" verläuft.** Hin und wieder werden unsere

Forderungshaltungen vom Leben erfüllt; in dem Punkt treffen sich dann beide Kurven für kurze Zeit, und wir sind zeitweilig glücklich.

Im allgemeinen funktioniert unser Verstand jedoch so, daß wir jedesmal, wenn wir mehr vom Leben bekommen, **unsere Forderungen sofort anheben.** Obwohl wir uns sagen, daß wir mit 50.000 Mark im Jahr glücklich und zufrieden sein würden, stellen wir fest, sobald wir diese Summe verdienen, daß wir 75.000 Mark jährlich zum Glücklichsein brauchen. Unser Verstand ist aufgrund nicht überprüfter und unkontrollierter Motivationssysteme vorübergehend zufriedenzustellen.

Wir machen uns neurotisch und verrückt mit all den suchtbehafteten Denkschablonen dazu, wie das Leben sein muß, bis wir uns die Erfahrung von Gelassenheit, Liebe und Glücklichsein schaffen lassen. Du siehst, daß der Raum zwischen der Kurve „Was uns das Leben gibt" und der unserer „suchthaften Forderungen" mit trennenden emotionalen Gefühlen gefüllt ist. Dadurch, daß wir mehr verlangen, als uns das Leben gibt, schaffen wir die innere Erfahrung des Armseins — das Leben liefert nicht „genug". **Aber die Erfahrung von Reichsein ist nur ein Gedankensprung weit weg!** Mehr als 99 % aller Menschen sind so fast dauernd in einem Leben voller selbstgeschaffener Unzufriedenheit gefangen. Wir machen uns selbst unglücklicher, als es ein anderer Mensch je könnte — selbst wenn er uns absichtlich weh tun wollte.

WENIGER VERLANGEN — UND MEHR BEKOMMEN!!!

Was passiert nun, wenn du dein Bewußtsein — und dein Leben — nach dem Prinzip der Gelebten Liebe ausrichtest? Du kannst jederzeit damit anfangen, an dir zu arbeiten. Dies ist eine der höchsten Fähigkeiten des menschlichen Bewußtseins, es kann gezielt an seinen eigenen Suchthaltungen arbeiten, um sie zu handhaben und allmählich in Präferenzhaltungen umwandeln zu können. Aus der unteren Grafik „Das sinnvoll gehandhabte Leben" geht hervor, daß die dargestellte Entscheidung, an den eigenen Forderungshaltungen zu arbeiten, im Alter von 25 Jahren getroffen wurde (sie ist in jedem Alter mit Ausnahme der Kindheit möglich). Mit zunehmender Fähigkeit im Umgang mit dem Verstand sind wir dadurch, daß wir unsere Suchtzwänge wirksam in Präferenzhaltungen umwandeln, **in der Lage, unsere „suchthaften Forderungen" spürbar unter das Niveau dessen, „was uns das Leben gibt", zu bringen.**

Nun aber genau hinsehen! Die Kurve „Was uns das Leben gibt" nimmt nämlich einen überraschenden Verlauf. Unser Verstand hat uns ja gewarnt, daß unsere Umwelt uns überrennt und wir „nichts" bekommen, wenn wir nicht suchthaft fordern. Diese Grafik zeigt jedoch, daß mit dem Abbau unserer Suchtforderungen **die Kurve dessen, „was uns das Leben gibt“, immer weiter ansteigt! INDEM WIR WENIGER VERLANGEN, BEKOMMEN WIR IN WIRKLICHKEIT MEHR VOM LEBEN!**

Du wirst dich wundern, in welchem Maße dir völlig mühelos Dinge zufließen, wenn du nicht länger zwanghaft danach verlangst. Durch den Abbau deiner Forderungshaltungen und das Verstärken deiner Liebe kannst du neue Energiefelder mit den Menschen um dich herum aufbauen. Du wirst anfangen, einen völlig natürlichen Fluß schöner Dinge in deinem Leben zu erfahren.

Wir wollen die diesem überraschenden Phänomen zugrundeliegenden Faktoren aufdecken. Der Abbau suchthafter Forderungen bewirkt: daß du erstens mehr Energie in dein Leben fließen lassen kannst und zweitens eine tiefere Einsicht darein gewinnst, wie du diese Energie sinnvoller und wirksamer einsetzen kannst; drittens wirst du deine Energie nicht länger an Dingen vergeuden, die nicht zu ändern sind, und sie statt dessen auf Dinge richten, die sich ändern lassen. Ein vierter Faktor ist, daß du in einem aus dir selbst geschaffenen Umfeld voller Liebe zu leben beginnst. Der Grad der Kooperation zwischen dir und den Menschen in deinem Leben wird sich zunehmend vergrößern. Und fünftens wirst du dich öffnen und all den

Reichtum erfahren, der bereits jetzt in deinem Leben vorhanden ist.

EIN LEBEN DER FÜLLE SCHAFFEN

Bei nochmaligem Betrachten des rechten Teils der unteren Grafik wirst du bemerken, daß hier weiterhin ein Zwischenraum zwischen dem, was uns das Leben gibt, und unserem suchtartigen Forderungsgebahren besteht, der in diesem Fall jedoch **keineswegs von Defiziten, Unglücklichsein und Leiden geprägt ist, sondern vielmehr Erfahrungen des Reichseins und der Fülle im Überfluß enthält.** Wenn uns die Verringerung unserer bedrückenden Forderungshaltungen gelungen ist, können wir bewußt schätzen lernen, wieviel mehr, als wir eigentlich brauchen, uns das Leben an Glück erfahren läßt. Und die Lücke zwischen den beiden Kurven ist angefüllt mit freudvollen Erfahrungen wie Liebe, Freude, Energie, Wahrnehmungsvermögen, Glück, Weisheit, Einsicht, innerer Frieden und einem Sinn im Leben.

Und jetzt hast du sie — eine praktische Methode, mit der du dein gesamtes Leben umwandeln kannst. Hier ist die Handhabung, um an deinen Ich-bezogenen, emotional begründeten Forderungen zu arbeiten, die dein Leben bislang unterschwellig und anhaltend untergraben haben. Nun kannst du die Einsicht erfahren, daß diese suchthaften Forderungen ständig das ausgehöhlt haben, was dein eigentliches Geburtsrecht ist — ein bewußtes Leben der Liebe und Zufriedenheit, das dir ein tiefreichendes Gefühl von Wert und Sinn vermittelt.

DIE EINZIGE WELT, DIE WIR HABEN

Ein Großteil der Energie unserer heutigen Welt wird für die fruchtlose Aufrechterhaltung unserer uns trennenden Programmierungen geopfert — auf individueller, wirtschaftlicher, gesellschaftlicher, politischer und internationaler Ebene. Dieser uns forciert trennende Ablauf, in dem alle Nationen Waffen zur Vernichtung von Menschen in anderen Ländern horten, kennzeichnet einen letztlich selbstzerstörerischen Versuch, die Sicherheit zu finden, die wir in einer Welt der Liebe auf ganz natürliche Weise hätten. Diese unglaubliche Vergeudung von Energie ließe sich umkehren um Einigung zu schaffen, die uns helfen könnte, das große kooperative Abenteuer des Zusammenlebens als liebende Brüder und Schwestern zu verwirklichen.

Die Dschungel-Strategien des getrennten Selbst können nicht mehr dazu beitragen, uns vernünftig leben zu lassen. Tag für Tag bewirken die Folgen unserer uns selbst absondernden „ich gegen die anderen" Gedanken und Gefühle beträchtliche Verminderungen unserer Lebensfreude. Dadurch, daß wir Maximalforderungen stellen und minimal lieben, schaffen wir familiäre Streitigkeiten, psychosomatische Krankheiten, Täuschung, Mißtrauen, Geldsorgen, zerstörte Leben, Angst, Depressionen, Selbstmorde, Verbrechen, wirtschaftliche Konflikte, Umweltkatastrophen, chaotische Verhältnisse in der Politik und militärischen Wahnsinn. Wir organisieren uns sowohl in großen wie auch kleineren Machtgruppen, die unsere ansteckende Getrenntheit und Entfremdung weiter verschärfen, während die Schlacht „wir gegen die anderen" eskaliert wird. Die meisten Menschen sind sich der groben, selbstzerstörerischen Art und Weise nicht einmal bewußt, mit der sie versuchen, genug zu bekommen, genug zu haben und genug zu sein.

Die Zukunft unserer Zivilisation hängt von Menschen ab, die begreifen, daß sie zu ihrem eigenen Besten, mehr Kooperationsbereitschaft haben, großzügiger sein und mehr Liebe geben müssen. Im Übergang vom getrennten zum vereinten Selbst werden wir behutsam darauf hinarbeiten können, **unsere individuellen Wünsche** in einen Rahmen des Verständnisses und der Einsicht in **unsere Bedürfnisse als Gesamtheit** einzubetten — als Mitglieder unterschiedlicher Gruppen von der Größe einer Paarbeziehung bis hin zu der aus vier Milliarden Menschen bestehenden gesamten Weltbevölkerung. Jede liebevolle, anteilnehmende Handlung kann inspirierend auf den Verstand wirken, der noch immer in dem hoffnungslosen

Kampf um die Erhaltung des getrennten Selbst verstrickt ist.

Immer, wenn du dein Herz öffnest und anderen Menschen Liebe entgegenbringst, ohne sie dabei zur Gegenleistung zu verpflichten, machst du einer bedürftigen Welt ein großzügiges Geschenk. Indem du Kindern am eigenen Beispiel vorlebst, mehr Liebe zu geben und weniger zu fordern, leistest du unserer sich weiterentwickelnden Welt einen unschätzbaren Beitrag. Mit deiner zunehmenden Fähigkeit, menschliches Verständnis und Liebe allen gegenüber auszustrahlen, denen du begegnest, kannst du ihren ärgsten Hunger stillen.

Was kannst du dazu beitragen, daß Menschen begreifen, daß Liebe wichtiger als alles andere ist, um ein Leben voller Energie, Kooperationsbereitschaft, Weisheit, Freude, Glück und Sinn zu schaffen? Indem du an dir selbst arbeitest, kannst du den ersten wichtigen Schritt einleiten, um die Qualität des Lebens sowohl für dich als auch für andere zu verbessern. In dem Maße, in dem du mit deinen eigenen Forderungshaltungen wirksamer umgehen kannst und bedingungslose Liebe allen Menschen gegenüber in deinem Herzen wächst, kann dein Leben nachhaltigen Einfluß auf das Glück unzähliger anderer Menschen haben — wie auch auf das der Generationen, die nach uns kommen.

Dein Beitrag zur Vermehrung der Energie der Liebe auf unserem Planeten Erde wird dringend gebraucht. Laß uns also anfangen. Beginnen wir mit dem **Ersten Pfad:**

„Ich befreie mich . . :“